权威·前沿·原创

皮书系列为
"十二五""十三五"国家重点图书出版规划项目

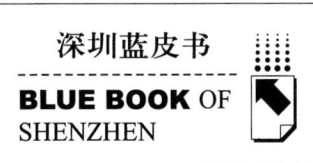

深圳法治发展报告
（2016）

ANNUAL REPORT ON THE RULE OF LAW IN SHENZHEN
(2016)

主　编／张骁儒
副主编／陈少兵　王为理　李朝晖

社会科学文献出版社
SOCIAL SCIENCES ACADEMIC PRESS (CHINA)

图书在版编目（CIP）数据

深圳法治发展报告.2016／张骁儒主编.－－北京：社会科学文献出版社，2016.6
（深圳蓝皮书）
ISBN 978－7－5097－9295－7

Ⅰ.①深… Ⅱ.①张… Ⅲ.①社会主义法制－研究报告－深圳市－2016 Ⅳ.①D927.653

中国版本图书馆 CIP 数据核字（2016）第 125089 号

深圳蓝皮书
深圳法治发展报告（2016）

主　　编／张骁儒
副 主 编／陈少兵　王为理　李朝晖

出 版 人／谢寿光
项目统筹／张丽丽
责任编辑／陈晴钰

出　　版	社会科学文献出版社·皮书出版分社（010）59367127 地址：北京市北三环中路甲 29 号院华龙大厦　邮编：100029 网址：www.ssap.com.cn
发　　行	市场营销中心（010）59367081　59367018
印　　装	北京季蜂印刷有限公司
规　　格	开　本：787mm×1092mm　1/16 印　张：19.25　字　数：290 千字
版　　次	2016 年 6 月第 1 版　2016 年 6 月第 1 次印刷
书　　号	ISBN 978－7－5097－9295－7
定　　价	69.00 元

皮书序列号／B－2015－441

本书如有印装质量问题，请与读者服务中心（010－59367028）联系

▲ 版权所有 翻印必究

《深圳法治发展报告 (2016)》编委会

主　编　张骁儒

副主编　陈少兵　王为理　李朝晖

编　辑　徐宇珊　邓达奇　王庆恩　李朝星　秦　芹

撰稿人　(以文章先后为序)

　　　　　李朝晖　秦　芹　林锐鑫　张　京　黄祥钊
　　　　　钟　澄　刘梦丽　王成义　瓮洪洪　张思池
　　　　　田　娟　黄海波　李福林　何盼盼　邓达奇
　　　　　黄　瑞　高　树　魏汉蛟　张　斌　张　弢
　　　　　林秀萍　陈扬波　赖远琴　傅伦博　黄瑞栋
　　　　　王庆恩　钭哲园　李朝星

主编简介

张骁儒 深圳市社会科学院（深圳市社会科学联合会）党组书记、院长。多年来致力于党史研究和方志研究，主编《中国共产党深圳历史：第一卷（1924~1950）》《中国共产党深圳历史：第二卷（1949~1978）》，其中第一卷于2010年3月被中共中央党史研究室评为"党的十七大以来全国党史部门优秀成果奖"著作类特别奖。近年来，主持多项省、市重大调研课题，主持编纂"深圳学派丛书""深圳改革创新丛书"，主编"深圳蓝皮书·经济""深圳蓝皮书·社会""深圳蓝皮书·法治"和《国际化城市与深圳方略》《以质取胜——全方位提升"深圳质量"研究》等著作。

摘　要

《深圳法治发展报告（2016）》由深圳市社会科学院编撰。报告包括立法、法治政府、司法改革、法治社会、法律监督、法律共同体建设等内容，较全面系统地总结了2015年深圳法治的基本情况、创新及成效，分析存在的问题，并提出对策和建议。

2015年深圳深入推进一流法治城市建设，为科学民主立法开新路，推动立改废释并举，促进立法研究、立法调研、法规起草方式创新，努力提高立法质量；政府法治建设精细化，修订法治政府建设指标体系，加强规范性文件审查和清理，规范政府运作和社会管理行为；司法改革试点任务全面落地，职业化和人员分类改革不断深入，实行立案登记制、案件集中管辖制度；公共法律服务普惠化，普法服务深入生活，推出"法治地图"、"一社区一法律顾问"、公共法律服务中心等；法院、检察院、律师协会互动加强，法律职业共同体正在形成。

报告分析了深圳立法、法治政府、司法、法治社会等领域的发展情况、问题及对策。从立法与改革关系、公众参与立法，以及社会治安立法、土地房屋征收法治等方面研究深圳立法现状与未来策略；从法治政府指标体系、政府职能转变、规范红头文件等方面对法治政府建设进行总结和思考；从法院司法改革、审判权运行机制改革、第一巡回法庭司法改革探索、行政执行与刑事司法相衔接等方面回顾深圳司法改革情况及展望；从律师行业发展、经济犯罪分析、社会组织制度建设等方面展现深圳社会法治建设状况；专门研究了地方人大内务司法监督作用的发挥。报告还梳理了2015年深圳重大法治事件以及新法规规章。

Abstract

The *Annual Report on the Rule of Law in Shenzhen* (2016) (the "Report") is compiled by Shenzhen Academy of Social Sciences. The Report includes the works about legislation, law-based government, judicature, law-governed society, legal supervision, and construction of legal professional community, etc. The Report summarizes the basic situation, innovation, achievements and questions in the development of rule of law of Shenzhen in 2015, and also put forward with the strategies and suggestions.

In 2015, Shenzhen Speeds up the construction of a first-class city ruled by law. It explores new ways of scientific and democratic legislation; develops the law making, amendment, repeal and interpretation simultaneously; innovates in the areas of legislation research, legislation investigation and drafting laws and regulations. It has enhanced the legislation quality with its best efforts. It refines the construction of law-based government, amends the index system for law-based government construction, strengthens the review and repeal of regulatory documents, and regulates the activities of governmental operation and social management. During this year, the judicial reformation pilot task was completed, the reformation on professionalization and personnel classification are deepening, case registration mechanism is implemented, and centralized jurisdiction mechanism are launched. What's more, the public legal services are in general preferential, law popularization services deep into the life of citizens. The government also launched many services and facilities, such as "Map for Rule of Law" "One Legal Consultant for one Community", and set up public legal service centers, etc. Now, the communication among the courts, procuratorates and lawyer's association strengthening, and the legal professional community is forming.

The Report also makes analysis on the development, problems and

Abstract

countermeasures on the areas of legislation, law-based government, judicature, law-based society of Shenzhen. The Report investigates into the current situation for legislation and future strategy for Shenzhen from the relationship between the legislative and the reform, the public participation in legislation, legislation of social security, and rule of law on land and housing expropriation, etc. ; concludes and speculates the construction of law-based government from the aspects of index system for law-based government, reformation on government functions, regulations on red-head documents, etc. ; reviews and looks forward to the future of Shenzhen judicial reformation from the aspects of judicial reformation of courts, judicial power reformation, exploration on judicial reformation of First Circuit Court, combination of administrative implementation and criminal judicature, etc. ; shows the condition of the construction of law-based society of Shenzhen from the aspects of development of lawyering, construction of social associations, etc. ; and research specially on the role play of inner judicial supervision of local People's Congress. The Report also sorts out influential events of Shenzhen rule of law and new promulgated rules and new regulations of Shenzhen during 2015.

目 录

Ⅰ 总报告

B.1 2015年深圳法治发展状况及2016年展望 …… 李朝晖 秦 芹 / 001
    一 科学立法开新路 ……………………………………… / 002
    二 法治政府建设精细化 …………………………………… / 005
    三 司法改革试点任务全面落地实施 ……………………… / 008
    四 公共法律服务普惠化 …………………………………… / 012
    五 法律职业共同体建设中 ………………………………… / 014
    六 2016年展望与建议 …………………………………… / 015

Ⅱ 立法篇

B.2 公众参与地方政府立法制度研究
    ——以深圳为视角 ………………………………… 林锐鑫 / 022
B.3 立法决策与改革决策相结合的深圳实践与思考 ……… 张 京 / 039
B.4 完善深圳社会治安综合治理立法的探讨 ……………… 黄祥钊 / 051
B.5 深圳土地房屋征收法治发展研究报告 ……… 钟 澄 刘梦丽 / 064

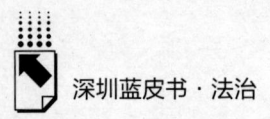

Ⅲ 法治政府篇

B.6 《深圳市法治政府建设指标体系》实施评估报告
　　……………………………………………王成义　瓮洪洪 / 083
B.7 深圳市政府机构职能法治发展研究报告 …… 瓮洪洪　张思池 / 098
B.8 规范政府红头文件　推进法治政府建设 ………………黄祥钊 / 111

Ⅳ 司法篇

B.9 2012~2015年深圳法院司法体制机制改革情况和
　　继续深化改革的方向路径 ………深圳市中级人民法院课题组 / 121
B.10 深圳法院审判权力运行机制改革的理论研究与
　　实践校验 …………………………深圳市中级人民法院课题组 / 135
B.11 深圳行政执法与刑事司法相衔接工作机制的建设与思考
　　………………………………………………………黄海波 / 154
B.12 基层法院的角色变迁与发展
　　——以深圳前海法院为分析样本 …………李福林　何盼盼 / 163
B.13 最高人民法院第一巡回法庭研究
　　…………………………………邓达奇　李福林　黄　瑞 / 178

Ⅴ 法治社会篇

B.14 深圳律师业2015年发展情况分析
　　………………………高　树　魏汉蛟　张　斌　张　弢 / 188
B.15 2015年深圳市经济犯罪综合分析与对策 ……………林秀萍 / 206

B.16 深圳宝安区城市文明建设法治化成效、问题与对策
　　…………………………………………………… 邓达奇 / 218
B.17 探索社会组织规范发展的盐田指引 ………… 陈扬波　赖远琴 / 233

Ⅵ 专题报告

B.18 地方人大内务司法监督工作的实践与思考
　　——以深圳为例 ……………………………… 傅伦博 / 245
B.19 2010~2015年深圳市法治建设回顾
　　——中共深圳五届市委加强法治化建设纪略 ……… 黄瑞栋 / 260

Ⅶ 附录

B.20 2015年深圳法治大事记 ……………………… 王庆恩　李朝星 / 275
B.21 2015年深圳新法规规章 ………………………………… 王庆恩 / 285

CONTENTS

I General Report

B.1 The Condition of Development on Rule of Law in Shenzhen
during 2015 and the Outlook for 2016　　　*Li Zhaohui, Qin Qin* / 001
  1. *Explore new ways of scientific and democratic legislation*　　/ 002
  2. *Refines the construction of law-based government*　　/ 005
  3. *Judicial reform pilot task was full implemented*　　/ 008
  4. *Public legal services are in general preferential l*　　/ 012
  5. *Legal professional community is forming*　　/ 014
  6. *Outlook and suggestions for 2016*　　/ 015

II Legislation

B.2 A Study on Public Participation in Local Government
Legislation System
  —from Perspective of Conditions in Shenzhen　　*Lin Ruixin* / 022
B.3 The Practice and Reflection of Shenzhen on the Combination of
Policies on Legislation and Reformation　　*Zhang Jing* / 039
B.4 A Study on Improving the Legislation on Social Security Management
of Shenzhen　　*Huang Xiangzhao* / 051

CONTENTS

B.5　A Report on the Research on the Legal Development of
　　　Land and Housing Expropriation in Shenzhen

Zhong Cheng, Liu Mengli / 064

Ⅲ　The Law-Based Government

B.6　A Report on "the Development of Rule of Law Index System
　　　in Shenzhen"　　　　　　　　*Wang Chengyi, Weng Honghong* / 083

B.7　A Research Report on the Rule of Law Development of
　　　Shenzhen Governmental Institution Function

Weng Honghong, Zhang Sichi / 098

B.8　To Regulate the Governmental Red-head Documents and to
　　　Advance the Development of a Rule-of-Law Government

Huang Xiangzhao / 111

Ⅳ　Administration of Justice

B.9　The Reformation Condition of Judicial System of Courts in Shenzhen
　　　from 2012 to 2015 and the Direction for Further Reformation

Research Team of Shenzhen Intermediate People's Court / 121

B.10　Theoretical Research and Practice on the Reform of
　　　Judicial Power System of Courts in Shenzhen

Research Team of Shenzhen Intermediate People's Court / 135

B.11　The Construction of the System for Combining Administrative
　　　Enforcement and Criminal Judicature in Shenzhen

Huang Haibo / 154

B.12　A Study on the Judical Reform of the People's Court of Shenzhen
　　　Qianhai Cooperation Zone　　　　　*Li Fulin, He Panpan* / 163

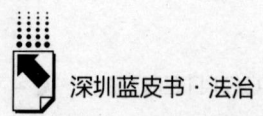

B.13　A Study on the First Circuit of the Supreme People's Court

Deng Daqi, Li Fulin and Huang Rui / 178

V　The Law-Based Society

B.14　An Analysis on the Development of the Lawyering of Shenzhen during 2015　　*Gao Shu, Wei Hanjiao, Zhang Bin and Zhang Tao* / 188

B.15　An Analysis and Countermeasures on the Economic Crimes in Shenzhen during 2015　　*Lin Xiuping* / 206

B.16　The Achievements, Problems and Countermeasures on the City Legal Construction of Shenzhen Bao'an　　*Deng Daqi* / 218

B.17　A Study on Yantian Direction, a Standard Development on Social Institutions　　*Chen Yangbo, Lai Yuanqin* / 233

VI　Specific Reports

B.18　The Practice and Reflection on the Inner Judicial Supervision of Local People's Congress　　*Fu Lunbo* / 245

B.19　A Review on the Legal Construction of Shenzhen from 2010 to 2015
　　—Record on the Strengthening Legal Construction of Fifth Municipal Party Committee of Shenzhen　　*Huang Ruidong* / 260

VII　Appendix

B.20　Influential Events of Shenzhen Rule of Law in 2015
　　　　　　　　　　　　　Wang Qingen, Li Zhaoxing / 275

B.21　New Rules and New Regulations Promulgated by Authorities in Shenzhen during 2015　　*Wang Qingen* / 285

总 报 告
General Report

B.1
2015年深圳法治发展状况及2016年展望

李朝晖 秦芹*

摘　要： 本文回顾了2015年深圳在立法、法治政府、司法改革、公共法律服务、法律职业共同体建设等方面取得的进展，对2016年深圳法治发展进行展望预测，并提出相关对策建议。

关键词： 科学立法　法治政府　司法改革　公共法律服务　法律职业共同体

2015年在新一届市委市政府领导下，深圳率先落实全面依法治国各项

---

* 李朝晖，深圳市社会科学院政法研究所所长，研究员；秦芹，深圳市社会科学院办公室。

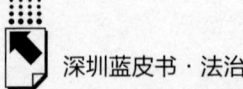

任务,加快公平公正安定有序的一流法治城市建设,科学立法开新路,法治政府建设精细化,司法改革试点任务全面落地,公共法律服务普惠化,法律职业共同体加快建立中,立法、法治政府、司法改革、法治社会和法治文化建设各领域均取得新进展。

一 科学立法开新路

2015年,深圳在立法方面立改废释并举,增强法规的及时性、针对性;积极探索科学立法、民主立法、提高立法质量的新方式,推出系列新举措。

(一)立改废释并举

2015年深圳新制定并通过法规1项,即《深圳经济特区全民阅读促进条例》;修改法规3项,即《深圳经济特区道路交通安全管理条例》《深圳经济特区失业保险若干规定》《深圳经济特区人口和计划生育条例》;废止法规1项,即《深圳经济特区房屋租赁条例》;进行立法解释1项,即对《和谐劳动关系促进条例》第五十八条进行立法解释。这是深圳1992年取得特区立法以来,新制定通过法规最少的一年,只有1项;但为适应经济发展和社会管理需要而适时进行的修法达3项,是历年中较多的,并少有地进行立法解释。"立、改、废、释"并举的立法原则在这一年立法工作中得到充分体现,它是2014年底提出的《深圳立法质量提升工作方案》在具体立法工作中逐渐得到落实的体现。

(二)广设立法联系点

2014年11月25日,深圳市人大常委会首个立法联系点——愉园社区立法联系点在龙岗愉园社区人大代表联络站揭牌成立①,截至2015年底,

---

① 《深圳市首个社区立法联系点揭牌》,《深圳特区报》2014年11月26日。

全市已设立 147 个立法联系点①。在人大代表联络站设立立法联系点，使开门立法从"把门打开"迈向主动"走出去"；通过发挥各级人大代表的桥梁纽带作用，聚民智、纳民意、释民惑，使立法决策更好地回应公众的期待。

（三）设立立法研究中心和立法调研基地

2015 年 3 月 20 日，深圳市人大常委会与深圳大学共同成立深圳大学经济特区立法研究中心，实现学术研究与工作实践的融合，依托深圳大学法学院的研究力量，培育和凝聚专业人才，加强特区立法研究，提高立法质量。4 月 24 日，深圳市人大常委会立法调研基地在深圳市律师协会正式成立，并在全市律师中遴选聘任了 34 位律师作为立法调研基地法律专家，使在一线提供法律服务的律师有序参与到深圳立法工作中来。

（四）制定立法技术规范并对相关人员进行培训

不可避免，由部门负责法规起草在未来立法中仍占很大比重，但由于具体起草人员对立法技术掌握和理解的差异性，法规草案的质量参差不齐，影响了法规审议效率和出台法规的质量。为提升立法工作质量，深圳市人大常委会于 2014 年底制定并经主任会议通过了《深圳市人民代表大会常务委员会立法技术规范》，并于 2015 年 4 月分三期对全市 50 多个单位和部门的立法工作者和相关工作人员进行立法技术规范的培训，统一立法技术的认识和思想，帮助其深入掌握立法技术规范的结构框架、理论精髓和实践知识。

（五）委托第三方立法常态化

立法过程实际上是一个利益博弈的过程，由主管部门起草法规的传统做法被认为存在部门利益法律化问题，但人大自身人力资源有限，全部由人大

---

① 《深圳市人民代表大会常务委员会工作报告》，深圳市第六届人民代表大会第二次会议，2016 年 2 月 1 日。

直接起草法规不现实，由人大委托第三方开始立法调研和起草法规草案被认为有利于平衡利益，特别是委托具有专家身份或学术背景的第三方起草法规，被认为有利于推进科学立法。深圳较早开始进行委托第三方立法的探索，近年来，深圳市人大委托深圳律师协会起草个人信息保护条例、对物业管理条例的修改进行立法调研，委托清华大学起草《深圳经济特区医疗条例（草案）》等。为规范委托第三方立法工作，2015年7月24日深圳市人大常委会主任会议通过了《深圳市人大常委会立法项目委托管理办法》，推动委托第三方立法工作常态化[①]。

（六）"英雄帖"有奖征集立法草案和建议

作为《深圳经济特区社会组织条例》的起草单位，深圳社会组织管理局2015年5月通过官网向社会发出"深圳市社会组织立法研究英雄帖"，以奖励方式向社会征集条例（草案）及相关立法框架、思路、建议，这种开门立法新形式为国内首创。有奖征集的方式吸引了一批学术机构、社会组织和个人参与社会组织条例的研究。到截稿日，深圳社会组织管理局共收到14份条例草案、20份立法建议。这些立法草案和立法建议为正式草案的形成提供了大量有价值的参考[②]。

（七）加强法律实施的检查监督

2015年深圳市人大常委会对《深圳经济特区居住证条例》《深圳经济特区控制吸烟条例》实施情况进行执法检查，通过实地检查，监督法规实施机构的工作，发现法规实施中存在的问题，促进法规的有效实施。市人大常委会还首次在网站公布各单位法规实施情况的报告，针对全市30多个单位

[①] 《〈深圳市人大常委会立法项目委托管理办法〉获通过》，http：//www.szfzw.org，2015年7月25日发布。

[②] 《深圳市社会组织立法研究"英雄帖"》，http：//www.szmz.sz.gov.cn，2015年5月14日发布；《14份立法草案、20份立法建议 各界参与深圳社会组织立法热情高涨》，http：//www.szmz.sz.gov.cn，2015年8月10日发布。

的100多项法规实施情况向社会公开征求意见,让公众评价部门法规实施情况,督促各部门提高法规执行力度。

(八)立法后评估再出新成果

2015年深圳市人大委托深圳市律师协会对《深圳经济特区环境保护条例》进行立法后评估。该条例于1994年制定,后经2000年、2009年两次修订,最近一次修订后实施已五年多。2015年被称为史上最严的国家新环保法实施年,该条例及其实施情况受到社会各界的密切关注。此次立法后评估结合条例实施五年的成效、存在的问题和国家新环保法内容,对条例及其实施情况进行多角度评价,提出修订的具体建议,为下一步修法提供依据。

二 法治政府建设精细化

2015年12月14日,中国政法大学法治政府研究院发布《法治政府蓝皮书2015》和《法治政府评估报告2015》,在国内100个被评估城市中,深圳位列总分第一[①],这是学界和社会公众对深圳近年来法治政府建设及建设"一流法治城市"战略和实践的充分肯定。2015年,深圳继续改革创新,不断在细节上完善法治政府建设。

(一)制定规章完善社会管理和规范政府行为

2015年深圳市政府新制定并发布政府规章9项,废止2项规章,政府立法行为主要集中于社会管理和规范政府行为。在社会管理方面,新制定的规章包括《深圳市气象灾害预警信号发布规定》《深圳市生活垃圾分类和减量管理办法》《深圳市城市轨道交通运营管理办法》《深圳市燃气管道安全保护办法》《深圳市残疾人特殊困难救助办法》《深圳市城市建设档案管理

---

① 《百座城市法治政府评估出炉:深圳广州北京居前三》,http://www.chinanews.com,2015年12月14日发布。

规定》。在规范政府行为方面,新制定规章有《深圳市机关事务管理办法》《深圳市政府投资项目稽察办法》《深圳市人民政府关于在罗湖区开展城市更新工作改革试点的决定》,废除《深圳市行政事业性收费管理若干规定》。此外,还废止了《深圳市城镇集体所有制企业管理规定》。

(二)加强规章和规范性文件审查和清理

2015年,深圳市政府法制部门共审查市政府规范性文件319件,其中以市政府、市政府办公厅名义发布的规范性文件109件,以市政府各部门名义发布的210件,市政府规范性文件均按要求在《深圳市人民政府公报》统一发布。2015年《深圳市规章和规范性文件清理办法》正式实施[1]。该办法建立了政府规章和规范性文件动态清理、适时调整机制,从制度上保障了随着经济社会的发展和国家法律法规的不断完善,不符合上位法的规章和规范性文件能够及时得到修改完善,不适应经济社会发展情况的规章和规范性文件能够及时予以废止,使全市现行有效的规章和规范性文件始终与上位法协调一致,始终与本市经济社会发展的需要相适应。2015年8月深圳市人大常委会通过了《深圳市人民代表大会常务委员会规范性文件审查办法》。该办法规定政府工作部门的规范性文件均纳入人大常委会备案审查范围,不符合法律法规规定的规范性文件,市人大常委会有权予以撤销,此举进一步强化了对规范性文件和政府机关的监督。

(三)修订法治政府建设指标体系

深圳市2008年在全国率先制定《深圳市法治政府建设指标体系(试行)》(以下简称《指标体系》),该指标体系的施行有力推进了深圳市法治政府建设,取得了重大成效。2012年,深圳市因此获得了中国政法大学法治政府研究院发起设立的"中国法治政府奖"(第二届)。但是,该指标体

---

[1] 《深圳市规章和规范性文件清理办法》的签发日为2014年12月31日,该办法规定自发布之日起施行。真正面对公众时已经是2015年元月。

系经过几年的实施,也发现存在一些不适应新形势的问题。深圳市法制办于2014年启动《指标体系》的修订工作,结合深圳市法治政府建设工作经验,按照高质量、有特色、可操作、易考核的标准调整指标设置。2015年12月2日,修订后的《深圳市法治政府建设指标体系》正式发布实施。修订后的《指标体系》指标设置更科学、合理;增加了科学立法、民主立法、权责清单、法律顾问制度、执法全过程记录制度、重大执法决定法制审核、执法信息共享等指标内容,体现了法治政府建设的最新要求。

(四)规范行政处罚行为出新招

深圳市法制办创新行政处罚案卷评查方式,专门修订了《深圳市行政处罚案卷评查标准》(2015版),在自查自评基础上,以集中抽查评分会的形式对全市行政处罚案卷抽查评分,以此加强考核力度,规范行政执法行为[1]。深圳市公安局建成电子证据管理系统,统一存储、管理现场执法执勤的视频、音频、图像等电子证据资料,从而强化了执法执勤过程的法制监督,保障民警依法履行职责,维护当事人的合法权益。

(五)深化商事登记制度改革

2015年深圳继续深化商事登记制度改革,简化市场准入程序。7月1日,深圳发放我国内地首张"多证合一,一照一码"营业执照。该营业执照以统一社会信用代码作为识别号,集合了组织机构代码证、税务登记证、社会保险登记证、印章刻制许可证等多种证照的功能,不仅简化了办事流程,缩短了当事人办证时间,提高了办事效率,也有利于部门之间的信息共享,避免了部门间的重复劳动。与此同时,深圳还实施企业名称自主申报登记制度改革。企业名称无须预先核准,而纳入设立或变更登记流程一并申报,根据系统提示即时决定企业名称能否使用,大大提高了登记效率。

---

[1] 《深圳市法制办创新行政处罚案卷评查方式》,http://www.fzb.sz.gov.cn,2015年12月9日发布。

（六）社会组织登记制度改革继续深入

2015年深圳市民政局授权罗湖区进行社会组织改革试点。罗湖区提出改革方案，进一步降低社会组织登记准入门槛，扩大社会组织直接登记范围，实行负面清单制度，除民办学校、福利机构、博物馆、心理咨询机构等法律法规规定需要前置审批的以及政治类、宗教类、法律类等社会组织以外，其他社会组织成立均由民政部门直接登记。方案还取消了3万元以上的开办（注册）社会组织的资金限制，降低社会团体会员数量要求，降低注册登记场所要求等，从而松绑社会组织，推进社会组织的发展壮大。

三 司法改革试点任务全面落地实施

2015年深圳市法院检察院继续深化司法改革，率先建立检察官单独职务序列和单独薪酬体系，建立办案责任制。法院在2014年完成法官职业化改革之后，又推进实行司法辅助人员分类管理、立案登记制、案件集中管辖、人财物市级统管等改革。因在全国率先开展法官职业化改革，深圳市中级人民法院被授予"影响中国——2015年度法治人物"称号[①]，体现了社会各界对深圳法院司法改革工作的充分肯定与高度认可。

（一）检察机关内部机构设置和检察官职业化改革落地

2014年岁末，深圳检察机关开始实行人员分类管理改革，建立单独的检察官职务序列，市院设置一级高级检察官至四级检察官，区院设置二级高级检察官至五级检察官。全市具有检察官资格的人员根据自愿原则选择进入的序列。最终全市921名具有检察官资格的人员中，有862名选择进入检察官序列，59名选择了检察辅助人员或者行政序列。2015年1月，深圳市检

---

① 因在全国率先开展法官职业化改革，2015年12月11日，由《中国新闻周刊》主办的"影响中国2015年度人物"将"影响中国——2015年度法治人物"称号授予深圳市中级人民法院。

察体制改革全面推进，在检察机关内部机构设置上，撤销了15个业务部门，各区检察院撤销了10个业务部门，内部整合为公诉、职务犯罪侦查、诉讼监督、业务管理、业务保障5个业务板块。公诉部、职务犯罪侦查部、诉讼监督部不设领导职位，只设以主任检察官为核心的办案组，同时各部设事务处，负责行政工作，使检察官从行政事务中脱离出来，专心于案件办理。原有的业务部门被撤销后，行政职位也一并取消，全市检察机关业务部门选择进入检察官序列的200多名处、科长就地免职。与此同时，建立独立薪酬体系，检察官不再根据行政级别享受相应待遇，而按照检察官等级领取工资[1]。

（二）检察机关建立办案责任制

2015年3月，深圳市人民检察院以主任检察官为核心组建了78个办案组[2]。一个办案组通常由一个主任检察官、3~5名"组内检察官"、若干检察辅助人员组成。在办案组组成过程中，主任检察官与"组内检察官"实行双向选择，确保形成良性合作关系。主任检察官直接对检察长负责。为保证主任检察官用权有依据，深圳制定了《深圳市改革检察权运行机制完善检察官办案责任制实施方案》等文件，将678项检察职权逐项进行分级授权，原来由检察长行使的34项权力（包括批准逮捕犯罪嫌疑人、对被告人提起公诉等权力）也下放给主任检察官，主任检察官拥有359项职权。改革也明确了办案组内的责任承担：在案件办理中，主任检察官和承办检察官意见相同的，共同担责；主任检察官改变承办检察官意见的，由主任检察官对处理决定负责，承办检察官对事实和证据负责。检察官办案主体地位得到突出，权责得到明确，提高了检察权运行效率。

---

[1] 游春亮：《深圳市检察院率先全国将改革试点任务全面落地实施》，深圳检察网，http：//www.shenzhen.jcy.gov.cn，2015年5月18日发布；李来坤：《深圳检察权运行机制改革全国率先全面实施》，http：//news.southcn.com，2015年5月20日发布；吴伟东、孟广军：《知难而进的改革样本 深圳检察官职业化改革纪实》，http：//www.shenzhen.jcy.gov.cn，2015年5月25日发布。

[2] 原具有处级职务的检察官大多数自动转为主任检察官，另有37名主任检察官是从普通检察官中竞争选拔出的。

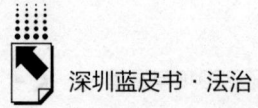

(三)启动司法辅助人员分类管理改革

继法官、检察官职业化改革之后,2015年深圳又启动了司法辅助人员分类管理改革。全市法院、检察院司法警察划分为警官职组和警员职组,建立各自独立的职务序列,实现了警员职组和警官职组分途发展。警官职组按现行管理体制不变,警员职组设一级警长到实习警员共十级,实行薪级工资并定期晋升职级薪级制度,走职业化、专业化发展道路。2015年9月深圳市法院完成司法警察分类管理改革,全市法院系统55名司法警察套转为警员职务,并确定了职级薪级。法院的法官助理、书记员、执行员、司法技术人员的单序列改革方案也已基本起草完成。

(四)前海法院挂牌成立

2015年1月28日,承载着司法改革重任的深圳前海合作区人民法院正式挂牌成立。前海法院甫一成立,即实行法官选任制,全部法官通过选任产生;实行立案登记制,做到有案必立、有诉必理;取消案件审批制,独任审判的案件由主审法官自行签发审判文书、独立承担办案责任,合议庭审判的裁判文书由合议庭成员依次签署、审判长签发;建立审判监督权行使的全程留痕制度,落实办案质量终身负责制和错案责任倒查问责制;实行审执分离,判决执行由市中院执行局直接负责。

(五)深圳法院全面推行立案登记制

案件审批制下立案难的诟病,使立案登记制改革成为司法改革的重要内容之一。2015年2月2日,深圳前海合作区人民法院率先试行立案登记制。数月之后,深圳市中级人民法院在总结前海试点经验的基础上,制定出台《深圳市中级人民法院立案登记工作细则》,为全市实行立案登记制做好充分准备。5月1日,深圳市两级法院和全国同步全面实行立案登记制。截至12月31日,全市登记立案9万余件,当场登记立案率97%,实现有诉必理、有案必立。

（六）深圳法院探索实行案件集中管辖

2015年1月深圳前海合作区人民法院挂牌成立时，深圳即确定由其集中管辖原由深圳市辖区内其他基层人民法院管辖的一审涉外、涉港澳台商事案件。之后，深圳法院又实施行政案件集中管辖，从6月30日开始，全市基层人民法院管辖的以区属行政机关为被告的行政诉讼案件，统一由盐田区法院集中管辖；从2016年1月1日起，全市基层人民法院管辖的全部行政诉讼案件及行政非诉审查案件，统一由盐田区法院管辖。深圳推进案件集中管辖改革，对于探索和完善我国司法管辖制度，提升深圳市审判专业化水平，保障当事人合法权益等都具有非常重要的意义。

（七）深圳法院实行人财物市级统管

按照广东省司法体制改革方案，深圳法院财、物由深圳市本级管理。2015年，在有关部门通力配合下，形成经费划转、资产和非税收入的上划上缴等统管工作的具体方案，建立了全市法院由市财政统一保障的经费预算、拨付机制。2015年9月底，法院财物正式划转为市级统管，自10月起，由市级财政拨付并全额保障两级法院经费。2015年11月市委深改组又审议通过《区法院检察院工作人员市级统一管理改革方案》，明确了区法院机构编制、干部管理等问题。至此，全市法院人财物市级统管改革基本完成。

（八）"互联网+"助力司法服务便民化

近年来，深圳法院检察院积极应用互联网提高办案效率和方便群众，2015年又推出系列便民措施。2015年10月15日，深圳市检察机关行贿犯罪档案查询网上申请平台正式上线运行，面向社会提供网上申请受理服务，实现了申请无纸化和办公自动化。网上申请后，申请人可在第3个工作日到受理的检察机关领取查询结果，只需一趟即可完成查询，改变了过去申请需要提供纸质材料、往返跑两三趟的状况，大大提高了办事效率。此外，2015

年市检察院还完成门户网站的升级换代。改版的门户网站增设大众留言板，及时回复网民提问、收集公众意见，实现了检察机关与网民的零距离接触。市检察院还努力打造"指尖上的深圳检察"，微信公众号完成升级，增添了众多服务功能，公众号增设了下拉菜单，分"深检之家""网上办事""走进检察"等内容，聚合了现有网站、微博、优酷视频等媒介资源，众多便民服务可在手机微信上操作完成。深圳市宝安区人民法院运用"互联网"思维，借助大数据、云计算等技术手段，借鉴银行、医院提供的24小时自助服务及各类自助终端设备的设计理念，于2015年12月推出"24小时自助法院"，全天候为市民提供"自助立案、自助缴费、自助预约、自助查询"等各类诉讼服务，有效解决了群众8小时之外立案等难题，满足了当事人任意时间段的诉求。

四 公共法律服务普惠化

（一）普法工作深入生活

2015年是"六五"普法的收官之年，经过30年的普法工作，普法工作和普法服务已经融入深圳城市生活的每个角落。截至2015年底，全市已建立普法讲师团106个、普法志愿者队伍996个，有由高校法学院师生、法官、检察官、警官、律师等担任的普法讲师1368人，普法志愿者12988人；已建成法治文化公园24个、法治文化广场61个、法治文化长廊115个、法治教育基地2306个①；创建出一批"民主法治社区"、一批"法治文化示范点企业"、一批"依法治校示范校"。2015年深圳普法活动丰富多彩，为市民献上普法文艺巡演、以案释法巡讲、法制宣传标语征文、学法征文、法律知识有奖竞赛等精彩活动，市法学会与《南方都市报》合办的"民断事非"大型思辨式普法活动开办到第16期，各区开创了"社区普法文化节""法

---

① 《普法圳能量——大数据看"六五"普法成绩单》。

律超市"等社区特色普法形式，一些区普法办探索"互联网+"普法，开通微信公众号，开展智慧普法，受到市民欢迎。

（二）"一社区一法律顾问"助力基层法治建设

2015 年，在深圳市司法局统筹下，"一社区一法律顾问"推广到全市。各区司法局（街道）与律师事务所以行政合同的方式购买法律服务，向社区派驻律师，免费为市民、企业提供最基本的法律服务，协助基层政府参与决策、信访、调解和化解民间纠纷。深圳市 643 个社区实现了法律顾问全覆盖，2015 年度全市社区法律顾问的服务人数（对象）达 24399 个，提供咨询 18014 次，出具法律意见书 548 份，调解纠纷 3823 件，参与法律援助 231 个，法制宣传 1095 场。

（三）深圳"法治地图"上线

2015 年 12 月 4 日，深圳市司法局与腾讯公司协作推广"互联网+法律服务"项目，率先在全国上线"法治地图"。该"法治地图"借助大数据技术，整合公共法律服务资源，建立了信息查询和业务办理平台，为市民寻求以法治思维和法治方式解决问题提供服务。目前市民可以通过"法治地图"查询全市在册的 601 家律师服务、法律援助、司法鉴定、公证机构，1060 个社区法律顾问点、政法机关以及执业人员基本信息，在线享受地图查询、法律咨询、网上申请、业务办理等"一站式"法律服务。

（四）建立公共法律服务中心

2015 年 6 月 16 日，坪山新区公共法律服务中心挂牌成立。作为深圳市司法局确定的构建公共法律服务体系工作试点区之一，坪山新区公共法律服务工作在全市率先实现了社区、办事处、新区三级全覆盖。该法律服务平台整合法治宣传、法律援助、人民调解、安置帮教、社区矫正等各项法律服务，面向群众提供不同功能和程度的"一站式"服务。10 月 28 日，福田区公共法律服务中心正式启用，为民众提供包括法律咨询、法律

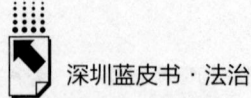

援助、律师管理、司法公证、司法考试、司法鉴定六类法律领域的公共法律服务。

五 法律职业共同体建设中

2015年深圳法院、检察院、律师协会增强互动，增加共识，增进互信，彼此培养理解、尊重和认同，相互共建良性关系，共同维护司法公正，法律职业共同体形成中。

（一）法院检察院分别出台律师执业保障制度

2015年5月深圳市中院出台了《关于保障律师依法执业的若干规定》，从尊重律师、友善对待律师、切实保障律师依法执业权利、为律师依法执业提供便利出发，规定了安检便利、诉讼服务、文书提交接受和送达、阅卷、调查、庭审、提出意见等方面详细的保障和便利措施[1]。市检察院也于9月出台了《关于在刑事诉讼中保障辩护律师执业权利的办法（试行）》，新建律师接待室，扩建律师阅卷室，上线运行电子卷宗系统，充分保障律师的会见、知情、提出意见、申请变更强制措施、申请收集、调取证据、阅卷等权利[2]。

（二）深圳律协作为第三方对法院执行工作评估制度

2014年深圳市中级人民法院委托深圳市律师协会作为独立第三方对深圳市中级人民法院执行工作进行评估。深圳律师协会联合中国社科院开始评估工作，并聘请深圳法学专家、法律实务专家、律师共40多人组成第三方评估团，对深圳市中级人民法院执行工作开始科学、周密、详尽的调查和评

---

[1] 该规定共20条，规定了十多项具体措施。
[2] 该办法共6章33条，第一章为依法保障辩护律师的会见权，第二章为依法保障辩护律师的知情权、提出意见权，第三章为依法保障辩护律师的申请变更强制措施、申请收集、调取证据权，第四章为依法保障辩护律师的阅卷权，第五章为加强对妨碍辩护律师依法执业行为的监督，第六章为附则。

估,于 2015 年底形成第三方评估报告——《基本解决执行难评估报告——以深圳市中级人民法院为样本》①。由律师协会以第三方身份参与法院执行工作的评估,这在全国开创了律师对法院工作建立评价制度的先河,开辟了法律职业共同体构建的新平台。

(三)深圳律师进驻最高人民法院第一巡回法庭担任志愿者

最高人民法院第一巡回法庭自成立以来,来访群众和各类案件持续攀升②。一方面群众因不熟悉法律产生诉累,另一方面第一巡回法庭疲于一般信访处理造成高端司法资源浪费。为缓解这一问题,2015 年 7 月 27 日最高人民法院第一巡回法庭与深圳市律师协会签署了《关于建立良性互动工作机制的备忘录》,在最高人民法院第一巡回法庭设置律师志愿服务工作室,由深圳市律师协会在志愿律师中选派值班人员。志愿律师无偿为来访群众提供法律咨询和诉讼指引服务,释法说理、息诉罢访,帮助化解矛盾纠纷、减少群众诉累、节约司法成本,并取得一定成效。

六 2016 年展望与建议

2015 年深圳市委提出了建成现代化国际化创新型城市的战略目标,在这一总的战略目标下提出了"率先落实全面依法治国各项任务,加快建成公平公正安定有序的一流法治城市"的目标任务,并从立法、法治政府建设、司法、前海中国特色社会主义法治示范区、法治社会建设等方面明确深圳未来 5 年法治建设的具体任务要求③。可以预见,深圳法治将在细节上更为完善、宏观上更为系统,法治体系逐步完善,法治将成为深圳城市治理的基本方式、深圳增创发展新优势的重要内容。

---

① 该报告 2016 年 1 月 6 日在北京发布。
② 自第一巡回法庭成立到 2015 年 11 月 30 日,共接待来访 9816 人次,受理 820 宗案件。
③ 具体参阅《解放思想 真抓实干 勇当"四个全面"排头兵 努力建成现代化国际化创新型城市——在中国共产党深圳市第六次代表大会上的报告》。

（一）突出法治在城市治理中的地位，增创特区发展新优势

法治是现代城市的核心价值理念之一，也是现代化的应有内涵和重要标志，实现法治是现代化国际化创新型城市的基本要求。一方面，法治是城市新一轮发展核心竞争力的一种表现形式，是现代化国际化创新型城市的重要保障，营造良好的法治环境是建成现代化国际化创新型城市的基础条件之一。另一方面，法治本身也是建设现代化国际化创新型城市的重要组成部分。现代化国际化创新型城市呈现的是高级的、复杂的市场关系和社会关系，需要法律保障其有序运行和正常发展；实现建成现代化国际化创新型城市目标而进行的改革创新，需要法律的指引和保障。在现代化国际化创新型城市建设过程中，要消除规则多极化现象，树立法律至上理念，强化法律作为社会基本行为规范和矛盾解决主要机制的作用，使法治原则成为社会各项活动必须遵循的基本原则。要改变过分依赖行政手段管制社会、简单依赖道德约束民众的传统方式和思维模式，以法治思维重构城市治理体系，突出法治在城市治理中的地位，将法治作为城市治理的最基本手段，通过法治统筹社会力量，协调社会关系，规范社会行为，通过不断完善法律法规，建立良好的市场经济秩序和社会秩序。要从主要依靠政治解决机制、道德解决机制、信访制度等解决社会矛盾，向主要依靠法律解决机制化解社会纠纷矛盾过渡，构建以司法为后盾的社会多元矛盾解决机制，强化调解、仲裁、诉讼等作为社会矛盾解决方式的作用。

（二）优化立法机制，适应城市经济社会发展

2016 年深圳市人大常委会将优化立法机制作为工作重点，包括探索立法辩论制度、修订听证条例、启动立法评估条例调研等①。深圳市人大常委会力图通过建立立法辩论制度，使社会各方意见充分地表达出来，利益最大

---

① 《深圳市人民代表大会常务委员会工作报告》，2016 年 2 月 1 日在深圳市第六届人民代表大会第二次会议上。

限度地得到尊重，提高立法质量，利于法律的贯彻实施；通过修订听证条例，完善立法听证制度，简化立法听证程序，使立法听证更广泛应用，并规范听证成果使用等；通过建立立法前评估制度，试图建立一套制度对立法的可行性、必要性及成本与效益做出评估，使有限的立法资源集中于最需要的立法项目。期待这些制度的建立与完善，为立法质量的提升打下良好基础。

与此同时，随着市场经济改革的深化、互联网技术的广泛应用、公民参与社会生活的广泛，各种法律关系更为复杂，立法中要有更宏观的视野，对于错综复杂的法律关系要有更强的梳理能力，要不断拓宽公众参与立法渠道，丰富公众参与方式，以"互联网＋"的推广和智慧城市建设为契机，将互联网技术运用于立法工作中收集民意民智；充分利用已经建立的立法研究中心、立法调研基地、立法联系点等平台，加强立法研究和调研，广泛收集法学专家、法律工作者、人大代表和广大群众对立法的意见建议，调动人民团体和社会组织等参与立法的积极性，充分发挥其在立法协商中的作用，共同推进立法质量的提升。处理好精英主义与公众意见之间的平衡、普遍的公平正义和法律价值追求与个别领域的独特诉求之间的平衡，努力实现法治理想与现实落实的衔接、法规之间的相互衔接、法规体系的系统化。

当前深圳经济社会发展对立法提出了一些新的更高的要求，新兴产业不断涌现，新技术不断运作于社会生活和社会管理，增强了城市竞争力，也提高了生活水平、服务水平和管理效率。为此，要完善鼓励和保护创新的法律环境，并使改革创新与立法相互促进成为新常态。不仅电子信息、生物医药以及新能源、新材料产业等高新技术产业的立法需要完善，电子商务、互联网金融以及其他"互联网＋"行业需要立法予以规范；而且管理创新也需要法律予以固化，新技术应用于社会管理带来的规则变化需要立法予以确定；还要根据城市改革发展需要等，制定相关法规规章，促进城市可持续发展。如：作为自主创新型城市，要加强制定自主创新示范区条例；根据城市发展对人才的需求，制定人才条例，突破人才发展体制障碍，为人才引进、成长、留住提供保障；深圳土地资源有限，要通过城市更新拓展城市发展空间，因此需要制定城市更新条例，规范城市更新行为等。2016年度深圳市人大常委会立法计划已经通过，包含30多项立法项目，其中继续审议项目3个，拟新提交审议项目7项，国家自主创新示范区条例、城市更新条例等法规列入立法预备项目，还有十多个项目列入立法调研计划①。通过用好用足特区立法权和较大市立法权两个立法权，以精细化立法推动城市管理精细化，并转化为城市发展的制度优势，保障推动现代化国际化创新型城市建设。

（三）加强法治政府建设考评，加大法治政府建设力度

虽然深圳法治政府建设在全国处于较好水平，但公众对政府法治有更高期待。2015年深圳修订了法治政府建设指标体系，充分发挥指标体系在推进法治政府建设中的作用，加强法治政府建设考评，以考评促建设。要改变目前法治政府建设改革中每年确定考评内容，造成年度之间不可比；自评分占比高，公众和专家评价部分影响小，导致各单位考评结果差距比社会实际体验小；考评结果不公开，对被考评对象不构成社会压力等状况，尽快完善考评办法，制定统一的考评内容和标准，扩大公众和专家评价在考评中的分数占比，引导公众积极参与考评工作，引入第三方参与收集考评信息，并实行考评结果公开，使考评结果更为客观公正，考评工作对相关部门更有压力，促进相关部门重视法治政府建设工作，努力提高政府法治化建设水平。

政府法治建设要结合行政管理体制改革，结合电子政务的推广。目前深圳行政管理体制仍在深化中，要不断完善政府权责清单制度，推广市场准入负面清单、社会组织准入负面清单改革试点成果，继续清理行政许可和服务事项，创新审批方式，不断健全城市执法体制，理顺安全生产监管体制，完善公共服务多元供给机制，完善"织网工程"，优化公共法律服务。要深入

---

① 2016年2月25日，市六届人大常委会第十六次主任会议通过市人大常委会2016年度立法计划，包含30多项立法项目，其中继续审议项目3个，包括医疗管理条例、绿化条例和质量促进条例等；拟新提交审议项目7项，包括人才条例、警务辅助人员管理条例、食品安全条例、社会治安综合治理条例、实施《中华人民共和国残疾人保障法》办法等；国家自主创新示范区条例、前海蛇口自贸片区管理条例、城市更新条例等法规则列入立法预备项目。

推广电子政务,以信息化促政府工作流程的完善、政府行为的规范、政府工作效率的提高。

(四)深化司法改革,提高司法公信力

2016年深圳将继续深化司法改革,继法官职业化改革、司法警察职业化改革之后,推进法官助理、检察官助理、书记员、司法技术人员等司法辅助人员分类和职业化改革。针对当前法院检察院工作人员提前退休、辞职、调走人数有所增多、存在人才流失现象情况[1],建议在改革中要注意加强法院检察院工作人员的利益和积极性保护,完善相关配套制度。要按照司法规律科学确定职责任务和分工,合理确定法官检察官工作量,建立科学的业务考核评价体系、符合实际的责任追究制度。要加强职业保障,除适当提高薪酬待遇之外,要注意完善职级、薪级设计,打开各类人员职业上升通道。在探索任期制法官改革时,要注意职位的相对稳定性。在各项制度设计中,要体现对法官检察官的尊重,提高职业尊荣感。此外,要积极利用互联网技术,推动互联网技术与法院工作、检察工作的深度融合,提高司法效能和办案质量。针对案件数量逐年增加,特别是法院实行立案登记制后案件数量增长较快,而法官检察官受名额限制增加困难、法官检察官人均办案量大的情况,建议完善法官检察官名额确定制度,制定与人口、案件数量及案件类型相关联的法官、检察官名额确定标准;根据职责分工对司法辅助人员需求,制定法官检察官与司法辅助人员的配比标准,确保每类人员工作量适当,团队配合协作良好,形成良性机制。

(五)培育法律信仰,建立法治的社会支持体系

良法体系、法治政府、公正司法,需要良好的法治社会支持体系才能得以有效运作、发挥作用。这一社会支持体系就是公众的法律信仰,是法律职

---

[1] 近年来深圳法院在案件逐年增加的情况下,法官人数非但没有增加反而因退休、调动等原因有所减少,法官人均结案数量2015年达217件,超过全国法官平均水平的3倍,检察官人均办案数也逐年增加。

业共同体的形成。

2016年是"七五"普法的开局之年,要在总结"六五"普法工作经验的基础上,抓紧制定"七五"普法规划并认真组织实施。在普法工作中,要在增加市民法律知识的同时,注意培养市民的法律信仰。要创新普法渠道,在落实国家机关"谁执法谁普法"的普法责任制的同时,重视资源统筹,调动各方面力量开展普法工作,激励各行各业的法务部门、法律工作者积极发挥面向本单位本企业本社区开展普法,使普法更贴近工作生活。要充分借助互联网技术,在微信、微博等平台,开展生动活泼的法制宣传;重视针对热点问题开展法律讨论和法律解读,增强吸引力和传播力;加强普法资料的共享,建立普法数据库,并向社会开放。要完善公务人员学法用法制度,特别是完善领导干部任职法律考试、一般公务人员入职法律考试及定期法律培训,建立领导干部述法制度,提高依法履职能力和自觉性。要抓好青少年法治教育,按照法律知识、能力与价值观三位一体的模式,开展法治教育,不仅从小培养法律、法律程序、法律制度方面的知识与技能,而且使其形成以掌握法律为基础的基本原则和价值观,即养成法律信仰。

继续加强法律职业共同体建设,加强法官、检察官、律师、法学家、立法工作者、行政执法人员之间的良性互动,建立共同的价值目标,形成理性的相互尊重,共同推进法治建设。并通过法律职业共同体建设带动社会对法律基本原则、法律价值认识的统一,形成对法治的信仰。

(六)科学理性借鉴国际经验,建立符合国情市情的法治体系

深圳的发展历史也是借鉴国际经验的历史,今天深圳建设现代化国际化创新型城市仍要大量借鉴国际经验推进改革创新。但是今天我们借鉴国际经验与35年前、10年前甚至5年前的基础已经完全不同,是在更高的平台上借鉴国际经验。要重新审视所谓的国际经验。应当认识到,无论是各项制度还是法治体系,全球并无统一的具体模式,世界各国和地区均是在历史演进中逐步形成完善自己的法治体系。借鉴国际经验应当打破主要借鉴美国、中国香港、新加坡等国家和地区的现状,面向全球,特别是不能忽视深入研究

与我国法律传统更为接近的德国、法国等大陆法系国家,以及与内地一脉而出、具有共同文化传统的我国台湾地区,还有近邻日本、韩国等的经验,从不同的制度比较中查问题,寻解方,使立法和改革更符合中国的实际,立法和改革的成本更低。同时还要认识到法治不仅需要宏大的理论和体系建构,也需要丰富的微观细节使它得以运行。要改变过去简单借鉴国际法治理论或现行制度、机械地将法治国家或地区的现行制度嵌入的做法,深入把握法治发展的历史背景、运行的基本特征及其效果,从宏观上把握趋势,从微观上观察细节,学习借鉴他们在各自国家或地区情势下完善法治的具体方法,寻找从细节上完善法治的国际相关经验,不断从细节上完善我们的法治,为现代化国际化创新型城市营造良好的法治环境。

立 法 篇
Legislation

B.2
公众参与地方政府立法制度研究
——以深圳为视角

林锐鑫*

摘　要： 地方政府在立法过程中，引导公众有序参与，广泛听取各方面意见和建议，是尊重立法客观规律、保障立法为民的重要措施，也是提高立法质量的根本途径。深圳作为改革开放的试验田，是国内最早实行开门立法的地方之一。自1992年取得特区立法权以来，深圳不断探索及完善保障公众参与政府立法的制度，并在实践中不断扩大参与范围、拓宽参与途径、创新参与方式，有效提升了立法质量。本文试以深圳政府立法实践为样本，就当下公众参与政府立法的制度、不足进行研究分析，并对制度的完善谈一些粗

* 林锐鑫，就职于深圳市法制研究所。

浅认识。

关键词： 立法 地方政府立法 公众参与

一 深圳保障公众参与政府立法制度沿革

地方政府立法，是指地方政府根据法律法规授权或者为履行法定职责所需起草法规草案或者制定规章的行为。公众参与政府立法是实行民主立法的重要途径，其实质是以权利制约权力，以公民权利防范、控制国家机关权力的滥用。换言之，公众参与政府立法，对公民而言，是实现其依据《宪法》所享有的表达利益诉求政治权利的途径之一；对政府而言，则是践行法治政府关于程序正义的内在要求，也是实现科学立法的重要路径。

在国家层面，我国公众参与政府立法制度建设始于《立法法》的要求。十八届四中全会将"科学立法、民主立法"提到新的高度，习近平总书记指出："推进科学立法、民主立法，是提高立法质量的根本途径。科学立法的核心在于尊重和体现客观规律，民主立法的核心在于为了人民、依靠人民。要完善科学立法、民主立法机制，创新公众参与立法方式，广泛听取各方面意见和建议"①。深圳作为改革开放的窗口和试验田，在民主立法方面也一直担负探索创新的任务。回顾20多年来的实践，在地方政府立法过程中公众参与制度方面，深圳大致经历了四个阶段。

（一）起步阶段（1992年）

早在1992年取得立法权当年，深圳就以市政府1号令发布了《深圳市人民政府制定深圳经济特区规章和拟定深圳经济特区法规草案的程序规定》（以下简称1992年《规定》），建立起规章草案公开征求意见制度，这是深

---

① 详见《关于〈中共中央关于全面推进依法治国若干重大问题的决定〉的说明》。

圳公众参与政府立法制度的雏形。1992年《规定》的出台让深圳成为国内最早在立法中确立公众参与政府立法制度的城市之一。

（二）实践与探索阶段（1992～1997年）

经过5年的实践与探索，深圳市政府于1997年对1992年《规定》进行全面修订，并于同年8月16日以市政府令第64号发布了《深圳市人民政府制定深圳经济特区规章和拟定深圳经济特区法规草案规定》（以下简称1997年《规定》），建立起公众参与政府立法的各项基本制度。1997年《规定》将公众参与政府立法拓展到立项阶段，并建立起重大方针政策及争议较大的问题论证、涉及较多企业和公民利益规章和法规草案听证、涉及重要政策或重大技术问题规章和法规草案专家论证等公众参与政府立法制度。

（三）实践与完善阶段（1997～2010年）

2010年，市政府结合适应深圳经济特区范围扩大至全市的需要，根据《立法法》、国务院制定的《规章制定程序条例》及国家出台的有关政策文件的要求，结合实践中发现的问题，对1997年《规定》进行全面修订，于2010年4月29日以市政府令第218号发布了《深圳市人民政府制定规章和拟定法规草案规定》（以下简称《规定》），进一步完善了公众参与政府立法的程序、公众意见采纳情况反馈以及对本市经济和社会发展有重大影响等三类规章和法规草案再次征求公众意见等相关制度[①]，完善了公众参与政府立法的程序和规则，增强制度的可操作性。《规定》的实施提升了公众参与政府立法的实际效果。

（四）创新与提升阶段（2010年后）

通过上述三个阶段的实践和完善，深圳形成了比较完善的保障公众参与政府立法的体制机制，确立了开放、多元的公众参与渠道，有效实践了民主

---

① 再次征求意见的法规草案如《深圳经济特区沙头角边境特别管理区条例（草案）》。该法规草案在2015年4月24日公开征求意见后，因相关制度存在争议且修改较大，于2015年11月20日再次公开征求意见。

立法，提高了立法质量。在此基础上，近年来在政府立法过程中，深圳更加注重公众参与立法的实效性，重视在实践中克服各地普遍存在的公众积极性不高、公众参与流于形式、达不到应有效果等问题。在立项、起草、审查及立法后评估等各阶段，通过深圳政府在线、部门公众信息网、微信公众号、本市主流媒体等途径公开征求意见，并发布相关指引，就征求意见的程序、规章和法规草案所涉及的重要制度及其设计思路和依据等事项进行说明，引导公众围绕重点热点问题提出意见和建议。征求意见结束后相关部门整理形成相应的报告，向社会公众反馈意见采纳情况，对于不予采纳的意见做出详细说明[1]。市政府法制机构在审查规章和法规草案过程中，还特别重视通过召开专家座谈会[2]、立法专家论证会[3]、与立法涉及的行政管理相对人或利害关系人座谈会[4]、立法听证会[5]等各种途径，扎实推进公众参与政府立法工作，提升公众参与的实际效果。此外，2015年深圳市社会组织管理局在开展社会组织立法调研过程中，创新性地采用"悬赏"方式征集立法草案和立法建议。此次活动将"开门立法"提前到立法调研阶段，受到社会各界的广泛支持，有效调动了包括被管理对象在内的社会公众参与立法的热情。此次开门立法得到新华网、人民网、凤凰网、新浪网等著名媒体的正面宣传。

二 深圳现行保障公众参与政府立法的制度及其不足

在深圳市行政区域内，现行有关保障公众参与政府立法的主要法律依

---

[1] 市法制办召开《深圳市城市轨道交通运营管理办法（征求意见稿）》立法听证会的相关做法，http://www.fzb.sz.gov.cn/ztzl/xzlf/lftzh/gdjt/201406/t20140625_2487867.htm。
[2] 2016年2月24日市法制办组织召开政府立法工作计划论证及立法项目征集专家座谈会，http://www.fzb.sz.gov.cn/ztzl/xzlf/lfdt/201603/t20160301_3504397.htm。
[3] 2015年11月底市法制办组织召开《深圳经济特区城市更新条例（草案协调稿）》专家论证会，http://www.fzb.sz.gov.cn/ztzl/xzlf/zjlxh/201511/t20151130_3372778.htm。
[4] 2015年11月24日上午市法制办到深圳市机场（集团）有限公司就《深圳市宝安国际机场管理办法》的修订工作开展立法调研，http://www.sz.gov.cn/cn/xxgk/bmdt/201511/t20151126_3368580.htm。
[5] 2015年12月30日市法制办举行《深圳市校车安全管理办法（征求意见稿）》立法听证会，http://www.fzb.sz.gov.cn/ztzl/xzlf/lfdt/201512/t20151204_3378873.htm。

据,除了全国人大制定的《立法法》、国务院制定的《规章制定程序条例》外,还包括深圳市人大制定并经广东省人大常委会批准的《深圳市制定法规条例》和2010年4月29日以市政府令第218号发布并于同年6月1日起施行的《规定》。《规定》系依据上述法律、法规,结合深圳政府立法的实际制定,其有关保障公众参与立法的制度,也是依据上述法律法规确定,在公众参与政府立法途径、方式、程序和规则方面,比上述法律法规更加具体、更具可操作性。

十八大报告将"依法治国"方略提到新高度。《中共中央关于全面推进依法治国若干重大问题的决定》(以下简称《决定》)明确提出"发挥立法的引领和推动作用,抓住提高立法质量这个关键,深入推进科学立法、民主立法,使每一项立法都符合宪法精神、反映人民意志、得到人民拥护",并要求"拓宽公民有序参与立法途径"。《法治政府建设实施纲要(2015~2020年)》也明确要求"提高政府立法公众参与度""拓展社会各方有序参与政府立法的途径和方式",并就征求意见的媒介和健全公众意见采纳情况反馈机制提出具体的要求。在此背景下,有必要总结深圳公众参与政府立法的经验,研究现行公众参与政府立法制度及实践中存在的问题,并寻求解决方案以完善现行制度,实现科学立法,提高政府立法质量。

(一)立项阶段

立法项目立项是立法准备阶段中的重要环节,它解决的是立法的必要性、可行性、合法性等问题;而立法计划或立法规划,则是在确定立法项目基础上,解决立法工作的计划性和协调性问题。立法计划或立法规划的作用在于明确一定时期内政府立法工作的重点、难点、目标和任务,有利于立法决策者、立法工作机构、立法工作人员以及专家、学者等其他有关方面有计划、有步骤地开展立法及立法相关工作,防止出现重复立法和分散立法现象,从而降低立法成本,提高立法质量;立法计划还有利于把立法和改革决策结合起来,发挥立法的引领和推动作用,保障重大改革于法有据以及立法主动适应改革和经济社会发展需要,使立法与社会关系协调发展,以取得预期的社会效果。政府立法项目立项有关项目征集、甄别及编制立法计划草案等具体工作，由市政府法制机构承担，报经市政府批准后实施。《规定》在立项阶段保障公众参与政府立法的制度主要包括以下内容。

1. 明确规定立项阶段征集立项申请和立法建议时间、程序及反馈机制

根据《规定》第九条的规定，每年9月底前，市政府法制机构应当向社会发布公告，征集下一年度政府规章和法规立法建议项目。在提出制定政府规章和法规的立项申请和立法建议的主体方面，《规定》第九条明确公民、法人和其他组织均可在规定期限内向市政府法制机构提出建议。

为保障立项阶段公众参与的实际效果，使公众立项申请和立法建议得到充分回应，《规定》第十条规定市政府法制机构汇总立项申请时，应当组织提出立项申请的单位和个人召开专门的立项申请协调会，并在此基础上拟定政府年度立法工作计划草案。

2. 明确政府年度立法工作计划草案公开征求意见制度

为加强公众对政府立法项目立项工作的监督和制约，《规定》对有义务征求及反馈公众意见的主体、征求方式及立法计划草案报送时间、形式要求等做出具体规定。根据《规定》第十一条，市政府法制机构应当通过市政府网站、市政府法制机构网站等就政府年度立法计划草案向公民、法人和其他组织征求意见；在不予采纳公众意见的情况下，市政府法制机构应当予以反馈并说明理由。此外，市政府法制机构应当于每年12月15日前向市政府报送下一年度立法工作计划草案。在报送政府年度立法计划草案时，应当将征求意见情况（含意见处理情况）一并上报市政府常务会议讨论。

3. 明确政府立法工作计划公布的时间、媒体及公众意见反馈制度

根据《规定》第十二条，在市政府常务会议正式讨论通过年度立法计划之日起20日内，市政府法制机构应当通过市政府网站以及市政府法制机构网站公布市政府年度立法计划，并对公民、法人和其他组织的意见统一做出反馈。

4. 明确临时追加立法项目的程序要求

对于不断发展着的客观形势来说，立法计划毕竟有其局限性。立法项目在立项实践中，还经常碰到需要在既定的立法计划之外临时追加立法项目的情况。临时追加立法项目客观上有其必要性，但需要予以规范及限制，防止随意追加立法项目的行为，损害立法工作的严肃性。在规范及限制临时追加立法项目方面，《规定》第十三条明确规定：市政府按照规定程序对年度立法计划进行调整的，市政府法制机构应当通过本单位网站予以公布并说明理由。

从上述分析可见，深圳已在政府立法项目立项阶段建立起保障公众参与政府立法的基本制度，但仍有诸多不足之处。

1. 欠缺长期征集立法项目的机制

拓展立法项目的来源，向社会公开征询立法项目的建议，是保障民主立法的重要途径。而由于长期征集立法项目机制的欠缺，公众只能在规定期限内提出立项申请和立法建议，减损了向公众征集立法项目的效果。

2. 欠缺鼓励公众提出立项申请和立法建议的机制

目前《规定》关于公众参与政府立法的制度，欠缺对参与者的激励机制和配套支持措施，而公众提出立项申请或立法建议后，却在个别情况下承担了相应义务。例如第十条第二款关于"市政府法制机构应当组织提出立项申请的单位和个人召开专门的立项申请协调会"的规定，在此情况下提出立项申请的个人势必可能接受市政府法制机构的组织参加立项申请协调会；此外，按照《规定》第十五条第二款规定，在集中草拟的情况下，提出立项申请的单位或者个人应当向草拟机构提交集中草拟项目的立法要点。在这种情况下，公众和个人提交立法要点就成为义务。而履行这些义务，不仅会让公众在参与过程中产生时间和经济方面的成本，还可能因其所在单位不予批准请假而无法参与。可见，由于欠缺鼓励公众参与政府立法机制，在当前公众参与政府立法欠缺主动性的情况下，还增加了阻碍其参与的客观因素，在一定程度上使得公众疏于去做"费力不讨好"的事情。

3. 立项论证制度不完善

在立法过程中，立法者应该将自己定位为自然科学家：立法者并非在制造法律、发明法律，而仅仅是在表述法律，将法律关系的内在规律通过法律条文表现出来。立项时,要根据经济和社会发展及政府中心工作需要确定立法项目,严格遵守立项制度,克服立法的随意性,只有经过立项申请、论证和审查,确定起草制定一项法规或规章确有必要性和可行性后,才可以进入起草制定程序。"确定立法项目时,需要明确:法是要解决问题的,但所要解决的问题,必须是客观存在的,不能是主观想象的;必须是反复出现的,不能是偶然发生的;必须是普遍的,不能是个别的"①。十八大《决定》也明确提出"完善立法项目征集和论证制度"。而《规定》仅要求市政府法制机构对立项申请进行汇总研究和初步论证,欠缺具体的、操作性强的论证制度,论证的对象和范围、论证人员的资格资质及人数以及论证结论的公示等内容均不明确。由于实际操作中缺乏足够的论证,立法实践中凭感觉或者经验立项、凭领导意志立项、凭部门热情立项等现象就或多或少地存在,从而造成有的法规出台后作用不大,而有些社会亟须的法规、规章却没有被列入立法计划,有的立法项目在起草或者审议过程中半途而废,有的法规、规章明显缺乏可行性,有的法规、规章仅仅成为部门巩固和扩大权力和利益的工具等。

(二)起草阶段

市政府发布年度立法计划后,规章和法规草案起草责任单位按照立法计划的要求组织规章和法规草拟工作。在政府立法过程中,起草阶段承担着设计规章和法规草案基本制度的任务,其重要性可想而知。立法专家陈公雨指出:"这一阶段(指起草阶段)至关重要。如果立项是选材的话,那这一阶段就是加工制作,能不能立良法,选材是基础,制作是关键"②。

在起草过程中,往往涉及设置增加行政管理相对人义务或减损其利益的规定,也可能对其他利害关系人的利益产生影响。充分尊重公众意见,尤其是听取行政管理相对人和利害关系人的意见,是西方国家普遍认同和采用的

---

① 曹康泰主编《全面推进依法行政实施纲要辅导读本》,中国法制出版社,2004,第140页。
② 陈公雨:《地方立法十三讲》,中国法制出版社,2015,第97页。

制度，这项制度在一定程度上将外在的法律规范内化为行为者自身的行为准则。"他律"变成"自律"，法律的控制机制由社会外力约束机制转化为行为者的自律约束机制，不仅提升了法律的实施效果，而且节约了法律施行的成本。在向规章和法规草案涉及的行政管理相对人及其他利害关系人征求意见方面，《规定》第十八条明确要求起草责任单位应当采用书面形式征求意见。此外，为约束起草责任单位切实做好征求意见工作，防止征求意见流于形式，《规定》第十八条还建立起意见反馈机制，明确要求起草责任单位应当对意见采纳情况予以反馈；在不采纳意见的情况下，还应当说明理由，并在第二十三条明确要求起草单位在向市政府法制机构报送草案时应当附上征求和采纳意见情况、协调情况等材料。

规章和法规草案起草是一项系统工程，是专业性极强的工作，要求起草人不仅要在规章和法规草案所涉及专业领域具备扎实的专业基础，还必须准确把握拟制定法规或规章的立法事项是否符合《立法法》规定（即通常所称的权限）、熟悉立法项目所涉及相关法律及具体制度、熟练掌握立法技术等各项要求。而单个或若干专业人士因知识领域、经历及思路所限，很难同时具备上述各项条件。在这种情况下，只有同时采用委托专业机构起草、专家咨询论证、座谈会、听证会、征求公众意见中的若干措施，才能弥补上述不足。尤其是在主管部门负责起草的情况下，更应当通过上述措施防止部门仅从本单位利益出发，仅考虑到管理的便利性，而罔顾公民、法人和其他组织的权利和利益的损害，从而发生规章和法规草案存在妨碍国家政令统一和国家法制统一的规定，以及部门利益法制化等问题。

从《规定》关于起草阶段保障公众参与政府立法的制度来看，主要存在以下几方面的问题。

1. 公众参与规章和法规草案起草的方式过于单一，且规定过于原则

其一，在委托专业机构起草方面，《规定》仅明确集中起草情况下市法规规章草拟机构可以采取招标的方式委托专业机构进行起草，且仅限于规章或法规草案专业性较强的情况。其二，《规定》仅明确相关单位与市法规规章草拟机构联合组织立法调研和论证、协助市法规规章草拟机构组织召开立

法协调会、论证会、听证会。虽然结合《规章制定程序条例》的规定,《规定》并未排除其他起草责任单位在起草规章和法规草案过程中采用上述公众参与规章和法规草案起草的方式,但执行过程中仍存在不同的理解。

此外,《规定》上述制度过于原则,实践中可操作性较差。例如,关于委托专业机构起草,因欠缺对专业机构资格资质要求及专业机构工作内容、工作要求等制度缺失,各起草单位在委托起草过程中无所适从,实践中鲜见委托效果较好的立法项目。

2. 关于书面征求行政管理相对人和利害关系人的规定操作性较差

实践中,由于规章和法规草案涉及的行政管理相对人及其他利害关系人众多、利害关系人难以确定,无法一一以书面形式征求意见。因此,《规定》第十八条第二款关于"规章和法规草案起草责任单位应当书面征求规章和法规所涉及的行政管理相对人和其他利害关系人的意见"的规定的缺陷显而易见,欠缺当发生上述问题情况下如何选择书面征求意见的对象的相关制度。

(三)审查阶段

市政府法制机构对规章和法规草案进行审查的目的,是从本市全局出发,统筹起草责任单位与其他部门、单项立法与法制全局以及个别部门与其他部门与同一行政管理相对人的关系。因此,市政府法制机构审查规章和法规草案,是立法过程中落实科学立法、民主立法的重要环节,可以有效防止或将立法失误和缺陷减到最低程度,提高立法质量。在市政府法制机构审查规章和法规草案阶段,《规定》建立了调查、征求意见、座谈、专家论证、听证等多位一体的保障公众参与政府立法的制度。

1. 明确规章和法规草案公开征求意见及意见反馈制度

审查者要想了解规章和法规草案的矛盾和焦点、是否必要和可行,最佳途径就是充分地征求各方面的意见,并从中发现问题及解决问题的意见。根据《规定》第二十五条、第二十六条的规定,市政府法制机构审查、修改规章和法规草案时,应当通过本单位网站或者在本市具有一定影响的媒体向社会发布公告，向行政管理相对人和社会各方面广泛征求关于规章和法规草案的意见，征求意见的时间不得少于30日。征求意见结束后，市政府法制机构应当通过本单位网站及时向公众反馈；对于不予采纳的意见，市政府法制机构应当在反馈时说明理由。

值得一提的是，为保证公众参与政府立法的实效性，《规定》第三十三条还规定了规章和法规草案再次征求意见制度。当规章和法规草案内容对本市经济和社会发展有重大影响、草案内容在上一次征求意见后发生重大变化，或者涉及公民、法人和其他组织的重大权益的情况下，市政府法制机构应当通过本单位网站或者在本市具有一定影响的媒体向社会发布公告，再次向公众征求意见。

2. 明确重大问题、其他争议较大问题以及专业技术性问题论证制度

政府立法过程中，经常会碰到涉及技术性、专业性较强的立法项目。受知识结构和专业所限，市政府法制机构和普通公众难以对立法的内容和制度有清晰、透彻的理解和把握，这些问题可以通过专业技术来解决。在这种情况下，邀请相关领域专家对规章和法规草案的内容和制度，尤其是技术性较强的问题进行研究和论证，并对其必要性、可行性和科学性做出评估是必要的。论证的目的是保证立法尽可能地反映社会发展的客观自然规律，体现科学立法的原则。《规定》第二十五条、第二十八条明确要求市政府法制机构在审查、修改规章和法规草案过程中，应当组织有关专家召开论证会，对规章和法规草案起草中的专业技术问题，或草案中拟定的重要制度、存在较大争议的问题进行论证。论证会结束后的5个工作日内，市政府法制机构应当根据论证情况形成书面报告，经参加论证会人员签名确认后，通过本单位网站向社会公布。

3. 明确政府立法听证制度

听证即听取当事人和利害关系人的意见。听证制度最初源于英美普通法中的自然公正原则，是西方国家普遍认同和采用的程序性制度，在立法、司法、行政上都得到普遍运用。立法听证制度在深圳市的实践起源于市人大立法。早在1999年，深圳市人大预算委员会就借鉴国外及中国香港地区的成

功做法，结合深圳实际，制定了全国第一个立法听证会规则以及详细的工作方案。2001年11月，深圳制定出台了《深圳市人民代表大会常务委员会听证条例》，这是我国首部关于听证的地方性法规，在听证范围、程序人员组成等方面有不少创新。《规定》第二十九条对举行立法听证会的主体和条件均做出具体的规定，明确在规章和法规草案对本市经济和社会发展有重大影响、对广大人民群众切身利益有重大影响、内容存在重大意见分歧等情况下，市政府法制机构应当举行立法听证会。

4. 明确政府立法座谈会制度

在审查规章和法规草案过程中的政府立法座谈会，实践中一般由市政府法制机构邀请有关部门、社会团体、企业事业单位的代表和专家参加，应邀出席的代表在会上就与该项立法有关的事项发表意见。为提升座谈会效果，市政府法制机构邀请的人员要具有广泛性、代表性、专业性，并提前为参加座谈会的代表提供与立法项目有关的背景资料，给予参加座谈会的人员比较充分的研究时间。《规定》第二十七条对召开政府立法座谈会的程序、座谈会目的以及公示座谈会记录等做出具体的规定，要求市政府法制机构可以针对法规、规章拟解决的主要问题、拟采取的主要措施以及拟确立的主要制度等，召开由公众代表和立项申请人参加的座谈会。为保证座谈会效果，《规定》还要求市政府法制机构应当在召开座谈会5个工作日前，将举行会议的时间、地点和主要议题以公告形式向社会公布，并于座谈会结束后的5个工作日内，根据现场会议记录整理、制作座谈会会议记录，通过本单位网站向社会公开。

可见，为保障市政府法制机构的审查效果，提升立法质量，《规定》对市政府法制机构在审查过程中充分发扬民主、保障公众参与政府立法方面提出了非常具体的要求。制度方面虽已经比较完善，但仍存在以下问题。

1. 立法论证制度较为原则，操作性有所欠缺

一是需要咨询论证的范围较为狭窄，主要限于"规章和法规草案中拟定的重大问题及其他争议较大的问题""存在争议的政策或者专业技术问题"。由于规章和法规草案应符合社会和自然发展规律，许多规章和法规草

案需要利用社会科学和自然科学的专业知识加以制定。因此，凡是专业性较强的规章和法规草案，无论是否存在有争议的问题，都应当组织有关方面的专家对涉及的相关专业性问题进行咨询论证。二是咨询论证的办法未加规定，如对咨询论证人员的资格及参加人数和人选、咨询论证的方式（口头或书面、个人或小组等）、咨询论证意见的使用等均未具体规定。

此外，在实践中受财政管理及经费等因素制约，专家咨询、论证经费难以保障，也难以合理合法地开支，难以调动专家的积极性和责任心，严重影响咨询论证的效果。

2. 关于市政府法制机构在审查规章和法规草案过程中开展调查的规定过于原则

《规定》仅提出要求，但对于如何开展调查、在调查中的权力及相关部门和单位的配合责任等，均未做出明确规定。虽然在实践中市政府法制机构大量采用深入基层调研、与行政管理相对人及利害关系人座谈、开展专家咨询等方式开展调查工作，相关部门和单位也较为配合，但制度瑕疵仍然不利于市政府法制机构在审查过程中开展调查工作，影响调查效果。

（四）立法后评估阶段

在法治时代，我们不仅应注重法律法规的制定，更应重视其实际运作状态，持续关注立法中的制度设计的合理性、立法内容的可操作性，以及立法的实施效果是否达到预期目的，从而有针对性地对其进行调试与修缮，跟上经济社会发展的时代步伐。尤其是目前国家、广东省和深圳法律体系日趋完善，新法制定和现行法规、规章废、改、释应当并重，逐步从着眼完善法律体系的"搭架子"转向更加注重法律法规质量的"精装修"。《规定》有关立法后评估阶段保障公众参与的制度主要包括以下内容。

1. 明确评估责任单位、评估年度计划、评估实施方案以及评估方式等制度

《规定》第四十四条规定明确市政府法制机构和规章的实施机关是立法后评估机关，要求评估计划制定依据包含公众的意见，也即要求在制定评估计划之前公开征求公众意见。在评估方式方面，该条明确评估机关可以委托高等院校、科研机构或者社会团体进行规章立法后评估。

2.明确评估内容及公众参与的方式

在评估内容方面,《规定》第四十五条规定:评估机关应当根据规章的立法宗旨和立法目的,并结合国民经济和社会发展的客观要求,对政府规章的实施绩效、立法内容和立法技术进行评估。在公众参与立法后评估的方式方面,《规定》第四十六条规定了座谈会、专家论证会、听证会、实地考察、专家咨询、问卷调查、媒体公开征求意见等方式。

在立法后评估阶段保障公众参与政府立法方面,《规定》有关保障公众参与立法后评估的规定过于原则。虽然《规定》确立了座谈会、专家论证会、专家咨询、问卷调查、媒体公开征求意见、举办听证会等公众参与立法后评估的方式,但欠缺具体的规定。例如,关于专家论证和专家咨询方面的问题可以参考上述关于审查阶段立法论证制度存在的问题;关于问卷调查方面,《规定》存在调查对象、调查方式和调查数据统计及采纳制度不明确等问题;关于举办听证会方面,《规定》存在听证条件、听证范围不明确及评估机关裁量权过大等问题。

三 完善深圳公众参与政府立法制度的建议

如前所述,《规定》已建立起较为完善的公众参与政府立法制度,但仍存在诸多问题,制约民主立法的落实,也相应对立法质量产生影响。笔者建议可以通过修订《规定》,将市政府法制机构及其他起草单位在实践中行之有效地拓宽公众参与政府立法途径、引导及鼓励公众参与的措施、增强公众参与效果的做法予以固定,并结合如前所述立法各阶段存在的问题及以下建议进行完善。当然,也可以出台专门的法规或规章引导及规范公众参与政府立法。

(一)明确公众参与政府立法的各种方式适用于立法全过程

立项、起草、审查及立法后评估等各环节,环环相扣,均事关立法质量的提升,不存在孰轻孰重问题。对此,十八大《决定》明确提出要把公正、

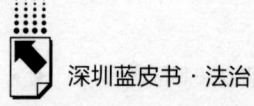

公平、公开原则贯穿立法全过程，完善立法体制机制，坚持立改废释并举，增强法律法规的及时性、系统性、针对性、有效性。

在立法过程中的各个环节，切实做好公开征求意见、举办论证会、举办听证会、组织专家咨询、举办座谈会或开展调查等各项工作，这样才能做到尊重和体现社会发展的客观规律、尊重和体现法律所调整的社会关系的客观规律以及法律体系的内在规律，才能实现科学立法、提升立法质量。立法讲求效率，也应尽量降低立法过程中产生的成本，但其前提是保证立法质量。撇开立法质量讲效率、讲成本，必定违背科学立法原则，立法质量也就得不到保证。况且，在某种意义上可以这样认为：公众参与立法本身是一种有效、高质的普法方式。因此，增加公众参与政府立法的投入，不仅利于实现科学立法，也是有效的普法过程，可谓一举两得。

（二）建立健全立法调研基地制度

法律的生命力在于实施。通过建立健全基层立法调研基地相关制度并予以推行，建立常态化的基层调研或联系机制，保障每一项规章和法规草案都能通过立法基地的平台走进基层、走进群众，让社会各界的诉求得到充分表达。可见，基层立法调研基地制度的建立及实施，不仅拓宽了公众参与政府立法的渠道，深入听取基层对立法草案的意见，还有助于增强立法的可操作性和执行性，能够有效提升公众参与的实际效果。建议可由市政府法制机构牵头，在街道办事处等基层单位建立立法调研基地，明确在立法项目立项、起草、审查及立法后评估阶段，由立法调研基地单位提供意见、建议，并协助市政府法制机构等相关单位开展基层征求意见工作。

（三）建立健全政府立法征求社会组织意见制度

行业协会等社会组织代表着不同群体的利益，社会组织作为组织化的利益共同体，具有汇总整理群体意见建议、集中表达群体利益诉求的功能，表达利益诉求的意识和能力较强。在政府立法过程中，应当引导社会组织积极参与，提高征求意见制度的科学性和可行性，提升效果。因此，应当建立健全政府立法征求社会组织意见的相关制度，在政府立法中给予他们参与的机会和表达的权利：一是明确法规规章的起草单位、审查单位或立法后评估单位在立法项目涉及相关行业、产业利益的情况下，应当征求社会组织意见①。二是明确征求社会组织意见的方式。除书面征求社会组织意见外，对于一般立法项目，可以吸收社会组织参与座谈、咨询、论证、调查、听证等活动；而对于涉及相关行业、领域的专业性较强的立法项目，还可以委托相应行业、领域社会组织提供起草、咨询、论证服务。

（四）建立健全立法专家管理制度

十八大《决定》从人大制定法规的角度明确提出建立立法专家顾问团制度，其目的是更好地发挥专家在立法全过程中的作用，此项要求对于政府立法也具有同样的意义。为充分发挥专家学者在立法中的作用，有必要明确立法专家管理相关制度：一是建立立法专家库及相应管理制度，对专家人数、专业结构、入选资格条件做出具体规定，并结合专家履职情况及立法实际需要，建立专家库动态调整机制。二是明确应当邀请立法专家的各种情形，清晰界定开展咨询、论证或座谈会的不同条件和要求，并结合咨询、论证或座谈会的特点分别规定专家相应的权利、义务和议程。三是结合专家论证会的特点和论证目标，建立论证规则。专家在论证会上应当按照程序轮流发表意见，让不同观点交锋，同时专家要对自己的论证意见负责，以强调专家的独立性和责任心。同时，建立不同立法阶段论证专家回避制度，即同一专家不得同时参加同一立法项目的立项、起草、审查阶段的论证。

（五）完善规章和法规草案委托起草制度

现行《规定》欠缺规章和法规草案委托起草制度，应从以下几方面完善委托起草制度：一是明确承接规章和法规草案起草专业机构的基本条件，

---

① 参见关于立法项目涉及相关行业、产业利益时征询有关行业协会意见的具体要求，详见《深圳经济特区行业协会条例》（2013年12月25日深圳市第五届人民代表大会常务委员会第二十六次会议通过）第五十一条。

要求专业机构应当有立法专业成员，或者相关人员系法学专业且有三年以上起草法规、规章草案的经验。二是明确专业机构工作内容和工作要求，约束专业机构按照符合立法规律的方式开展工作。

（六）建立健全公众参与政府立法的经费保障制度

要保障公众有效参与政府立法过程中的各个环节，必须有一定的物质基础。没有一定的资金保证，扩大公众参与政府立法的范围及拓宽参与途径、方式将很难实现。因此，应当建立经费保障制度，保障及规范以下事项：一是保障组织召开征求意见会、举办论证会、举办听证会、组织专家咨询、举办座谈会以及开展调查的相关经费。二是加大投入，拓宽征求意见形式。目前的立法征求意见形式比较单一，实践中大部分都是通过网站向公众征求意见。建议加大投入，探索通过媒体专栏及市政府法制机构微博、微信公众号，以立法草案内容模拟个案说法、以立法草案中个别重大条款说法、论法、讲法等形式，向社会公众宣传，引导公众关注立法，提出意见。三是保障专家咨询、论证和座谈会经费，承担专家参加活动所产生的成本，并为专家提供合理报酬。四是建立规章和法规草案起草项目委托起草经费测算标准，规范起草经费使用行为，保障专业机构按约定完成工作后的合理报酬。五是建立公众参与政府立法表彰、奖励机制。如前所述，深圳市社会组织管理局2015年开展社会组织立法调研的实践表明，表彰、奖励等激励机制，可以有效调动公众参与政府立法的积极性。因此，可以建立公众参与政府立法相应的表彰、奖励及参与立法成本报销机制。对于受邀请参加听证会、论证会的专家和普通公民，由举办单位承担其参与政府立法产生的差旅费和误工费；意见和建议得到采纳的个人和单位，由采纳单位予以表彰。

B.3
立法决策与改革决策相结合的深圳实践与思考

张 京*

摘　要： 党的十八届三中全会以来，全面深化改革正逐步成为我国经济社会发展的新常态。如何处理好立法决策与改革决策的关系，如何处理好立法的"立"与改革的"破"之间的关系，考验了党、国家和人民的智慧。深圳探索将地方治理法治化作为全面深化改革的切入点，实践立法决策与改革决策相结合的有益探索，保证了改革能够在法治轨道上有序推进，提升了深圳的现代化城市治理水平，助推了深圳城市治理体系建设。

关键词： 立法决策　改革决策

党的十八届三中全会以来，全面深化改革正逐步成为我国经济社会发展的新常态。如何处理立法决策与改革决策的关系，考验着党和国家的智慧。谈到立法与改革，首先可以看到二者存在的矛盾之处：立法的重点在"立"，具有较强的稳定性，而改革的特点是"破"，具有较大的变动性。在这一破一立之间，又是相互促进、相互推进的关系。《吕氏春秋》中有"治国无法则乱，守法而弗变则悖，悖乱不可以持国"的警句，强调了因时变

---

* 张京，深圳市人大常委会内务司法工作委员会委员，中国政法大学法学学士、武汉大学公共管理学硕士。

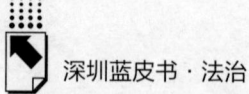

法的重要性。在全面深化改革的今天，处理好立法和改革之间的关系显得尤为重要。

习近平总书记在主持中央全面深化改革领导小组会议时指出，凡属重大改革都要于法有据。党的十八届三中全会指出，坚持把立法决策与改革决策更好地结合起来，充分发挥立法在引领、推动和保障改革方面的重要作用。党的十八届四中全会强调实现立法和改革决策相衔接，做到重大改革于法有据，立法要主动适应改革和经济社会发展需要。中央精神为立法与改革的关系这个老生常谈的话题注入了新的时代特点——立法要发挥引领、推动和保障作用，而要发挥好这个作用，关键是立法决策与改革决策要保持一致，立法要适应改革服务改革，实现立法决策与改革决策相衔接。这既是新时期处理立法与改革关系的方向，又是全面深化改革对立法者、立法工作提出的新要求。

一 立法决策与改革决策相结合的深圳实践

深圳经济特区设立30余年，"创新"是贯穿始终的关键词。在深圳的改革实践中，率先打破端"铁饭碗"的劳动制度和吃"大锅饭"的工资制度、率先取消计划经济票证放开物价、率先建立并开放劳动力市场、率先探索改革社会保险制度等举措。这些创举大多是通过特区立法加以引领、确立的，并经由特区立法进行规范、完善。关于深圳开全国立法先河、以立法促改革的事例不胜枚举。20世纪90年代中后期，深圳率先制定《深圳经济特区有限责任公司条例》《深圳经济特区股份有限公司条例》等与市场经济发展要求相适应的法规，这两个"公司条例"成为深圳全面推进市场取向的经济体制改革，建立完善市场经济体制的有力武器，也为国家制定《中华人民共和国公司法》提供了借鉴。《深圳经济特区律师条例》率先在律师行业管理、律师协会管理、律师提前介入案件、律师惩戒和律师执业风险责任制等方面进行了大量的改革创新，外界评价这是律师界第一部与国际接轨的法律。全国首部改革创新促进条例于2006年在深圳诞生，法规中构建的激励机制、协作机制和责任机制，对行政决策中开展改革创新进行了基本规范，为改革者营造了崇尚成功、宽容失败的环境和氛围。可以说，地方立法成为深圳改革创新链条中的不可缺失的一环，也成为深圳改革创新源源不断的推动力。

党的十八大以来，深圳紧跟时代发展节奏，始终将立法工作放在"推进治理体系和治理能力现代化总目标"中改革创新，为全面深化改革保驾护航。科学处理立法决策与改革决策的关系，主动适应改革需要，加强重点领域立法，积极推进科学立法、民主立法，让一流的法治成为深圳新时期最为显著的特质，为深圳全面深化改革、依法治市提供了有力的法治保障。从深圳经济特区建设初期的"摸着石头过河"，到现在的"于法有据"，深圳将立法决策与改革决策结合的探索实践，保障了改革在法治的轨道上有序推进，提升了深圳城市治理体系和治理能力现代化水平。

（一）充分发挥立法对深化改革的引领推动作用

法治是全面深化改革的"压舱石"和"减压阀"。一位全国人大代表说：如果说改革会有失误，那么法治的作用就体现为及时纠错；如果说改革要付出代价，那么法治的作用就是最大限度地降低成本；如果说改革有风险，那么法治就是掌控风险的有效保证。

《深圳经济特区行业协会条例》（以下简称《行业协会条例》）的制定是立法引领改革深化的一个典型案例。早在1999年，深圳出台了国内第一部专门规范行业协会组织和行为的法规，实施近10年后，为保障民政部在深圳探索建立的社会组织直接向民政部门申请登记制度，市人大于2010年废止了该条例。此后，深圳市有关行业协会登记、管理长期处于于法无据状态，也由此产生了一系列问题：行业协会与政府之间权力边界不清，行业协会缺乏独立性；行业协会自我约束和自我发展的模式不健全，内部监管缺失，滋生腐败，会员对行业协会认同度低；"政府万能"的思维定式，对政府职能转移和购买服务认识和态度不一，对行业协会不信任、不放心、不放手的心态仍不同程度地存在；等等。如何从制度建设上破局，切实建立健全符合深圳改革发展要求的行业协会体制机制；如何抓住政府职能转变的核心，划定政府和行业协会的权力边界，都急需明确的制度设计和路径选择。加快制定符合改革发展要求的行业协会地方立法是当务之急。

2013年初，深圳市政府和深圳市人大常委会适时启动了行业协会立法程序，同年12月，《行业协会条例》经市五届人大常委会第二十六次会议审议通过，于2014年4月1日起施行。《行业协会条例》中规定的完善内部治理结构、开展行业自律体系建设、制定行业标准和从业规范、实行会长副会长差额选举等制度，为行业协会的规范管理、有序发展提供了法治保障，对促进以行业协会为代表的社会组织在全面深化改革的过程中健康发展具有重要意义。自《行业协会条例》实施至2015年12月，全市新增行业协会200家。有关部门认真贯彻实施条例各项规定，将11家未按规定向社会公布年度报告的市级行业协会，列入活动异常名录，处理结果向社会公布；在全国开创性地实施不预先通知的抽检监督制度，随机抽查行业协会，2015年依法查处违法违规的行业协会18家，其中，对1家行业协会给予限期停止活动、对10家行业协会给予警告、对7家行业协会给予责令改正的处理，引起社会广泛关注。截至2015年底，全市所有行业协会均已完成与行政机关的脱钩改革，没有在职的国家机关工作人员在协会任职，实现了"政会分开"，促进了行业协会的健康发展，行业协会已经成为深圳社会组织中力量最强、最具活力的部分。

《深圳经济特区商事登记若干规定》（以下简称《商事登记若干规定》）的制定是立法引领改革的又一典型。早在2010年，"探索建立符合国际惯例的商事登记制度"就被列入了深圳改革计划，它是深圳转变政府职能、激发市场活力、改善营商环境、推进现代化国际化创新型城市建设的一项重大举措。改革计划出台后不久，深圳市人大常委会探索立法先行，在全国率先启动了商事登记方面地方法规的立法工作，为改革开路。2012年10月，《商事登记若干规定》经深圳市五届人大常委会第十八次会议审议通过。《商事登记若干规定》在商事登记审查方式和申报方式、商事主体住所登记和有限责任公司注册资本认缴登记等方面开展了多项改革创新，这与党的十八届三中全会《决定》中关于工商注册制度改革的要求是一致的，为深圳推进商事登记改革引领全国之先提供了法治保障。

客观上看，深圳商事登记制度改革降低了市场的准入门槛，激发了民众的创业热情，短时间内催生了一大批中小微企业创立登记、进入市场。自2013年3月1日《商事登记若干规定》实施以来，截至2015年8月31日，全市新登记商事主体107.8万户，累计实有商事主体201.1万户，商事主体总量由改革前的不足100万户，迅速翻番突破200万户，增量超过前30年总量，跃居全国大中城市首位。大批小微创业者进入市场，推动产业结构优化升级。改革后新登记的企业中，第三产业比重占九成，排名前五位的行业中有4个属于现代服务业。据抽样统计，改革激发的创业潮吸纳了348万人就业。改革29个月数据显示，新登记国税纳税人75.2万人，与改革前29个月相比增长了178%；新增加社会保险费1905.31亿元，相比增长了59.6%；新增社会医疗保险参保人数103.31万人，相比增长了9.6%。《商事登记若干规定》的制定，以制度创新和技术创新破解改革中出现的新问题，取得了良好的社会效果。

（二）立法主动适应改革和经济社会发展的需要

改革推进到哪里，立法进程就要及时跟进到哪里。对实践证明行之有效的改革举措，要及时上升为立法层面；对不适应改革要求的法规，要及时修改和废止；对需要通过法规解释来解决问题的及时释法，赋予法规条文更加准确、更具有针对性的内涵。

《深圳经济特区居住证条例》（以下简称《居住证条例》）的制定，是深圳贯彻十八大、十八届三中全会提出的"完善和创新流动人口管理服务，加快户籍制度改革"的具体举措，也是立法主动适应改革和经济社会发展需要的一次有益尝试。深圳作为改革开放的前沿阵地，城市地位特殊，人口情况复杂，流动人口管理存在的问题尤其突出。据深圳市公安局统计，截至《居住证条例》制定前的2013年底，深圳户籍人口325.5万，非深户籍人口已达1505.08万，是中国外来人口最多的城市，属于十八届三中全会决定中要求严格控制人口规模的特大城市。深圳的外来人口基本上都住在出租屋，有近100万无正当职业、无稳定收入的人员长期滞留深圳，近年来全市处理的犯罪嫌疑人93%为外来人员，发生的刑事案件一半与出租屋有关；还有大量的滞留人员利用出租屋从事非法营运、制售假冒伪劣商品等违法活动，引发诸多社会问题。调研和公开征求意见时，公安、街道、社区和许多市民群众都希望通过立法，一方面加强居住登记管理，实现人口规模有序调控和社会治安有效防控，另一方面，通过立法推进居住证制度改革，通过居住证制度为深圳产业发展需要的来深建设者提供服务，增强来深建设者的城市认同感和城市凝聚力。

按照党中央、国务院和深圳市委推进居住证制度的改革决策，深圳市人大常委会牵头直接起草条例草案，《居住证条例》2014年10月经深圳市五届人大常委会第三十二次会议审议通过，于2015年6月正式实施。这是国内首个居住证地方立法，旨在加强流动人口服务管理、推进基本公共服务逐步均等化；居住证持有人依法享有与户籍人口同等的劳动就业、基本公共教育、基本医疗服务、公共文化服务、证照办理服务等权利；达到适当居住年限和社保年限的，可与户籍人口享有同等的就业扶持、住房保障、社会福利、随迁子女参加当地中考高考的权利；达到适当居住年限、就业年限和社保年限的可通过积分等方式入户。这些举措符合中央关于创新流动人口管理和服务的精神，是深圳以法治手段深化人口管理改革，促进经济社会、人口、资源和环境协调发展的有力抓手。

前海的改革发展是立法主动适应改革需要的又一典范。2010年8月，国务院批复同意成立前海深港现代服务业合作区后，深圳市人大常委会主动适应改革发展需要，将制定《深圳经济特区前海深港现代服务业合作区条例》（以下简称《前海合作区条例》）列入2011年立法计划。在广泛征求意见、扎实开展调研的基础上，这部被称为"前海基本法"的条例于2011年6月通过并实施，前海合作区这一"特区中的特区"，先行先试于法有据、有法可依。《前海合作区条例》在制定过程中借鉴了纽约、伦敦等城市的先进管理经验，把推动区域创新作为重中之重，在前海的产业发展结构、治理体系建设和深化深港合作等方面做出大胆探索。《前海合作区条例》实施以来，深圳市人大常委会紧跟改革发展形势，定期开展立法调研，了解法规实施情况。2015年，深圳市人大常委会委托深圳大学立法研究中心，主动开展了《前海合作区条例》修订、《深圳经济特区前海廉政监督条例》立法调研等研究工作，夯实了前海战略平台的法治基石，以特区立法助推前海改革发展。

（三）加强重点领域立法，着力推进同深化改革相关的法规

深圳在开展立法工作时，注重突出重点领域立法，特别关注与改革发展和民生大计相关的领域，充分发挥立法的基础性和保障性作用。据《深圳市人民代表大会及其常务委员会立法统计报告（征求意见稿）》显示，截至2015年5月底，在深圳现行有效的163项特区法规和较大市法规中，政治类法规26项、经济类法规54项、文化类法规10项、社会类法规49项、生态文明类法规24项，分别占现行有效法规数量的15.95%、33.13%、6.13%、30.06%、14.72%。

为促进经济改革、适应经济模式转型需求，深圳率先制定了《深圳经济特区加快经济发展方式转变促进条例》，条例从创新促进、结构调整、低碳循环、规划指导、政策促进等方面，为深圳实现经济平稳增长和可持续发展提供了法治保障，为深圳率先"腾笼换鸟"转型发力，以更高质量、更有效率、更加公平、更可持续的发展引领新常态提供了有力支持。

为促进社会改革，深圳着手制定《深圳经济特区医疗条例》，就医疗服务业中急需规范的问题先行立法，内容拟包括医疗资源设置、民间资本准入、医疗行业规范、医患纠纷处理和行政机关监管等，以法治巩固医疗体制改革成果，推动医疗体制改革创新。

为推动社会治理体制机制改革，深圳制定和修改了《深圳经济特区救助人权益保护条例》《深圳经济特区无偿献血条例》《深圳经济特区全民健身条例》《深圳经济特区性别平等促进条例》等法规，将改革决策以地方性法规的形式确定下来，确保了改革在法治的轨道中运行。

2015年12月,深圳市六届人大常委会第十二次主任会议通过了《深圳市六届人大常委会立法规划》,规划依据深圳社会改革发展的需要,对2015~2020年的五年间立法工作进行了明确安排。立法规划将法规分为三类项目,第一类是条件比较成熟、任期内拟提请审议的,第二类是需要抓紧工作、条件成熟时提请审议的,第三类是需要研究论证、视情况做出安排的。此举分清了大小主次,把握了轻重缓急。许多事关近五年全面深化改革的重要立法项目被列入其中,如最受市民群众关心的食品安全立法、紧跟市委人才战略决策的人才建设立法、深港经济深度合作的重点区域广东自贸区前海蛇口片区立法、完善惩治和预防腐败体系的预防腐败立法等28个条件较成熟法规被列入第一类项目。在下一阶段的工作中,这些项目将作为立法工作的重中之重,深入开展调研,适时启动推进。

（四）改革优化立法体制机制,提升立法科学化水平

党的十八届四中全会指出,全面推进依法治国,重点是提高立法质量,根本途径在于坚持科学立法、民主立法。立"良法",方能行"善治"。在立法任务必将越来越繁重、立法要求必将越来越严格的今天,全面深化改革对立法质量提出了更高的要求。深圳市人大及其常委会坚持完善立法程序,提高立法质量,使深圳出台的特区法规和较大市法规,能够与深圳经济社会发展要求相适应,能经得起实践和历史的检验。

一是强化理论指导。坚持以正确的理论为指导,立法决策的研究、制定、实施,都能上挂中央精神,下联深圳实际。努力做到公民、法人和其他组织的权利和义务设定合理,国家机关的权力与责任规定科学。

二是完善制度建设。近年来,深圳市人大常委会多管齐下,着力探索改革立法体制机制,提高立法的科学化水平:立法中引入第三方评估、立法辩论和专家论证等新形式;提高常委会组成人员对法规的审议能力和责任意识;修改完善《深圳市制定法规条例》,切实保障新修改的《立法法》的实施;建立并完善立法联系点制度,增加基层群众参与立法的途径;等等。

三是广泛征求意见。科学立法、民主立法是依法治国的根本途径。2015

年，深圳市人大常委会制定了《市人大常委会党组关于做好新形势下人大工作的意见》等一系列文件，要求所有法规草案，在立前、立中、立后都要通过媒体向社会公布，广而告之。像这样大开立法之门，已成为深圳立法工作的新常态。《居住证条例》开征求意见采纳情况向公众反馈之先河，立法工作小组将公开征求意见时收集到的5000多条建议，整理为10个方面的主要意见，连同意见采纳情况一并公开向网友作了反馈。在《医疗条例》的制定过程中，委托独立运作的第三方机构展开了"万人大调查"，为解决医患纠纷问策市民。《深圳经济特区控制吸烟条例》在制定过程中共举办了6场听证会，根据听证代表的意见，对违法吸烟罚款额度进行了修正。《深圳经济特区道路交通安全管理条例》修订过程中，在市政府提出备受关注的以征收路外停车场停车调节费治理交通拥堵的议案后，市人大常委会领导立即分组到各区听取人大代表、基层党代表和社区居民意见，在收集第一手民意的基础上，为法规后续修改做好准备。

二 立法决策与改革决策相结合的展望与思考

深圳作为我国开展地方立法最为活跃的地区，立法工作既具有鲜明的地方特色，又具有一般地方立法的普遍性特征。深圳坚持将立法决策与改革决策相衔接，地方立法工作有序推进，取得令人瞩目的成果，但我们也能看到，在国家法治建设进程不断加快、对立法质量要求越来越高的今天，深圳在立法制度设计和具体操作层面仍存在短板。要进一步发挥立法的引领、推动和保障作用，用法治思维和法治方式推动改革、深化改革，就更需要我们结合中央精神和社会公众对立法工作的新要求，推进立法决策与改革决策更好地结合。

（一）发挥人大在立法工作中的主导作用

党的十八届四中全会《决定》提出，健全有立法权的人大主导立法工作的体制机制，发挥人大及其常委会在立法工作中的主导作用。要将立法工

作从行政主导过渡到立法机关主导。

把握法规立项的主导权。要结合地方党委、政府做出的重点改革决策，制定立法规划和年度立法计划。地方改革方案的研究过程，也是立法项目的研究过程，政府有关部门应当全面考虑与改革可能相关的立法项目，与地方立法机关保持密切沟通联系，探讨立法需求，提出立法建议。

把握法规起草的主导权。党的十八届四中全会《决定》提出，建立人大相关专门委员会、工作委员会组织有关部门参与起草综合性、全局性、基础性等重要法律法规草案的制度，从体制机制和工作程序上有效防止部门利益和地方保护主义法律化。在立法实践中，法规草案大多由主管的政府部门负责起草，容易出现党的十八届四中全会《决定》中指出的"立法工作中部门化倾向、争权诿责"的现象。对于涉及重大改革举措的法规起草工作，人大可以提前介入，提高人大主导起草法规的比例，加大人大主导起草涉及面较广、重要性较高的法规的力度。

把握立法决策的主导权。在法规草案的修改和审议过程中，遇到有意见分歧较大的问题或者对法规中的关键条款有争议时，立法机关在加大沟通协调力度，努力取得共识的同时，要善于寻找方法，妥善解决问题。

（二）完善立法工作机制，提高立法质量

党的十八届四中全会《决定》提出，要加强人大对立法工作的组织协调，健全立法起草、论证、协调、审议机制。完善立法工作机制，在提高立法质量、增强立法规范性和可执行性上下功夫，确保法规既能在解决改革发展中的实际问题、易于操作，又能最大限度地降低行政机关的执法成本和社会公众的守法成本。

完善立法规划、年度立法计划编制机制。健全向社会公开征集立法建议制度、立法建议集中论证和立法规划、年度立法计划执行情况公开制度等。需要注意的是，立法规划和年度立法计划的内容要与现行改革方向和城市发展规划同步，兼顾前瞻性、战略性、民主性和科学性。

完善地方法规的起草机制。立法实践中，可以做出以下分类：对一些关

系深圳经济、社会发展的重要法规,应由市人大各工作委员会或法制委员会牵头起草或直接起草;对涉及的政府部门职责较广,且有一定利益争夺的法规,由市人大有关工作委员会直接会同市政府有关职能部门共同起草,市政府法制部门派员参加;对理论和专业性较强的法规,可以尝试委托科研机构、社会组织或专家学者等第三方组织完成起草。另外,可以探索多版本起草模式,在条件允许的情况下通过设立多个立法起草小组,分别起草相同项目的法规草案,最终择优选用或互补不足。

完善地方法规的审议机制。预计《制定法规条例》修改后将明确法规的审议标准,建议在此基础上继续推进法规审议制度化和规范化建设,创新法规审议方式,探索实行对法规争议条款单独表决、表决过程电视直播等工作形式。

完善地方法规的实施后监督机制。灵活运用《中华人民共和国各级人民代表大会常务委员会监督法》中规定的执法检查、听取和审议专项工作报告、询问和质询等形式,加强对地方法规执行情况的监督检查。可以将听取审议专项报告与执法检查结合起来,可以将监督工作同开展相关立法工作或者做出决定决议结合起来,增强监督的针对性和活力,提高监督的力度和效力。

(三)扩大公众参与,充分吸纳民意

党的十八届四中全会《决定》提出,要恪守立法为民理念,健全立法机关主导、社会各方有序参与立法的途径和方式,拓宽公民有序参与立法途径。

完善法规草案征求意见机制。特别是对关系人民群众切身利益、社会普遍关注度较高的法规,应开展更为广泛深入的调研,创新形式引导社会公众深度参与立法。对社会公众提出的意见、建议,要组织认真分析研究,建立健全公众意见采纳情况的反馈机制,积极回应公众对立法的关切。

完善立法听证机制。立法听证制度是《立法法》中规定的一项重要制度,立法听证就是为法律的制定或是审议法律议案举行的听证,但在立法实

践中，因为各种原因较少使用。美国的议会立法程序中，立法听证制度作为立法信息公开程序中的重要制度，得到高度重视和广泛应用。美国有九个州规定，所有立法必须举行听证，除非涉及有必要秘密举行的理由（比如国家安全问题），媒体有权参加和报道。听证会召开前，议会需要向公众公布听证时间、听证地点、具体内容等信息，有意愿参与的民众可以随时报名。深圳地方立法中，应对这一重要制度进行探索，可以选取社会关注度高的几部立法，尝试多种听证方式后，再建章立制将其作为立法必经程序固化下来。

建立不同群体权利诉求的收集、整合、协调和平衡机制。发挥各级人大代表、政协委员、人民团体和社会组织的能动作用，发挥互联网等新兴媒体和微信、微博等平台的传播作用，为社会公众表达意见、参与立法提供更多元的方式，促进改革发展，凝聚立法共识。

二十多年来，深圳立法工作始终受到社会各界的高度关注，备受赞誉。中国政法大学黄进校长对深圳立法工作做出"开拓创新，先行先试，不断实验和探索立法，为国家和其他地方立法提供了有益的经验，推动了整个国家的法治建设"的评价。与时俱进，深圳推进立法决策与改革决策同频共振的脚步从未停歇。2016年是深圳的改革之年，重点实施的八大供给侧改革和两大重点对外开放等举措正在稳步而有序进行中。这更需要让立法与改革携手前行，更需要以法治思维运用法治方式凝聚共识、规范监督、推动发展。立法将为深圳一流法治城市建设奠定基石，为国家治理体系和治理能力的现代化与法治化探路。

B.4 完善深圳社会治安综合治理立法的探讨

黄祥钊[*]

摘　要： 本文针对现行《深圳经济特区社会治安综合治理条例》存在的问题，结合深圳社会治安综合治理的新形势和实际需要，明确完善深圳社会治安综合治理立法的思路和需要充实的重点内容，提出修订《深圳经济特区社会治安综合治理条例》的新框架。

关键词： 社会治安　综合治理　立法

社会治安综合治理是一个具有中国特色的政治和法律概念，是在各级党委和政府的统一领导下，动员、协调社会各方面的力量，综合运用政治、法律、行政、经济、教育、文化等多种手段，综合运用打击、防范、教育、改造、管理、建设等多种方式，治理社会治安，减少违法犯罪，维护良好社会秩序，保障社会稳定的社会工作。

社会治安综合治理是我们党和国家在新的历史时期，根据我国社会治安出现的新情况和新问题，在科学总结我国社会治安工作经验的基础上，做出的适应现代化建设客观要求的重点决策，也是地方党委和政府落实中央决策，对社会治安和社会秩序进行综合治理，打击和防范违法犯罪，维护社会稳定的重要工作。

---

[*] 黄祥钊，深圳市政府法制办公室规范性文件审查处处长。

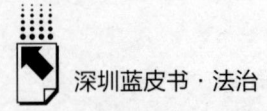
深圳蓝皮书·法治

一 深圳社会治安综合治理立法的背景和实践

（一）深圳社会治安综合治理立法的背景

1. 深圳面临的社会环境和治安形势需要综治立法

深圳作为改革开放的窗口和改革试验田，人口快速发展，是全国最大的移民城市，而且户籍人口与实际管理人口的比例严重倒挂。经济发展取得巨大成就的同时，深圳的社会结构、经济结构、思想观念也发生了重大变化，影响社会和谐稳定的各种因素逐渐累积。土地、资源、人口、环境等问题和矛盾日益突出，人流、物流、资金流、信息流加速流动，各种矛盾相互叠加，各种诉求相互影响，社会转型、经济结构转变等引发的各种不稳定因素大量存在，社会治安综合治理问题比较突出，主要表现在以下几个方面：一是人民内部矛盾突显，因城市建设、房地产开发、城中村改造、征地拆迁、企业改制、劳资纠纷、劳动保障、医疗卫生等方面引发的矛盾和群体事件不断增加。二是刑事案件长期高位徘徊，"两抢""两盗"案件突出，团伙犯罪、未成年犯罪呈上升趋势，影响社会稳定的社会治安刑事犯罪案件还难以得到有效控制，毒品走私、金融诈骗、高科技犯罪、跨国犯罪等不断上升。三是严重倒挂的人口结构和大量的出租屋，给社会治安管理带来沉重的压力。四是各种民间组织不断涌现，新兴媒体、虚拟世界为各种"社会人""自由人"提供了发达的资讯，而基层基础建设和社会管理相对滞后，社会防控体系不完善，社会治安综合治理的形势比较严峻。

2. 中央出台"两个决定"为综治立法明确了方向

1991年2月19日，中共中央、国务院发出《关于加强社会治安综合治理的决定》。同年3月2日，全国人民代表大会常务委员会也做出了《关于加强社会治安综合治理的决定》。两个《决定》的发布实施，尤其是全国人大常委会所做《决定》的实施，标志着我国社会治安综合治理步入了法制化的轨道。

3. 综治机构的建立需要立法明确其职责

1991年3月21日,中共中央决定成立中央社会治安综合治理委员会,作为协助中央、国务院领导全国社会治安综合治理工作的常设机构。为加强深圳市的社会治安综合治理工作,1991年5月31日深圳市委、市政府成立了深圳市社会治安综合治理委员会。该委员会是全市社会治安综合治理工作的常设机构,下设办公室,具体负责全市社会治安综合治理的组织和协调工作。社会治安综合治理机构的设立,需要通过立法明确其职责和任务。

4. 综治工作实际迫切需要立法提供法治保障

30多年来,指导各级社会治安综合治理工作开展,具有最高执行效力的依据就是上述"两个决定"。时至今日,仍然没有全国性的社会治安综合治理法律、法规出台,社会治安综合治理工作还没有上升到国家立法的层面,这与社会治安综合治理工作的重要地位和作用,以及依法治国的治国方略不相适应。尽管中央层面至今尚未就社会治安综合治理进行国家立法,但中央有关部门指导综治工作开展的各类文件为立法提供了理论基础,部分省、市制定的地方性法规也为社会治安综合治理立法进行了有益的探索。为贯彻落实中央和广东省各项有关工作部署,全面落实打击、防范、教育、管理、建设、改造等社会治安综合治理措施,加强和规范深圳社会治安综合治理工作,结合深圳特区的实际,制定深圳特区的社会治安综合治理法规和相关配套措施成为必然要求。

(二)深圳进行社会治安综合治理立法并出台相关配套措施的实践

1992年,深圳经全国人大常委会授权,取得了经济特区立法权。为深入开展社会治安综合治理工作,健全和规范社会治安综合治理制度,深圳市人大常委会和深圳市的有关部门先后就社会治安综合治理进行立法并出台了相关配套措施。

1994年9月16日,深圳市第一届人大常委会第二十五次会议审议通过《深圳经济特区社会治安综合治理条例》,自1994年11月1日起实施。该《条例》明确规定,社会治安综合治理是全社会的共同任务,必须组织和动

深圳蓝皮书·法治

员全社会的力量,运用政治、经济、法律、行政、教育、文化等多种手段,对社会治安和社会秩序进行综合治理,打击和防范违法犯罪,保持社会稳定。2003年10月28日,根据国务院关于做好流浪乞讨人员的救助和吸毒人员戒毒治疗工作的要求,深圳市第三届人民代表大会常务委员会第二十八次会议对《深圳经济特区社会治安综合治理条例》第十四条进行了修订,该条修改规定为"民政部门应当加强基层政权和群众自治组织的建设;做好流浪乞讨人员的救助工作。公安部门应当依法管理戒毒所,做好吸毒人员的戒毒治疗工作"。

《深圳经济特区社会治安综合治理条例》出台的20多年间,深圳市有关部门先后出台多项相关配套措施,主要包括:深圳市社会治安综合治理委员会会同深圳市纪委、组织部、人事局、监察局于1995年12月联合发布的《深圳市社会治安综合治理领导责任制考核办法》;深圳市社会治安综合治理委员会2002年5月发布的《深圳市社会治安综合治理领导责任制实施办法》;中共深圳市委、深圳市人民政府2002年7月联合印发的《关于加强社会治安综合治理的意见》;深圳市社会治安综合治理委员会2010年发布的《深圳市社会治安综合治理责任追究暂行规定》;中共深圳市委办公厅、深圳市人民政府办公厅2011年联合发布的《深圳市社会治安综合治理责任制实施办法》;深圳市社会治安综合治理委员会2012年发布的《深圳市社会治安综合治理表彰奖励活动实施细则》等。

二 现行《深圳经济特区社会治安综合治理条例》存在的主要问题

《深圳经济特区社会治安综合治理条例》自1994年9月施行以来,对规范深圳的社会治安综合治理工作、维护社会稳定、保障改革开放和社会主义现代化建设的顺利进行发挥了重要作用。但随着深圳经济、社会的发展,深圳社会治安综合治理工作机制、内容已经发生调整变化,现行《条例》的有关规定已经不能适应和满足社会转型期深圳社会治安综合治理的需要,其原有的内容规范、制度设计和体例结构等，都存在明显的不足和缺失，因而必须根据党中央、国务院有关社会治安综合治理工作的新政策、新要求，并结合深圳市社会治安综合治理工作30多年来的实践，对原《条例》进行重新审视。《条例》存在的主要问题表现在：

（一）修订不及时，立法相对滞后

《条例》自1994年11月1日施行至今已近22年，除了2003年深圳市人大常委会就个别条款做过一次修订外，该《条例》至今尚未全面修订过。当前深圳社会存在城市管理、房地产开发、城中村改造、征地拆迁、企业改制、劳资纠纷、劳动保障、环境保护、医疗卫生、食品安全等新型矛盾，出现电信诈骗、网络犯罪、暴力恐怖等新型犯罪，建立应急处理制度、风险评估制度、调解制度、社区矫正制度等新制度，已远超出现行条例规范的范围。由于修订不及时，立法相对滞后，《条例》缺乏相应的规定，许多社会治安综合治理领域的违法行为，相关管理部门处理时依法无据，给深圳的社会治安综合治理造成了一定困难。

（二）重点不突出，内容不全面

社会治安综合治理中的一些重要内容当时没有纳入立法。随着形势的发展和社会治安综合治理工作的深入，平安建设、流动人口管理、出租屋管理、寄递物流安全管理、重点场所和重点人群以及重大事件的应对处置等，目前均已纳入社会治安综合治理工作范畴，但由于《条例》当时立法的缺失，社会治安综合治理这些重要内容，至今尚未纳入立法规范。

（三）体例不完善，结构有缺失

该《条例》是深圳经济特区经全国人大授权，于1992年取得特区立法权后不久，在深圳市第一届人大常委会第二十五次会议上审议通过的。在当时的历史背景下，由于立法经验不足，《条例》的体例结构不够完善，尤其是重点不突出，社会治安综合治理中的重点防控，包括电信网络、物流寄递、出租屋、口岸、机场、地铁、场站等重点场所的人防、物防、技防、巡防和联防等制度规定缺失，社会组织、企事业单位、平安志愿者等公众参与的社会共治缺乏具体规定，作为立法重要组成部分的"法律责任"一章，在《条例》中也没有相应的规定。

（四）立法缺乏配套，社会效果欠佳

该《条例》与流动人口管理、出租屋管理、居住证管理、物流寄递管理、电信网络管理等没有相互衔接，与之相配套的专门立法也没有完善，相关部门之间的综治管理缺乏内在联系，以至于各管理部门之间存在各自为政，没有形成综合治理的管理链条，难以产生积极的合力，造成综合治理效果欠佳，立法的社会效果也没有得到充分体现。

（五）规定过时，与现实脱节

《条例》原来规定的"二线关"、边境通行证、收容教育等等，现在均已不合时宜，与现实明显脱节。如《条例》第十条规定："特区管理线的管理单位应当严格按照特区法规规定放行进入特区的人员，严禁无合法证件的人员进入，及时处理管理线上的犯罪行为；应当定期检查维修特区管理线的隔离设施，及时修补损坏的设备及道路设施。"《条例》第十一条、第二十三条规定："公安机关应当经常清理无合法证件的人员""铁路、公路、民航等部门应当加强对车站、机场、码头的治安管理，……协助有关部门阻止无特区通行证人员进入特区"；《条例》第十四条规定："民政部门应当……做好有关人员的收容遣送工作，……应当逐步改善收容站所的条件，提高收容教育的效果。"《条例》第七条、第十三条、第十八条还规定有"村民委员会"；《条例》第三十四条和第三十九条还援用《民兵民工伤亡抚恤暂行条例》和《中华人民共和国治安管理处罚条例》等早已被废止的上位法。在深圳全面城市化，撤销全市所有"乡镇"，深圳特区范围扩大到全市，拆除全部"特区管理线"，以及国家上位法废止"收容教育""民兵民工伤亡抚恤"等规定的情况下，《条例》的上述规定早已过时，明显与深圳的社会现实脱节。

（六）规定过于原则，可操作性不强

如《条例》在规定"谁主管谁负责"的原则问题上，缺乏明确、具体、可操作性的内容，对社会治安综合治理的责任主体规定不够明确，各成员单位具体要对哪些事情负责，各成员单位的主要领导、分管领导、直接责任人各负什么责任，不负责应当如何处理，社会治安综合治理责任没有落实应当由哪个部门监督执行等等，都缺乏明确的规定。由于对部门不履行职责的情况没有规定责任追究条款，在需要追究相关人员的责任时，因缺乏相应的法条依据，导致无法追究其责任，因而在实践中使这项工作流于形式。

三　完善深圳社会治安综合治理立法的思路

随着时代的发展和形势的变化，社会治安综合治理的新情况和新问题也在不断地出现和变化。为适应新的形势，社会治安综合治理立法也要与时俱进，不断完善相对滞后的立法规定，才能更好地实现社会治安综合治理法治化的目标。对于如何进一步修改完善《深圳经济特区社会治安综合治理条例》，在此提出如下几点思路：

（一）修订《条例》应充分利用特区立法权

深圳作为经济特区，是改革开放的前沿阵地和立法的试验田，在国家层面尚未就社会治安综合治理进行立法的情况下，深圳理所当然应用好用足特区立法权，在不违反国家法律的基本原则的前提下，结合深圳特区的实际，在社会治安综合治理立法中要敢破敢立，先行先试，为国家开展社会治安综合治理立法探索和积累经验。

（二）修订《条例》应善于总结深圳20多年社会治安综合治理的实践经验

自1991年开始实施社会治安综合治理至今已经25年，深圳已经积累了

丰富的社会治安综合治理实践经验。对于实践证明正确、有效、成功的经验、政策和理论等，如社会治安综合治理中的打击、防范、教育、管理、建设、改造等综合治理措施，群防群治、一票否决等有效手段等等，适宜上升为立法的，应当通过法定程序以立法的形式规范化、具体化、条文化。而对于过时、陈旧、不能发挥实际效用的规定，例如收容遣送、收容教育、"二线关"管理等制度，则应当及时予以修改废止。

（三）修订《条例》应当贯彻以预防为主、打防并举的原则

社会治安综合治理单纯依靠打击可能并非上策。打击固然是社会治安综合治理一个很重要的措施，但是完全依靠打击并不能从根本搞好社会治安综合治理。我国一直把严惩刑事犯罪作为整治社会治安工作的重中之重，从20世纪80年代开始，先后进行了三次"严打"斗争，也陆续颁布了一系列严厉打击刑事犯罪的法律法规，但刑事犯罪案件仍持续攀升，治安形势也日趋严峻。从过去20多年的社会治安综合治理实践情况看，主要依靠严厉的惩罚犯罪行为的做法并不能有效地扼制和防止犯罪的发生。因此，在立法思维中，应当转变原有的思维定式，改变传统的以打击为主要手段的方法，坚持以预防为主，打防并举的原则，把预防作为社会治安综合治理工作的立足点和出发点，最大限度地减少和防止社会治安事件的发生，从而达到社会治安综合治理的治本目的。

（四）修订《条例》应当将领导责任制原则落到实处

社会治安综合治理的领导责任制原则，包括"谁主管谁负责"和"条块结合，以块为主"的属地管理原则。社会治安综合治理，关键在领导。要把社会治安综合治理工作列入各级党委、政府和各级部门领导干部的任期目标，并与政绩考核、晋级晋职和奖惩直接挂钩。各级党委、政府及其部门，以及各人民团体的领导要各负其责，积极参与社会治安综合治理工作，主动履行社会治安综合治理的领导责任。在修订的《条例》中，领导责任制原则应当贯穿始终并落到实处。

（五）修订《条例》应解决好相关立法的衔接配套问题

社会治安综合治理是一项社会系统工程，社会治安综合治理立法也是一项综合性立法，仅制定一部社会治安综合治理条例是远远不够的。因为《条例》的规范不可能面面俱到，为补充《条例》规定的不足，还需要制定与社会治安综合治理相关的配套法规，包括流动人口管理、出租屋管理、未成年人教育管理、劳动用工管理、寄递物流管理等方面的立法，以及与之配套的实施细则和专项规定。《条例》的有效实施，也需要借助其他相关专门立法和配套的政策措施提供相应的条件和保障。因此，社会治安综合治理领域的配套立法不可偏废，修订《条例》也应当与相关的配套立法做好衔接，以免相关立法之间相互冲突，以致影响《条例》的有效实施。

四 完善深圳社会治安综合治理立法应增补的内容

结合深圳社会治安综合治理的新形势和新任务，在新修订的《深圳经济特区社会治安综合治理条例》中，应考虑增补以下内容：

（一）将"平安建设"纳入立法

群众看平安，首先看治安。平安建设，关乎社会安定和国家长治久安，也关乎百姓的安居乐业。法治是推进平安建设的根本保障。平安深圳建设，应是深圳社会治安综合治理题中之义。修订《条例》应当深入贯彻落实党的十八大以来中央文件和习近平总书记的系列重要讲话精神，运用法治思维和法治方式推进社会治安综合治理，把平安建设中的行之有效做法和成熟经验上升为法规制度，发挥立法引领、规范、保障、惩戒的作用，切实做到依法化解社会矛盾、依法预防打击犯罪、依法规范社会秩序、依法维护社会稳定。因此，平安建设的内容在社会治安综合治理立法中是不可或缺的，修订《条例》理应增补平安建设的相关规定。

(二)将流动人口管理纳入立法

作为移民城市的深圳，流动人口占比大，给社会治安综合治理带来了严峻的挑战。统筹解决好流动人口的管理问题，防止形成和引发严重的社会问题，是深圳社会治安综合治理的关键内容。修订《条例》必须明确加强流动人口管理的体制机制，规范流动人口基础信息采集登记与动态监测工作，确保相关部门掌握的流动人口基础信息全面、准确。明确规定和规范网格化管理人员入户采集、社会力量辅助录入、网格平台登记办理、大数据人口信息关联分析等人口基础信息采集登记和动态监测新模式，以立法确保流动人口管理工作精细化、精准化。

(三)将出租屋管理纳入立法

为加强出租屋管理，深圳先后出台过多部出租屋管理的法规、规章和规范性文件。主要有1985年出台的《深圳经济特区暂住人员户口管理暂行规定》，1986年出台的《深圳经济特区出租屋暂住户口暂行办法》和《深圳经济特区出租屋治安管理办法》，1992年出台的《深圳经济特区房屋租赁条例》(于1997年12月17日，2002年4月26日，2004年4月16日和2013年2月25日先后进行了四次修订，2015年8月30日废止)。鉴于深圳外来流动人口增速过快，出租屋管理工作任务一直很重，在《深圳经济特区房屋租赁条例》废止后，应当将出租屋管理纳入深圳特区社会治安综合治理立法，并在《条例》中做出相应的规定。通过立法，明确出租屋管理工作规范，全面推进社区网格化管理，规范出租屋群防群治网络，鼓励社会力量多方参与出租屋综合整治，强化实有出租屋的信息采集，明确出租屋的自主申报制度，把信息申报的责任落实到位，对不自觉申报的当事人，明确规定应当承担的法律责任。

(四)将重点青少年管理纳入立法

预防青少年违法犯罪，是社会治安综合治理的一项重要工作，也是平安建设的一项基础性、源头性工作。将防范青少年违法犯罪、加强重点青少年服务管理工作纳入社会治安综合治理立法。把完善未成年人监护、涉诉未成年人司法保护制度，加强闲散青少年联系管理和流浪儿童救助，加强对有不良行为青少年的帮扶、教育、矫治、管理，也作为修订《条例》应当增补的内容。

（五）将寄递物流安全管理纳入立法

随着电子商务的蓬勃发展，寄递物流业迅猛发展。但由于监管制度不完善，责任落实不到位，管理措施跟不上，导致寄递物流业存在着较大的安全隐患。监管不到位和执法的缺失，根源在于立法的疏漏。目前不管是国家立法还是地方立法，对于寄递物流业的规制尚存许多盲区，尤其是物流寄递的实名制、X光机安全检查和先验视后封箱等制度尚未建立健全。将寄递物流业纳入立法加以规范，强化对寄递物流行业的监管，以明确的责任促使寄递物流行业自觉堵塞漏洞、消除隐患，防范利用物流寄递渠道从事涉恐、涉暴、涉毒违法犯罪活动，着力以严格落实责任，促进源头治理，形成长效机制。这也是修订《条例》必须考虑的一项重要内容。

（六）立法应扩大社会共治的范围和对象

一是扩大综治成员单位的范围。原《条例》只将公安机关、检察机关和审判机关以及司法行政部门、民政部门、劳动行政管理部门、工商行政部门、文化行政管理部门列为社会治安综合治理的责任部门，作为群防群治的社会参与对象也只规定了企业、事业单位和其他社会组织，工会、妇联、共青团、学校和居委会，因其规定的范围和对象不全面，不能形成社会共治的合力，使得社会治安综合治理的社会效果受到明显的制约。结合深圳社会治安综合治理工作的实践和实际，在新的《条例》中，除了上述部门以外，至少应将责任主体扩大到国家安全、交通运输、人力资源、住房建设、规划国土、邮政管理、教育、卫生、宣传出版等管理部门。二是扩大社会公众参与的对象。为保证公众参与的顺利和有序进行，要通过立法明确规定公众参

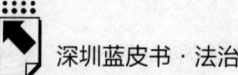

与社会治安综合治理的范围、途径和方式。在修订《条例》中对公众参与社会治安综合治理加以规范，积极扩大公众参与的范围，为发展壮大社区工作者、群防群治队伍、平安志愿者等专业化、职业化、社会化力量提供立法依据。

五 深圳社会治安综合治理立法的建议框架

为进一步修改完善《深圳经济特区社会治安综合治理条例》，立法机关应当将其提上立法议程，建议将此项立法纳入2016年市人大的立法计划，并尽快启动修订的立法程序。建议新修订的《深圳经济特区社会治安综合治理条例》的基本框架，至少应包含以下主要内容。

第一章，总则。包括立法的目的宗旨适用范围、基本原则、综治的主要任务和手段等。

第二章，综治责任主体及职责。包括综治机构职能定位，市、区和街道办综治委及其综治办的职责；其他综治成员单位，包括国家机关、社会团体、企事业单位及其他组织，参与社会治安综合治理的职责；明确社区、居委会等基层自治组织的主要职责。

第三章，重点防控。包括出租屋隐患、电信网络诈骗、物流寄递安全和重点场所、特种行业、特殊人群等重点防控。

第四章，社会共治。包括社会共治的原则，对保安公司、物业公司、其他新社会组织平安志愿者以及个人共同参与社会治安综合治理的义务做出规定。

第五章，应对处置。主要规定对重大群体性治安事件的应对处置，包括重大群体性治安事件的范围，重大群体性治安事件的报告及认定，重大群体性治安事件的应对处置原则、组织机制，应对处置的任务和措施，应对处置的信息发布等。

第六章，基础保障。包括领导责任制、目标管理责任制、经费保障、购买服务、宣传保障、信息化建设、网格信息采集、标准化建设、治安风险评估、综治考核和表彰等。

第七章,法律责任。包括社会治安综合治理各责任主体的法律、行政责任,以及行政管理相对人违反条例的法律责任等。法律责任部分要突出两个方面:一是上级政府与下级政府,各级各类综治机构与成员单位参与社会治安综合治理目标责任考核制度。二是要规定对不履行社会治安综合治理责任及存在社会治安重大隐患的单位,由综治机构责令其整改;对整改不力,造成社会治安秩序严重混乱或者严重后果的单位,由相关主管部门或者行政监察机关依照法律和有关规定追究责任。

第八章,附则。包括授权市政府和有关机关制定配套实施细则,规定新《条例》施行日期,同时明确废止原《条例》的日期等。

B.5
深圳土地房屋征收法治发展研究报告

钟澄 刘梦丽*

摘　要： 深圳自改革开放以来，城市化发展迅速，土地和房屋征地是城市化进程中的基础环节。建市以来，深圳不断加强不动产征收法治探索和立法创新，为城市建设和征地拆迁提供了较为完善的法律依据和制度保障。其中，在我国农村土地集体所有制和城市土地全民所有制的法律原则下，深圳通过两次城市化统征（转）终结了国有土地和集体土地并存的二元格局，实现了全市土地的国有化，成为目前我国唯一没有农村的城市，此制度的设计与实施虽然在全国范围内具有突破意义，但也存在探索中的问题——土地国有化不彻底，产生了一系列复杂的土地历史遗留问题。未来深圳将在完善土地整备机制、强化历史遗留违法建筑处理等方面加强立法探索。

关键词： 深圳　土地征收　房屋征收　法治

一　深圳土地房屋征收法治发展回顾

改革开放30多年来，深圳在推进城市化过程中，土地房屋征收法治不断完善，对指导、规范土地房屋征收活动发挥了重要作用，确保了征地拆迁

---

* 钟澄，深圳市房地产评估发展中心法学副研究员，博士研究生；刘梦丽，深圳大学法学院民商法学硕士研究生。

工作的顺利进行，为城市建设提供了用地保障。1992年的"统征"将原特区范围内的土地国有化，2004年的"统转"实现了原特区外土地的国有化，最终，结束了城乡二元的土地体制，但也因此产生了历史遗留问题——全盘国有土地之上，存在大量未完成征转或补偿等手续不完善的历史遗留土地，而且违法抢建即"种房子"现象严重，进而形成了一个"违法建筑"与"合法建筑"旗鼓相当并密切交织的新的二元结构，这已然成为深圳发展过程中不容忽视的现实困境。回顾和总结深圳土地房屋征收法治发展过程，有助于了解深圳城市发展建设的法治背景，探寻反思有关法律规定的成败得失，并为解决目前的实践难题制定新的制度调整提供一定参考。

（一）深圳土地房屋征收法制的起步（1980~1988年）

深圳经济特区成立初期，仅是一个边陲小镇，其土地现状是整个特区乃至全市的土地基本为集体所有。土地资源是城市经济建设的依托，城市的建设和发展离不开土地房屋的征收，故此，为推进城市化进程，为特区发展提供土地资源保障，深圳市政府开展对农村土地的征收，步入非农化、城市化发展道路。

1. 收回征收权限，规范土地管理

特区成立之初，为解决特区发展的资金问题和推动城市开发，深圳市政府筹建了特区发展公司，由其负责罗湖中心区约3平方公里土地的征收工作，在此期间，特区发展公司经市政府授权也零零星星完成了特区内零散地块的征用工作[①]。

1981年11月17日，广东省通过《深圳经济特区土地管理暂行规定》，其中第二条规定，由深圳市政府统一管理特区范围内已开发和尚待开发的矿藏、水流、荒地、耕地、山林和其他海陆资源，而且可根据建设需要对土地实行征购、征用或者收归国有。第六条规定，因建设需要征用土地、拆迁民

---

① 刘永红、王卫城：《快速城市化地区的征地留用地规划管理探索与实践——以深圳为例》，《中国城市规划年会论文集》，2008。

房和其他建筑物的补偿办法，按照中华人民共和国和广东省人民政府有关规定办理。该法律的出台规范了土地房屋征收拆迁的法律适用，将特区发展公司的征地权收回，并明确了深圳市政府根据建设需要征购土地的权限，为之后的土地房屋征收政府权限管理制度的建立和完善奠定了基础。

2. 划定用地红线，界定土地权属

为了给经济发展腾出更多的城市用地，1982年9月17日，深圳市政府根据特区征地和村民建新房的情况出台了《深圳市经济特区农村社员建设用地暂行规定》（深府〔1982〕185号文），明确除了留够特定范围的宅基地和发展用地外，其余的土地收归国有①，对特区内农村集体土地权益边界范围及土地权属性质进行了界定。该规定还提出对宅基地、新村建设用地等划定具体的用地面积标准②。由于农村规划工作跟不上，不少农民建房大大超过了规定标准，违章滥建，严重违反了国家的政策、法规。深圳市政府于1986年6月27日发布《关于进一步加强深圳特区内农村规划工作的通知》（深府办〔1986〕411号），根据特区农村的现状和形势的发展，在原规定基础上对农村建设用地标准进行了部分调整，并对特区内农村私人建房的层数、建筑面积标准做出了进一步的修改、完善。同时，该文件明确：应根据原村庄建设现状划定"用地红线"，以符合城市规划。1987年9月22日，深圳市政府发布《关于加强特区内已划红线用地管理的通知》（深府〔1987〕368号），进一步规范了原特区内原村民的建设行为，加强了对特区内已划红线用地的管理。上述规定的出台加强了特区内农村规划工作，减少了违法占地行为，明确了土地权属界限，为征地拆迁工作的开展提供了必要前提。

3. 明确征用前提，规定补偿方式

为了加强对深圳经济特区的土地管理，合理开发利用土地，1987年12月29日，广东省通过《深圳经济特区土地管理条例》，其中第五条规定：

---

① 张岩鸿：《深圳原住民城市化的政策演进》，《特区实践与理论》2014年第3期。
② 《深圳经济特区农村社员建房用地的暂行规定》："六、新村（居民点）用地面积的计算以每户150平方米计算，每户住房的基底面积不得超过80平方米。建积可增加20%作预留发展。七、办事处和大队的工业用地，按每个社员15平方米计算划地。"

为了公共利益的需要，深圳市政府可以依法征用土地。按照《广东省土地管理实施办法》的规定办理补偿和安置补助费。《条例》的出台明确了土地征用的前提条件必须是出于公共利益的需要，并规定了具体的补偿方式和范围，对土地征用工作的开展给予有效规制。

（二）深圳土地房屋征收法制的形成（1989~1992年）

土地有偿使用制度大大促进了房地产业的发展，深圳进入快速发展时期。然而随着城市化进程的加快，当时的经济特区内也很快遇到了用地瓶颈，增加国有土地供应量，为拓展城市建设规模提供用地保障成为当务之急。1989年至1992年是深圳征地拆迁法制建设的初步阶段，为规范土地房屋征收活动，这一时期出台了诸多对当时征地拆迁有着重大影响的法规规章。

1. 土地征收管理的制度化

为了加快城市建设步伐，1989年1月3日，深圳市政府出台了《关于深圳经济特区征地工作的若干规定》（深府〔1989〕7号），规定特区内土地征用工作由市国土局会同各管理区具体组织实施。同时，该规定所附的《深圳经济特区征地拆迁补偿办法》对征地的各项补偿费和安置补助费等进行了具体详细的规定，为土地征收工作提供了明确的规范性指引。此外，还从制度层面首次明确提出为集体和村民个体预留发展用地①，一方面，实现了城市建设快速发展对土地的需求，另一方面，保障和扩展了村民的发展权益，将土地征收过程中的社会矛盾降低到最低限度，但由于返还土地的产权未予以明确，加上政府未对土地开发利用统一规划，催生了违章建筑泛滥、"城中村"等一系列管理问题。

至1992年，特区内因城市建设大量征用农村集体土地，农民已无地可种，特区内的农村不再具有传统的农村功能和条件②。1992年6月，深圳市

---

① 《关于深圳经济特区征地工作的若干规定》："五、市国土局根据土地被征用村庄的大小、征地数量、被征地单位拟投资的规模，结合城市规划要求，优先免地价划拨一块土地，供被征地单位兴建经营性的商业、服务楼宇（可先划地后立项），以发展生产。"
② 深圳经济特区研究会：《深圳经济特区改革开放专题史》，海天出版社，2010，第312页。

政府颁布了《关于深圳经济特区农村城市化的暂行规定》，其中第九条规定，"对现有特区内农村的土地采取如下办法实现国有化：……"使特区内农村城市化即集体土地全部转为国有、村民转化为城市居民工作有章可循。经过这次城市化，特区内的4.6万农民全部转为城市居民，其中的68个行政村以及173个自然村都转为城市居委会①。此乃深圳历史上的第一次农村城市化工作，特区内的城市化"统征"，实现了城市建设快速发展对土地的需求，将特区内用地纳入国有建设用地管理轨道，将特区的行政地理范围加以扩张和固化，促进了特区的经济发展，同时也为在特区范围内实施特殊政策奠定了基础。

2. 房屋拆迁管理的规范化

随着社会经济关系的变化，征地方面的管理规定已远远不能适应当时征地拆迁工作的需要，1991年6月14日，深圳市人民政府发布《深圳市房屋拆迁管理办法》（1994年修订），规定"凡市、区国土管理部门（以下统称国土管理部门）因征用土地、收回土地或其他用地单位征用土地，涉及拆除土地上的房屋而引起的拆迁、补偿、安置事宜，适用本办法。"该办法根据当时的国务院《城市房屋拆迁管理条例》，结合深圳实际情况，初步建立起深圳建设初期的房屋拆迁体系和模式，标志着深圳市房屋拆迁有了统一的、可操作性的行为准则，拆迁补偿安置有了科学的、明确的补偿标准，对规范房屋拆迁行为、加强对城市房屋拆迁的管理及维护拆迁当事人的合法权益发挥了积极作用。

（三）深圳土地房屋征收法制的发展（1993~2005年）

随着经济社会的飞速发展，对土地供应的需求日益高涨，但与此同时，土地资源的匮乏成为阻碍深圳发展的最大障碍。这一阶段市政府配合原特区外居民户口城市化工作，制定了大量征地、转地以及房屋拆迁的规定，这些

---

① "2003年10月30日时任中共深圳市委书记的黄丽满同志在加快宝安龙岗两区城市化进程动员大会上的讲话"，《深圳年鉴（2004年）》，深圳年鉴出版社，2004，第15页。

规范文件的颁布实施加快了征地拆迁工作的步伐，确保了城市化的顺利开展。

1. 特区外土地征收制度的推进

1993年7月14日，深圳市政府出台《深圳市宝安、龙岗区规划、国土管理暂行办法》（深府〔1993〕283号），其中第二条规定，对宝安、龙岗的土地实行"五个统一"，具体为：统一规划、征用、开发、出让以及管理。并对两区的规划、国有土地使用权出让、转让、出租、抵押以及农村集体或个人使用土地等管理问题以及非法用地的处理问题都予以详细的规定，明确只有派出机构才能征收或出让集体土地，对征收主体的征收程序、农村非农建设用地的划定做出了具体的规范性指引，有效推进了征地工作的有序开展，为城市建设提供了必要的用地保障。据统计，1993年，全市统征土地26宗，面积15.4万亩，征地补偿费6.37亿元，完成的征地数量相当于上年的3.4倍；收回土地8宗，面积2719.2亩，收地补偿费3611.5万元；拆迁各类建筑39.5万平方米，拆迁费2274.7万元[①]。

随着城市化的不断推进和经济的迅速发展，深圳饱受土地资源紧缺的瓶颈制约，但同时又面临着特区外集体土地被非法侵占、肆意违法抢建、私宅出租的乱象。为了加强土地的有效管理，保障城市发展所必需的用地空间，2003年，市政府开始进行城市化转地工作[②]。2003年10月31日，深圳出台了《关于加快宝安、龙岗两区城市化进程的意见》（深发〔2003〕15号），为城市化工作的开展提供了法律基础，并制定时间表，对推进宝安、龙岗两区城市化做出了具体的工作部署。2004年6月28日，深圳市政府发布《深圳市宝安龙岗两区城市化土地管理办法》（深府〔2004〕102号），根据该《办法》，宝安、龙岗两区农村集体经济组织成员全部转为城镇居民后，原集体所有的土地转变为国有。由此开始了第二轮农村城市化。从理论上讲，

---

① 深圳经济特区年鉴编辑委员会：《深圳经济特区年鉴（1994年）》，深圳特区年鉴社，1994，第322页。
② 刘芳、邹霞、姜仁荣：《深圳市城市化统征（转）地制度演变历程和解析》，《国土资源导刊》2014年第5期。

深圳从此没有农村,没有农民,实现了全面城市化,全市土地亦实现了国有化[1]。该办法没有依循传统征用或征收的旧路,而是开创性地采用了"转地"方式,因而在当时备受争议。"转地"的开展为把深圳建设成为一个国际化城市打下了坚实的基础,但是也给深圳的后续发展埋下了隐患——复杂的历史遗留土地问题。当时,原村民或继受单位仍"手握"大量原集体土地的实际使用权,这些土地,于占有者来说缺乏合法产权,于政府而言得不到应有的管控,处在法律和土地管理都未能有效发挥规制管控作用的"真空"状态。

2. 土地征用与收回法律制度的确立

为保障土地资源的合理利用和城市规划的顺利实施,1999年5月6日,深圳通过了《深圳市土地征用与收回条例》,规定:应当根据社会经济发展和城市总体规划、土地利用总体规划的需要征用土地,而且必须是有计划地实行征用。并明确征用的土地不得摆荒闲置,应当按照实际需要进行开发和使用。针对土地征用收回制度以专门地方立法——条例的形式予以正式确立,对征用收回的行政活动中的适用范围、情形、补偿安置、法律责任等各环节中的程序都进行了明确具体的规定,对土地征用和收回行政行为加以更有约束力更具针对性的指引和规范,保障其有序进行,推动了土地征用收回制度的法治化、标准化和科学化。

2002年8月21日,深圳市政府根据实际工作需要,在上述条例的基础上,出台了《深圳市征用土地实施办法》,规定《办法》的适用对象为依法批准后的征地活动[2],规范进一步明确和细化了征地工作规程,规范征地拆迁工作程序,突出制度的科学性、可操作性和实效性,完善了土地征用与收回制度。

(四)深圳土地房屋征收立法的健全与完善(2006年至今)

随着深圳城市化的全面展开,城市交通、大运会筹备以及其他大型公共

---

[1] 黎江涛:《深圳市土地管理法律制度初探》,《企业经济》2012年第7期。
[2] 《深圳市征用土地实施办法》第二条规定:"本办法适用于本市范围内经依法批准后的征地活动。旧村镇改造用地的征用活动不适用本办法。"

基础设施建设等重大项目加速推进，土地资源承载力已接近极限，城市发展的重心逐渐由开发增量空间转移到对存量土地资源的整合来保障城市发展的空间需求。因此这一阶段征地拆迁主要是以重大工程建设的拆迁、城市更新、旧村改造的拆迁为主。

1. 房屋征收法律制度逐步完善

2001年国务院《城市房屋拆迁管理条例》颁布实施后，《深圳市房屋拆迁管理办法》中的很多规定已不能满足房屋拆迁工作的现实需要，必须做出相应的调整建立一套新的规范和程序。同时为促进地铁建设、"世界大运会"筹备等重大工程的全面开展，亟须一部更具针对性的专门规章。在此背景下，深圳市政府出台《深圳市公共基础设施建设项目房屋拆迁管理办法》（深府161号令），于2007年3月15日起施行。其中第二条规定"本办法适用于本市行政区域内公共基础设施建设项目的房屋拆迁、补偿安置及相关的管理活动。"明确了拆迁安置中各类房屋的补偿方式和标准，而且在补偿标准的确定上考虑到了市场价格的因素，此外，还对拆迁安置用地划定应遵循的原则以及具体的操作流程等进行了详细规制[1]。该规定的出台促进了对公共基础设施建设项目房屋拆迁的规范化管理，明确了相关征收政府部门间的职权职责，具有较强的可操作性和指导性，有利于构建公正合理的房屋拆迁模式，同时对于其他建设项目的拆迁工作也起到了积极的示范和借鉴作用。

为配合《物权法》的实施，2011年1月21日，《国有土地上房屋征收与补偿条例》颁布实施，房屋拆迁制度正式退出历史舞台，这使得深圳征地拆迁的法律依据发生重大变化。2013年3月18日，深圳市政府五届六十四次常务会议审议通过《深圳市房屋征收与补偿实施办法（试行）》。该办法不仅对房屋征收的具体适用情形和补偿进行了详细规定，而且将"拆迁"的字眼以"征收补偿"取代，还规定必须先补偿，后搬迁。征收补偿制度

---

[1] 李怡婉、刘永红：《浅析深圳市拆迁安置用地规划管理的问题及对策》，《中国城市规划年会论文集》，2008。

更加注重对被征收人利益的保护，更加强调对社会公平公正的维护，因此具有进步意义。此外，该《办法》还结合深圳城市更新、土地整备等情形进行了具体的征收规定。同时，进一步明确了房屋征收与安置标准，合理提高了补偿标准，且对房屋征收评估及房屋测绘等征收程序进行了细化。房屋征收活动有了符合深圳具体实际的行为规范，为房屋征收评估与安置补偿活动提供了更具针对性、可操作性的法律保障。

2. 土地整备制度的建立

征（转）地过程中产生了大量的土地历史遗留问题和违法用地、违法建筑问题，呈现出零散无序的状态，使得城市空间破碎，土地利用效率低下，给规划和土地管理工作带来严峻的挑战，而应对这一挑战的关键是创新用地管理机制。土地整备是政府主导下的多种存量用地挖潜方式的综合，实施土地清理，整合零散用地，传统的建设用地整理、房屋征收、土地开发等均是其制度设计目标的实现途径。建立土地整备制度，有助于挖掘土地潜力，缓解土地供求矛盾，解决历史遗留问题。

2011年7月2日，深圳市人民政府发布《关于推进土地整备工作的若干意见》确立了土地整备必须坚持"政府主导、规划统筹、分区实施、统一管理、共同责任、利益兼顾、保障和促进科学发展"的原则，提出开展土地整备，应注重创新管理体制和实施机制，建立科学有效的激励机制与责任机制，提升整备效率，整合现有土地资源，为城市发展提供用地保障，优化城市功能和空间布局，解决历史遗留土地问题。具体规定了土地整备的实施方式、规划计划管理制度，明确了土地整备的总体工作要求、组织保障、资金保障、实施范围、实施程序和激励机制等细致内容，对土地整备工作的开展提出了较为清晰的目标和思路，为土地整备工作的实施提供了制度保障，土地整备是深圳对当前土地管理模式的重大突破。

开展土地整备必须有充裕的资金保障。2012年3月2日，深圳市政府办公厅发布《深圳市土地整备资金管理暂行办法》，规定应依法管理土地整备资金，按计划执行，实行专款专用、专户储存、专账核算。"并对土地整备资金的管理职责、计划编制与审批、资金来源、资金支出以及监督检查做出了具体详尽的规定，以强化土地整备资金监督，规范深圳市土地整备资金管理。

为落实《关于推进土地整备工作的若干意见》（深府〔2011〕102号），结合《深圳市土地整备资金管理暂行办法》，2013年12月17日，市政府办公厅发布《关于优化土地整备项目管理工作机制的暂行措施》（深府办函〔2013〕147号），进一步明晰土地整备项目管理流程，完善了土地整备工作制度和管理机制，提高了土地整备实施效率。

3. 原村集体土地管理制度改革

经过2004年的城市化转地后，深圳理论上已全盘国有，不存在集体土地。但是，特区内外仍存在历史遗留土地问题，原村民并不愿意将其纳入政府的规范管理，政府对该土地上的不合理收益也无法管控，大量原村集体土地处于改革的"半进程"状态。因而，2004年后，处理征转地后所遗留的历史遗留土地问题成为深圳土地管理工作的重点，如何管理和盘活原集体经济组织所掌控并使用的土地资源，是深圳土地管理的重中之重。

（1）制度创新——"农地"① 入市流转

为加强非农建设用地和征地返还用地管理，深圳市政府于2011年12月16日发布《深圳市原农村集体经济组织非农建设用地和征地返还用地土地使用权交易若干规定》（深府〔2011〕198号），规定"本规定所称非农建设用地和征地返还用地是指为了保障原农村集体经济组织生产生活需要，促进其可持续发展，根据有关法律法规和政策规定，由规划国土部门核准的原农村集体经济组织保留使用的土地"，该规定进一步规范了非农建设用地以及征地返还用地的市场交易，明确了非农建设用地和征地返还用地土地使用权交易的监管、开发建设、登记等具体程序的要求，规定了上市交易的程序和地价标准。通过市场方式解决原村集体经济组织通过获取土地增值收益谋求长期发展的问题，有效激活非农建设用地入市，推进非农建设用地资产

---

① 深圳通过两次城市化土地统征（转），法律框架下已不存在农村集体用地，也不存在农民，但由于城市化过程中形成了一系列有关土地的历史遗留问题，仍存在土地的二元管理现象，即存在原村民土地问题。

化、市场化，为历史遗留土地管理制度注入新的活力。

为推进土地节约集约利用，更好地促进产业转型升级，2013年1月，市政府出台《深圳市完善产业用地供应机制拓展产业用地空间办法（试行）》（深府办〔2013〕1号），弥补了城市化推进中"未征未转"用地如何开发利用的政策缺陷，为其指明了出路。该办法具体规定了拓展产业用地空间中各部门职责、具体交易程序以及交易收益的归属等内容，鼓励继受单位将尚未进行开发建设的、符合规划的合法工业用地申请入市，规定所得收益归继受单位，并在第七条规定关于尚未完善征（转）地补偿手续而且符合规划的工业用地，继受单位需先行理清土地经济利益关系，完成青苗、建筑物及附着物的清理、补偿和拆除，在入市所得收益上区分两种不同的方式，即可选择与政府"五五分成"或者"三七分成"的方式申请挂牌出让，并对具体内容进行了详细的规定①。2013年12月20日，凤凰社区一处原集体建设工业用地成功上市，这是深圳历史上第一块原村集体土地进入市场流转。"农地"入市制度的施行，充分发挥了市场配置作用，在拓宽产业发展空间的同时，还通过土地出让利益分成的方式支撑了原农村集体转型发展，解决了历史遗留土地问题，实现了双赢，为实现不同权利主体土地的同价同权开辟了新路②。

---

① 《关于征地安置补偿和土地置换的若干规定（试行）》第7条规定："对于尚未完善征（转）地补偿手续且符合规划的工业用地，原农村集体经济组织继受单位在先行理清土地经济利益关系，完成青苗、建筑物及附着物的清理、补偿和拆除后，可选择以下方式之一进入市场：（一）原农村集体经济组织继受单位提出申请，通过政府指定的公开交易平台，以挂牌方式公开出（转）让上述土地使用权，所得收益50%纳入市国土基金，50%归原农村集体经济组织继受单位。（二）原农村集体经济组织继受单位提出申请，通过政府指定的公开交易平台，以挂牌方式公开出（转）让上述土地使用权，所得收益70%纳入市国土基金，30%归原农村集体经济组织继受单位。选择此方式的，原农村集体经济组织继受单位可在成交后继续持有不超过总建筑面积20%的物业专用于产业配套，并在挂牌文件中予以明确。以上述方式进入市场的，相关征（转）地补偿协议应当在成交之前签订，政府不再支付任何补偿款。"

② 贾康、程瑜、陈龙、陈通：《国有平台、整合分类、权益求平、渐进归一：中国新型城镇化进程中土地制度改革难题破解路径——基于深圳调研的报告》，《经济研究参考》2015年第21期。

(2) 完善安置补偿制度

深圳于1992年和2004年进行两次土地转制,但实际上大量土地并没有完成相应的补偿返还手续,仍然属于村集体及股份公司所有,为妥善解决深圳征地历史遗留问题,保障城市发展的土地和空间需求,实现国家、集体和个人利益共享机制。2015年9月10日,深圳市人民政府发布《关于征地安置补偿和土地置换若干规定(试行)》,在第二条明确,规定中的"征地历史遗留问题"指的是为推进城市化进程,在征收过程中而遗留下来的安置补偿问题。强调"以货币补偿为主,以土地安置和土地置换为辅,以等价值进行补偿"为基本原则,对土地安置、土地置换的具体适用情形进行了限定,提出征地安置补偿、土地置换应依法与城市更新、土地整备及城市化历史遗留违法用地等问题统筹处理,通过各制度之间的衔接配合妥善解决征地、收地补偿等相关问题,共同优化城市空间和功能的合理布局。《规定》还规定在符合安置、置换情形下,选择货币补偿的,补偿金额则适当提高,即加以鼓励①,并明确了处理程序,进一步规范了征地历史遗留问题处理和收地补偿工作,完善了货币补偿标准和安置置换措施,加强监督管理,为征地安置补偿提供法律依据和保障。它的出台在适用土地安置、土地置换或货币补偿的情形、土地划定与落地等方面填补了法律空白。

二 深圳土地房屋征收法治发展展望

自建市以来,深圳不断探索科学征收、和谐征收的新思路、新举措,逐渐形成规范化、条理化、系统化的征地拆迁法规体系和运作模式,保障了征收工作的有序进行,征收法治在不断探索实践过程中,释放出巨大的土地增值收益,城市规模快速扩大,逐渐发展成为现代化、国际化的大都市,是世界发展史上的奇迹。然而,"深圳速度"在创造经济奇迹的同时也给土地

---

① 《关于征地安置补偿和土地置换的若干规定(试行)》第17条规定:"按照本试行规定可以进行土地安置或土地置换,土地权利人选择货币方式补偿的,补偿金额按拟安置、置换土地的市场评估价值上浮20%确定。"

管理带来了难题。尚未实际纳入国有的原村集体土地绕开政府的规制进入了市场并被实际使用者长期占有，从而使得法律对土地进行管控的力度大打折扣，而且，政策之间的连贯性和协调性不足，形成众多历史遗留问题，进一步加大土地管理难度。① 这些号称"法外世界"里的土地与房屋，长时间处在政府拿不走、村民用不好、市场难作为的"水深火热"中，政府和原村集体形成"双败"格局，严重阻碍了土地和空间资源的再开发和再利用，成为深圳在今后发展建设过程中亟须挣脱的枷锁。

由此，存量土地的二次开发利用已成为深圳突破空间资源瓶颈的唯一选择，是经济社会可持续发展的主要保障。而在名义上已实现土地权属一元体制实质上仍是二元管理体制的特殊背景下，如何科学推进房屋征收制度、有效盘活原农村集体土地以及妥善处理征转地过程中所产生的历史遗留土地难题，是今后深圳土地房屋征收法治发展过程中亟待解决的紧要问题。

（一）健全依法征收房屋工作机制

房屋是人们生活中不可或缺的栖息之所，是最基本的生活条件，也是公民私有财产权的重要表现形式，房屋征收工作的有序开展不仅关系城市的建设发展，更关乎公民私有财产保护与公共福祉增进的关系问题，还牵涉到房屋征收各方当事人利益博弈。房屋征收管理工作是深圳市城市建设与管理的重要组成部分，随着城市范围不断扩大、建设速度加快和旧城区改造的推进，房屋征收工作进入了一个新的时期，且在实践中仍存在法律适用困境，因此，房屋征收工作面临新的形势和挑战。为了规范房屋征收工作的开展，需不断完善房屋征收工作制度，健全体制，创新机制，科学安排操作流程，完善征收程序，保证征收工作顺利进行，防范法律风险。

1. 坚持依法征收的原则

用法治思维开展房屋征收工作，积极探索社会矛盾化解工作新机制，提高依法行政意识，严格执行法律规定的征收程序，坚决杜绝无权征收、越权征

---

① 叶磊、马学广：《深圳市城中村改造的优化策略研究》，《特区经济》2010年第4期。

收、违反法定程序征收、不按法定标准补偿等行为，坚持做到房屋征收各个环节，公开透明、公平补偿、程序正当、于法有据的原则，形成依法征收正气。

2. 规范征收补偿安置协议内容

2015年5月1日起正式实施的《中华人民共和国行政诉讼法》对行政征收法律关系做出了进一步的调整，将土地房屋征收补偿协议纠纷纳入行政案件范围，加大了行政诉讼在解决房屋征收过程中的争议和监督行政方面的力度，这就要求建立完善的补偿安置合同管理体系，在房屋征收过程中重视协议内容的合法性和合理性，并正确及时履行协议。

3. 推行"阳光征收"

开展房屋征收相关法律法规的宣传和解释工作，使广大市民及时了解法律精神和深圳今后的房屋征收工作方向，取得被征收人的理解和支持；建立健全被征收人和利害关系人全程参与房屋征收的机制，充分保障和尊重当事人表达意见的权利，维护被征收人的知情权、参与权和申诉权；加强房屋征收工作的信息公开和透明度，健全社会监督机制，既维护了被征收人权益，也提升了政府公信力。

4. 创新优化补偿机制

鉴于土地之于被征收人而言具有极为重要的社会保障功能，征收补偿标准不仅应市场化，还应考虑被征收人的生活保障，故此，结合市场情况适当提高征收地补偿标准，并建立"补偿+补贴+奖励"多元化的补偿利益平衡和激励机制。如在依法补偿的基础上，根据实际情况，对于特别困难或者因征（收）地或房屋征收遭受特别损失的被征收人给予补贴，并根据被征收人的配合程度给予不同程度的奖励。

5. 提高房屋征收实施工作的科学性

在房屋征收过程中必须秉承维护被征收人的合法权益与确保征收工作顺利进行相结合的原则，征收主体既要坚持原则，严格执法，同时又要大胆创新，寻求破解征收难题之路，通过建立科学、长效的房屋征收机制，积极营造公开、公平、和谐的良好氛围，努力维护被征收人切身利益，妥善处理国家、集体与个人的关系，推动征收工作顺利进行。

（二）继续加强土地整备工作

在深圳高度城市化的形势下，土地后备资源严重不足，土地整备是破解深圳土地供求矛盾、解决历史遗留问题的重要举措，因此，继续加强土地整备工作已成为提升土地利用效率、优化城市空间结构、推进特区一体化的必由之路。

目前深圳已制定了土地整备实施程序、规划及计划管理、资金管理、入库标准及现场监管等制度，法律规范体系框架基本形成，土地整备在拓展土地来源、优化产业布局、提升环境质量、提高土地利用效率等方面的作用日益凸显①。《深圳市2015年度土地整备计划》中指出"2011～2014年累计完成106平方公里，释放土地139平方公里。"土地整备制度的施行，为城市公共服务设施、基础设施项目以及重大产业项目的实施提供了有力保障，工作成效显著，但也应看到土地整备法律制度尚存在较大的完善空间。

1. 土地整备实施难题

深圳土地整备实施困难的根本症结在于利益分配和补偿保障问题。土地整备与城市更新补偿标准差距过大，在实践中，由市场主导的城市更新项目的补偿标准往往高于土地整备，此外，随着土地资源价值不断高涨，原村集体的利益诉求即补偿对价也在攀升，协商谈判的难度进一步加大，使得政府主导的土地整备工作面临实施困境，一些项目在补偿协商环节就难以继续推进，阻碍了整备工作的顺利进行。此外，土地确权、工作机制不顺、实施程序复杂、规划缺失或缺乏弹性等问题都有待立法调整和完善。且随着"农地"入市制度的推行，以农地入市为表现的土地产权结构调整构成了土地整备制度环境的核心约束力，并对被整备方的利益诉求构成刺激，在既定治理框架下，土地整备利益格局进一步调整，实施难度将再次加大，需要进行改进②。

---

① 张宇、刘芳：《盘活存量地"整备"再发力——对推进深圳土地整备制度建设的几点思考》，《中国土地》2014年第9期。
② 张宇、欧名豪：《农地入市背景下土地整备困境及改进路径——以深圳市为例》，《广东土地科学》2015年第2期。

2. 推进"整村统筹"土地整备

当前,深圳正在探索一种新型的土地二次开发模式即"整村统筹"土地整备,它改变了以房屋征收为主要途径的传统土地整备模式,也转变了以往征收主体之间的博弈冲突模式,协调统一城市和社区发展利益,建立了双赢合作新模式,具体分工模式为政府提供规划指引、政策支持和启动资金,而具体的组织实施者为社区股份合作公司。这种路径的探索为解决城市化进程中的后遗症带来了全新的理念设计和制度方案。"整村统筹"土地整备的主要对象是原村集体实际占有的土地,以整体确定土地权益为平台,通过制度创新这一支点,撬动城市发展建设、社区基层经济转型和原村民利益需求之间的联动,实现土地"一元化"管理[①]。坪山新区以南布、沙湖为试点推进"整村统筹"土地整备工作,取得了一定成效。因此,推广"整村统筹"土地整备模式,创新土地整备利益统筹,调动参与土地整备的积极性和主动性,在"整村统筹"理念的指引下,解决土地历史遗留问题,促进城市发展和社区转型,实现多方共赢。

3. 完善土地整备法律制度

目前实践中,深圳的土地整备工作面临范围较大,而且土地历史遗留问题较为严重,所涉及的相关利益主体较多等问题,加大了土地整备的实施难度,对此,政府必须制定科学合理的法律制度划定土地整备中各方当事人的权益边界,权衡相关政府部门和土地权利人的利益诉求,在此基础上,充分考虑、协调政府公共利益、企业经济利益和居民长远发展三者关系,达到最佳平衡,实现多方利益共赢[②]。因此,应以《关于推进土地整备工作的若干意见》为基础,深入研究土地整备相关配套制度的补充配合,构建符合实际情况可操作性强的完善的土地整备政策法规体系,具体来说,有关土地整

[①] 贾康、程瑜、陈龙、陈通:《国有平台、整合分类、权益求平、渐进归一:中国新型城镇化进程中土地制度改革难题破解路径——基于深圳调研的报告》,《经济研究参考》2015年第21期。

[②] 张宇:《高度城市化区域土地整备运作机制研究——以深圳市为例》,《特区经济》2012年第1期。

备的前期管理、工程、资金、入库等各环节问题的管理规范有待进一步明确，同时原农村集体经济组织非农建设用地及征地返还用地管理、违法建筑认定、征地历史遗留问题处理以及土地增值收益的分配与管理等相关领域也亟待调整、优化和完善，用法治手段清除实践操作中的障碍，以适应新形势下的土地整备发展要求。

（三）历史遗留土地问题的处理

深圳存量土地中约390平方公里"农转非土地"处于名义国有、实际被原村民和集体占用的"实际占有"状态，约占深圳建设用地的42%[①]。这部分土地利用形式粗放，土地资源价值没有得到充分体现，因为政府拥有的只是在实际中难以行使的名义上的土地所有权，而原村民虽然在事实上行使着其占有土地的使用、收益等诸项权益，但并未得到法律上的认可，无法"名正言顺"地将其投入市场流通，参与合法的开发、转让等市场活动，因此，政府、原村民集体都不是赢家。近年来，土地价值不断高涨，补偿数额已愈发巨大，收回成本高昂，且在历经多年调整和"灰色开发"后，这些本身权益不清的"灰色地带"的权属关系已复杂到"剪不断、理还乱"的尴尬境地。综上所述，历史遗留土地已成为深圳土地管理中面临的最为棘手的问题。

1. 解决思路

深圳的快速城市化是沿着两个轨道并驾齐驱的，一是政府主导的通过统征转拓展城市建设空间的城市化；而另一个是村民自发利用土地进入土地市场，参与城市化进程，对于后者，法律不予承认，形成了大片土地法律制度上的灰色地带，引起了土地管理上的混乱。但从另一个角度考虑，这个灰色地带却解决了上一轮城市化过程中人口集聚化的问题，也提供了契合当时发展阶段的产业落地平台[②]，具有某种程度上的积极意义。因此，妥善解决历

[①] 徐伟：《城市农转非土地增值收益分配的探讨——以深圳市原集体土地"实际占有"为分析样本》，《人民论坛》2013年第23期。

[②] 刘守英：《深圳再土改，两个城市化归一》，《新世纪》周刊，2012年5月28日。

史遗留问题的思路，是如何平衡各方利益关系，选择代价最少、尽可能避免冲突矛盾的方式将这些已经不合法进入城市化进程的原村集体土地纳入统一的城市管理体系以及之后的权利构建问题，这也是深圳下一轮城市化的主题。因此，需要充分考虑原村集体的发展诉求，建立有效的历史遗留土地管理机制，探索一条"地下市场"转为"公开市场"的路径，妥善解决好原农村集体经济组织实际掌控土地与政府合法规范管理土地之间的关系。

2. 解决路径

深圳结合地方实际，出台了一系列政策，对原农村土地的规范化管理进行了许多有益的探索和实践，制度理念具有前瞻性和创新性，取得了一定成效。但是因历史遗留土地数量庞大，产权利益关系复杂，规划困难，因此，完善原集体土地管理法律制度依然任重道远。

解决历史遗留土地问题，既不能急，也不能拖，而只能从深圳自己的实际经验中提炼正确的政策元素，依此找寻解决难题的有效途径①。

（1）构建土地确权模式。《〈深圳市土地管理制度改革总体方案〉近期实施方案（2012~2015年）》中提出，推进原农村土地确权试点实践。从处理历史遗留违法建筑的试点实践中，探索依现状的确权路径；结合二次开发，探索依改造的确权路径。土地产权的清晰是市场化的前提，是实现土地权益的重要基础，历史遗留土地问题中最突出和最迫切需要解决的是明确原村集体土地的产权。现实生活中，大量土地资源仍被原村集体占有，土地确权的任务尤为艰巨，亟须加强制度探索，创新深圳土地确权模式，推进试点实践，系统构建土地确权路径，本着尊重历史、基于现状、科学合理的工作思路，有效衔接相关政策，明晰土地房屋的产权关系，解决历史遗留问题，根除与现代法治社会不合的新"二元"结构，把土地纳入统一的法律框架下。

（2）完善"农地"入市管理制度。农地入市是以市场机制配置城市空间资源的创新性探索和突破，虽然《深圳市完善产业用地供应机制拓展产

---

① 北京大学国家发展研究院综合课题组：《更新城市的市场之门——深圳市化解土地房屋历史遗留问题的经验研究》，《国际经济评论》2014年第3期。

业用地空间办法》(试行）中明确原农村集体经济组织继受单位在土地入市后，有两种利益分配方式可供选择，但所规定的方式都让继受单位感受到利益被侵害，如通过核算成本收益，有青苗、建筑物、附着物的地块自行清理干净后挂牌入市所得收益远低于城市更新，进而缺乏"土地入市"的经济趋势。① 因此必须充分考虑原村集体利益诉求，优化土地收益分配调节机制，建立激励机制，提高参与积极性，研究探索集体经营性建设用地产权流转制度以及建立增值收益分配制度，开展试点工作，并根据实践中出现的难题及时出台相应的指导意见提供政策指引，同时，有必要完善与其相关的配套措施，为集体经营性建设用地的流转交易提供法律保障，对流转过程中出现价格畸低等损害交易主体利益的行为进行有效监管和积极干预，加大力度保障"农地"市场交易中社区股份合作公司股民的合法权益。

（3）加大力度处理违法建筑。深圳的历史遗留违法建筑与征转地制度有着密切联系，虽然从20世纪90年代起，政府就制定了各类文件试图处理历史遗留问题，规范原村集体的土地使用情况，但执行效果并不理想，而且由于土地政策变动频繁、土地管理制度不严，出现了大量的原村集体土地征地抢建情况②，违法建筑严重侵占了公共资源，妨碍了规划实施，带来了安全隐患等问题，已成为制约城市发展的痼疾。由此可见，对于历史遗留问题，迫切需要采取有效办法妥善处理，并加大力度尽快遏制抢建现象，否则就会积重难返，阻碍深圳的发展进程。为此，深圳市政府陆续出台了法律规定，推进了违法建筑的处理，起到了遏制作用。但处理违法建筑问题是一项系统性的复杂工程，因此应继续结合实践，加强立法探索，明确各政府部门的职责，发挥部门联动机制，合力查处违法违建行为，进一步深化现有的监督检查、分类查处、责任追究制度，以建立起处理历史遗留土地问题长效机制，剪除"灰色地带"，系统全面彻底解决违建问题。

---

① 张志英、张志红：《对农村土地入市改革的分析与思考——以深圳市为例》，《科研管理》2015年第1期。
② 李新添：《深圳历史遗留违法建筑问题研究》，《特区实践与理论》2012年第6期。

法治政府篇

The Law – Based Government

B.6 《深圳市法治政府建设指标体系》实施评估报告

王成义 瓮洪洪[*]

摘 要：《深圳市法治政府建设指标体系》是全国第一个关于法治政府建设的地方指标体系，对于促进地方法治政府建设具有重要作用。本文回顾了《深圳市法治政府建设指标体系》制定和修改过程，分析了法治政府建设指标体系实施过程中存在的问题，并提出相关对策建议。

关键词： 法治政府 指标体系

---

[*] 王成义，深圳市法制研究所所长，研究员；瓮洪洪，深圳市法制研究所助理研究员。

2008年12月，在国务院法制办的支持和指导下，深圳市委、市政府制定发布了《关于制定和实施〈深圳市法治政府建设指标体系（试行）〉的决定》（以下简称《指标体系》）。这是我国地方政府为落实国务院《全面推进依法行政实施纲要》，探索建设法治政府途径的第一个较为系统的指标体系[1]。深圳制定和实施法治政府建设指标体系以来，认真开展法治政府建设考核，有力地推动了法治政府建设工作，成就斐然。2013年、2014年连续两年在广东省法治政府建设考评中处于第一名[2]。2015年，中国政法大学对全国100个大中城市法治政府建设进行了评比，深圳在其发布的《中国法治政府评估报告2015》中排名第一。然而，随着经济社会的发展，党和国家对法治政府建设提出了更高的标准，公众对法治政府建设的期待也不断提高，《指标体系》也日渐显露出一些问题。为此，2014年深圳启动了《指标体系》修订工作，并于2015年12月完成修订。

一　《深圳市法治政府建设指标体系（试行）》的制定

改革创新是深圳的使命。改革开放以来，深圳不但是经济社会改革的先行者，也是法治政府建设的排头兵。在新的形势下，为及时有效回应深圳经济社会发展中出现的新情况，解决新问题，适应深圳经济和社会的发展，就必须不断提高政府的法治建设水平。为此，深圳大胆创新，率先制定和实施《指标体系》，在建设法治政府方面率先取得新成就，为全国提供经验参考。

（一）内容框架与性质

《指标体系》一共设置了12个大项，即政府立法工作法治化，机构、职责和编制法治化，行政决策法治化，公共财政管理与政府投资法治化，行政审批法治化，行政处罚法治化，行政服务法治化，政府信息公开法治化，

---

[1] 周成新、王成义：《深圳市法治政府建设指标体系（试行）解读》，海天出版社，2009，第1页。
[2] 2015年广东省法治政府建设考评结果尚未公布。

行政救济法治化，行政监督法治化，行政责任法治化和提高行政机关工作人员依法行政的观念和能力。大项又可分解为44个子项和225个细项。

每一大项的内容都是由静态的制度建设（规则制定）和动态的制度执行（行为规范）两大部分构成。制度建设类指标要求市、区政府及其部门制定相应制度，而制度执行要求市、区政府及其部门执行相应制度。

《指标体系》是市委市政府联合发布的规范性文件，不是政府外部的国家权力机关（人大及其常委会）制定的法律法规，属于政府内部自我约束的规则，是通过政府系统内的考核评价督促政府部门提升法治政府水平。因而，《指标体系》的效力要低于法律法规，应当遵守和服从法律的规定，需要根据法律的发展变化而进行相应的修改完善；另一方面，《指标体系》部分指标可以超出法律规定，当然是指严于法律规定，而不能降低法律规定要求，向行政机关的实践妥协。而这些指标应当有理论或政策依据，符合法治政府建设方向。

这是因为"我国法治政府的建设基本由政府主导推进，政府通过公共权威，采用自上而下、有目标、有计划的法治政府的建设路径，这种模式下，上级政府、行政机关或者行政领导的安排和指令是法治政府建设和推进的直接动力，上级政府及行政领导对于法治政府建设的重视程度，往往决定了法治政府建设的发展程度和推进速度"[1]。

（二）制定依据

《指标体系》的制定主要有两个层级的法律和政策依据：第一个层级的依据，是中共中央和全国人大及其常委会制定的有关依法行政和建设法治政府的原则、规则和要求。这些规定从性质上讲，属于政府组织的外部规定，是外部机关对政府提出的要求，是制定《指标体系》的根本的和最高的依据。

第二个层级的依据，是国务院制定的有关推进依法行政和建设法治政府

---

[1] 杨小军、宋心然、范晓东：《法治政府建设法治政府指标体系建设的理论思考》，《国家行政学院学报》2014年第1期。

的有关规定。国务院的规定从性质上讲属于政府内部规则，是必须服从外部规则的。国务院的规定正是为了贯彻中共中央和宪法、法律规定的依法行政、建设法治政府的精神和规定，而制定的要求是全国各级政府及其部门必须执行的规则。根据下级服从上级的基本行政逻辑，地方政府应当服从中央政府制定的规则。这是深圳市制定《指标体系》的第二个层级法律和政策依据。

以上所述的依据，都是法律或者政策性质的依据。除了这些依据外，《指标体系》在制定过程中还参考和遵循了法治和依法行政的一般理论，如实质主义法治原则理论、法律保留原则理论等，《指标体系》在制定过程中都加以了认真的研究，对公认的理论予以采纳吸收。因而，《指标体系》不仅具有充分的法律政策依据，而且也有先进的理论依据，从而使《指标体系》具有较好的科学性、先进性和超前性。

（三）意义

1. 明确法治政府建设的具体目标

国务院 2004 年 3 月发布了《全面推进依法行政实施纲要》（以下简称《纲要》），提出了"全面推进依法行政，经过十年左右坚持不懈的努力，基本实现建设法治政府的目标"，规定和部署了法治政府建设的基本原则和要求、主要任务和措施，确立了我国法治政府建设的方向。但是，《纲要》毕竟只是纲领性文件，其中的规定基本上属于原则性、框架性的规定，展现的只是法治政府的大致轮廓。如果沿用旧的工作模式，很难避免"形式化、口号化、实用化和利益化倾向"[1]。制定《指标体系》，可以细化和量化《纲要》规定，明确法治政府建设的具体目标。

2. 指明法治政府的实施路径

《纲要》明确规定了全面推进依法行政、建设法治政府的目标、基本原则和主要任务措施，但是如何实施，由于各地法治政府建设水平不一，具体进度不同，《纲要》并未做出也不可能做出具体要求，只能交由各地根据自

---

[1] 袁曙宏：《关于构建我国法治政府指标体系的设想》，《国家行政学院学报》2006 年第 4 期。

身实际进行选择。制定《指标体系》，可以基于深圳实际，量身定做深圳建设法治政府的施工蓝图，将法治政府建设的总体目标和要求分解到相关政府及各部门，为其法治政府建设指明具体的路径。

3. 提供法治政府建设的考评依据

《指标体系》明确法治政府建设的目标和实施路径的同时，也为法治政府建设考评提供了依据。各区政府和市政府各部门是否按照《指标体系》的规定建设法治政府，其成效如何，需要加强监督。而对于地方政府来讲，其最有效的手段就是考评。通过考评，强化法治政府建设的目标和任务，提高被考评对象建设法治政府的强度，改变过去"写在纸上，说在嘴上，挂在墙上"的法治政府建设虚化的现象。

总而言之，《指标体系》为地方法治政府建设工作提供了具体抓手，使地方政府可以更有效地建设法治政府。

（四）社会影响

《指标体系》出台后，国务院法制办公室很快刊发简报向全国推广，国内《人民日报》《法制日报》等各大媒体做了报道。国务院法制办2009年曾借鉴深圳的《指标体系》，起草了《法治政府建设指标体系（讨论稿）》，并提交全国法制办主任法规司司长会议讨论，拟在全国范围内适用，但由于各种原因并未最终正式印发。同时，《指标体系》出台后，国内各地也参照制定了适合本地实践的指标体系用于考评，如广东、湖北、江苏、宁夏、吉林、贵州等省级政府，太原、沈阳、南昌、苏州、常州等市政府，青岛市市南区、邯郸市永年县等区县级政府。另外，《指标体系》也获得了良好的社会评价，深圳市法制办因此于2012年高票荣膺学术界权威机构组织的第二届"中国法治政府奖"。

二 深圳市法治政府建设指标体系的修订

根据深圳市委、市政府的部署，深圳市法制办于2014年启动修订工作，具体工作由深圳市法制研究所承担。修订过程中，法制办反复讨论，数易其稿，先后两次征求公众意见，三次征求各区和市政府部门意见，并两次召开专家咨询会议，其中一次征求了来自国务院法制办、北京大学、清华大学、人民大学、国家行政学院的国内顶尖行政法学者意见。

经市委市政府同意，修订完善的《深圳市法治政府建设指标体系》已于2015年12月2日正式发布实施。

（一）修订缘起

随着法治政府建设实践的不断推进，法治政府建设理论不断深化，党和中央政府对法治政府建设提出了更高的要求，深圳市委市政府对法治政府建设也提出了更高的目标，社会公众对法治政府建设有更高的期待，法律法规的变化为行政机关增加了更多的职责和行为规范，《指标体系》已经不能满足法治政府建设需要。

1. 落实十八大以来党对法治政府建设新要求的需要

《指标体系》实施以来，党和中央政府对法治政府建设提出了新的更高的要求。十八大提出到2020年实现"法治政府基本建成"的新目标。十八届三中全会提出"建设法治中国，必须坚持依法治国、依法执政、依法行政共同推进，坚持法治国家、法治政府、法治社会一体建设"，在要求"建立科学的法治建设指标体系和考核标准"的同时，也规定了一系列与法治政府建设相关的任务，如"推进机构编制管理科学化、规范化、法制化""推行地方各级政府及其工作部门权力清单制度""普遍建立法律顾问制度"等。十八大四中全会《中共中央关于全面推进依法治国若干重大问题的决定》（以下简称《四中全会决定》）进一步对包括法治政府建设在内的依法治国进行了全面部署。这些任务是党中央针对法治政府建设的战略部署和重大决策，应当反映在深圳市法治政府建设指标体系中，以进一步推动决定贯彻落实工作。

2. 推进深圳一流法治城市建设的需要

推进一流法治城市建设，是深圳承担新时期改革开放重任的重要突破口，是深圳在新形势下增创改革开创新优势的战略选择。《指标体系》要遵循一流法治城市建设的要求,作为可带动面的"点",积极推动解决法治政府建设中的薄弱环节和突出问题,及时更新。

3. 适应法律法规变化的需要

《指标体系》实施以来,中国社会主义特色法律体系初步形成,国家出台了《中华人民共和国行政强制法》等重要法律法规,并推动法律法规清理,废止和修改了一批法律法规规章。这些新制定的法律法规,为行政机关在行政强制、行政调解等领域,明确了行政机关的职责和权力边界,设定了更多的约束机制,提出了更多更细致的规范要求。

4. 满足市民对法治政府建设新期待的需要

随着经济社会的发展,市民的法律意识和法治观念不断增强,依法行政已经成为社会各方面对政府的普遍要求。而且,深圳经济发达,国际化水平较高,市民对深圳法治政府建设期待较高,不是用国内法治政府建设标准来要求深圳,而是用香港、新加坡、台北等域外法治发达城市的标准来衡量深圳法治政府建设水平。《指标体系》需要根据市民的期待进一步改进各项指标,提高法治政府建设水平,以满足市民的期待。

为此,完善《指标体系》被纳入《中共深圳市委关于贯彻落实党的十八届四中全会精神、加快建设一流法治城市的重点工作方案》。

(二)修订《指标体系》的原则和要求

市法制办在《指标体系》修订工作中,积极贯彻党的十八大和十八届三中全会关于建设法治政府、建设社会主义法治国家的精神,认真总结《指标体系》实施以来的经验,全面吸收法律法规关于建设法治政府的新规定,使修订后的《指标体系》质量更高、可操作性强,符合地方法治政府建设的需要,既保持法治政府建设的连续性,又体现新形势对法治政府建设提出的新要求。

修订体现以下具体要求。

1. 有特色,即体现特区特点、体现一流法治城市特点、符合深圳实际

指标体系将法治政府蓝图细化为具体指标要求,将法治政府建设要求寓

于具体指标之中。一方面，指标体系应当贯彻落实市委"建设一流法治城市"的要求，借鉴国际经验，参照国际法治发达城市，建设一流的法治政府，高于国内一般城市。深圳市近年来在法治政府建设方面的一些积极探索，应当在指标体系中固定下来。另一方面，指标体系作为建设一流法治城市的重要手段，应当与深圳市法治政府建设实践一致，针对深圳市法治政府建设中的实际问题，有的放矢，切实促进法治政府建设工作。

2. 高质量，即修订要有亮点、有创新之处，体现党中央提出的新标准、新要求

十八大提出到2020年"法治政府基本建成"的新目标；十八届三中全会第一次明确提出了"推进国家治理体系和治理能力现代化"的总目标；十八届四中全会提出"建设中国特色社会主义法治体系，建设社会主义法治国家"的总目标。法治政府建设是实现这些目标的关键。指标体系应当根据党中央提出的新标准，新要求，进一步细化这些标准和要求。

3. 可操作性强，即便于实务操作，符合地方法治政府建设需要的体系

指标体系不仅是考评指标，也是建设指标，指标体系根据法治政府理念和要求，描绘法治政府蓝图，指出建设路径，指导具体工作。区政府、新区管委会以及市政府各部门从指标体系中可以知悉法治政府建设的目标、要求和任务，进而采取有效措施推进法治政府建设。

4. 方便考评，即要方便今后法治政府建设考评工作的开展

指标体系是考评体系。借助指标体系，上级政府可以对下级政府、上级部门可以对下级部门前一阶段法治政府工作进行综合、全面、客观的衡量和评价，并以评促建，以评促改，推进法治政府建设。因此，指标体系在设计上必须考虑考评工作的需要。具体指标在对区政府与政府部门要求上要有所区别，确定考评对象，不能含混了之。

（三）修订主要内容

修订后的《指标体系》共10个大项、46个子项、212个细项，指标设置更科学、合理，体现了法治政府建设的最新要求。

1. 调整《指标体系》框架

根据国家和深圳市法治政府建设新的要求和理念,将原《指标体系》十二大项进行合并整理,使其更明确、科学、合理,确定为十个大项,即政府机构与权责法治化,政府立法工作与规范性文件管理法治化,行政决策法治化,公共财政管理与政府投资法治化,行政许可与政务服务法治化,行政执法法治化,政府信息公开法治化,行政救济、调解、裁决法治化,行政权力监督与责任法治化和法治政府建设工作保障。

表 1 《指标体系》修订前后大项对照

序号	《指标体系》修订前 大项名称	《指标体系》修订后 大项名称	备注
1	第 1 大项 政府立法工作法治化	第 1 大项 政府机构与权责法治化	原第 2 大项修改
2	第 2 大项 机构、职责和编制法治化	第 2 大项 政府立法工作与规范性文件管理法治化	原第 1 大项修改
3	第 3 大项 行政决策法治化	第 3 大项 行政决策法治化	
4	第 4 大项 公共财政管理与政府投资法治化	第 4 大项 公共财政管理与政府投资法治化	
5	第 5 大项 行政审批法治化	第 5 大项 行政许可与政务服务法治化	原 5、7 大项修改合并
6	第 6 大项 行政处罚法治化	第 6 大项 行政执法法治化	原第 6 大项,增加行政检查和行政强制内容
7	第 7 大项 行政服务法治化		
8	第 8 大项 政府信息公开法治化	第 7 大项 政府信息公开法治化	
9	第 9 大项 行政救济法治化	第 8 大项 行政救济、调解、裁决法治化	增加行政调解和行政裁决内容。
10	第 10 大项 行政监督法治化	第 9 大项 行政权力监督与责任法治化	原第 10、11 大项修改合并
11	第 11 大项 行政责任法治化		
12	第 12 大项 提高行政机关工作人员依法行政的观念和能力	第 10 大项 法治政府建设工作保障	原第 12 大项修改

2. 强化和充实了科学立法、民主立法指标

《四中全会决定》对科学立法、民主立法提出了许多新的要求，如"加强和改进政府立法制度建设，完善行政法规、规章制定程序，完善公众参与政府立法机制。重要行政管理法律法规由政府法制机构组织起草""拓宽公民有序参与立法途径，健全法律法规规章草案公开征求意见和公众意见采纳情况反馈机制，广泛凝聚社会共识"。为此，《指标体系》进行了相应的修订。

3. 增加政府权责清单指标

三中全会明确规定了"推行地方各级政府及其工作部门权力清单制度，依法公开权力运行流程"。《四中全会决定》进一步要求各级政府及其工作部门"依据权力清单，向社会全面公开政府职能、法律依据、实施主体、职责权限、管理流程、监督方式等事项"。为此，《指标体系》增加了政府权责清单制度，明确"市、区政府部门按规定编制并公布权责清单。权责清单的内容应当全面、确定"。

4. 增加法律顾问制度相关指标

三中全会提出"普遍建立法律顾问制度"的要求。《四中全会决定》进一步规定"积极推行政府法律顾问制度，建立政府法制机构人员为主体、吸收专家和律师参加的法律顾问队伍，保证法律顾问在制定重大行政决策、推进依法行政中发挥积极作用"。为此，《指标体系》在第十大项指标下增加相应指标。

5. 构建"行政许可与政务服务法治化"指标

鉴于国家已经明确取消了非行政许可，行政服务的提法也被政务服务所替代，原第五大项指标"行政审批法治化"与第七大项指标"行政服务法治化"整合为第五大项指标"行政许可与政务服务法治化"，并将行政确认、行政给付及其他政务服务纳入了该大项指标。

6. 增加了行政强制和行政检查等执法指标，细化了行政执法指标

国家《行政强制法》和《四中全会决定》对行政执法提出了新的要求，为此，《指标体系》将"行政处罚法治化"修改为"行政执法法治化"，增

加了行政强制、行政检查等两个执法指标,并细化了行政执法要求,增加了行政执法全过程记录、重大执法决定经法制部门审核、行政执法信息部门共享等细项指标。

7. 增加了若干子项指标

在第四大项增加了"财政专项资金规范管理"子项指标,主要是强化财政专项资金管理;为健全依法维权和化解纠纷机制,在第九大项增加了行政调解和行政裁决两个子项指标;在第十大项增加了"建立健全法制机构和队伍"和"建立健全法治教育和普法宣传机制"两个子项指标。

另外,考虑到《指标体系》试行五年多来,已经基本经受住检验,所以删除了"试行"的表述。

三 《深圳市法治政府建设指标体系》的实施

(一)实施现状

从市政府角度来看,《指标体系》的实施工作主要就是考评,以考评促进和引导法治政府建设。为了加强《指标体系》实施的组织领导,深圳市2008年成立了法治政府建设领导小组,负责《指标体系》实施工作的组织督促检查。领导小组组长由市长担任,副组长由市委副书记、市纪委书记、主管政府法制工作的常务副市长、市政府秘书长担任,分管副秘书长及市政府办公厅、监察局、人事局(市编办)、法制办及各区政府等单位主要负责人作为领导小组成员。

2009年1月,为落实《指标体系》,市法治政府建设领导小组印发了《深圳市推进法治政府建设工作方案》,对38个事项规定了76个工作内容,同时规定了责任部门、时间进度、完成要求。这些工作内容大部分是《指标体系》中规定的制度建设工作,小部分是可以一次性集中完成的依法行政工作的基础建设工作,如成立或指定相应机构负责制度执行的管理工作,清理和确定执法主体资格和职能,清理和确定行政审批、行政处罚、行政服

务项目。目前，这些工作已经基本完成①。

由于指标较多，目前在实际操作中只是对部分项目进行考评，而不是对所有指标全面考评。如2009年对各区政府考评行政决策、行政监督、行政责任，对市政府各工作部门考评行政审批、行政处罚和行政责任；2014年考评内容为规范性文件制定、行政执法、社会矛盾防范和化解和依法行政能力建设等内容；2015年考评内容涉及制度建设、规范性文件、行政决策、行政执法、依法接受监督、依法行政保障等内容。

2015年，法治政府建设考评工作组由市法制办牵头市依法治市办（市普法办）、市编办、市监察局、市人力资源保障局、市政府督察室等部门组织法治政府建设考评工作组，对市政府各部门、各区政府进行考评。其中市政府部门又分为两类：A类部门为市发展改革委、市经贸信息委、市科技创新委、市财政委、市规土委、市人居委、市交委、市卫计委、市场监管委、市公安局、市教育局、市民政局、市司法局、市人力资源保障局、市文体旅游局、市住房建设局、市水务局、市地税局、市城管局、市统计局、市应急办等21个部门；B类部门为市政府办公厅、市监察局、市审计局、市气象局、市口岸办、市法制办、市外办、市台办、市金融办、市国资委、市前海管理局、市医管中心等13个部门。

在考评程序上，通常分为五个阶段：一是发布标准阶段，在年初发布考评标准操作规程，明确考评标准和内容。二是自查阶段，各被考评单位撰写自查总结报告，填写考评评分表，报送市法治政府建设考评小组。三是初评阶段。组织各被考评单位人员分成小组，随机抽选各单位相关具体工作事项材料，并进行评价；同时向法律专家发放问卷，收集法律专家意见；对各被考评单位报送材料由法律专家进行评价进行审查，并进行评价打分。四是复

---

① 《指标体系》实施以来，深圳市发布了《深圳市规范行政处罚裁量权若干规定》《深圳市人民政府2012年行政审批制度改革事项目录》《深圳市行政监督工作规定》《深圳市行政过错责任追究办法》《深圳市行政决策责任追究办法》，修订了《深圳经济特区政府采购条例》《深圳经济特区审计监督条例》《深圳经济特区政府投资项目管理条例》等条例。与此同时，深圳进行了多轮行政审批事项清理，开展了规范行政处罚裁量权、权责清单等工作。

核阶段，对初评分数有异议的单位进行复核。五是确定考评结果阶段，公布考评结果。

《指标体系》考评纳入市政府绩效考评。2015年度绩效综合得分由客观评估和主观评价两部分组成，其权重分别为80%和20%。其中，客观评估指标年度原始分数为120分，先转化为百分制得分，再乘以80%权重，计入年度绩效综合得分。得分90分以上者为优，80以上90分以下者为良，60以上80分以下者为中，60分以下为差。

在客观评估指标年度原始分数中，区政府和新区管委会及A类部门法治政府建设（含普法工作）考核分值2015年为9分，B类部门法治政府建设（含普法工作）考核分值为10分。以百分制折算，区政府和新区管委会及A类部门考核分值占到绩效评估总分的6%，B类部门分值则占到绩效评估总分的6.7%左右。

具体到法治政府建设考核，其原始分数为100分。其中：普法工作10分，由市普法办对普法相关指标进行考评，并将考评分数汇总至市法制办；法律专家评价20分，由市法制办委托第三方组织向市人大代表、政协委员、立法专家、审判人员、律师、学者等理论界与实务界的法律专家发放问卷进行评价；法治政府建设80分，由市法制办牵头组织考评，市编办、市监察局、市人力资源保障局、市政府督察室等单位参加。另外，考评时还设置加、减分项，由市法制办邀请来自理论与实务界的法律专家进行打分评价。

（二）存在的问题

一是考评标准和事项前后不统一。在实践中，考评主要是根据当年度工作任务，选取部分指标进行考评，同时制定新的考评规程。如此一来，每年考评事项不同，考评标准不同，被考评对象往往无所适从，而且考评也无法做纵向比较，考评作用就大打折扣。

二是考评负面信息收集机制不健全。目前，考评信息主要掌握在被考评对象手中，考评时由各被考评对象提供，因此，被考评对象往往只报送正面信息，剔除负面信息，尤其是可能导致扣分的信息。虽然考评部门也采取了各种措施，如随机选取法律文书等方式，但是负面信息收集不全，偶然性较大。

三是公众参与考评不足。考评主要是政府内部监督措施。但是，政府服务的对象是社会公众，社会公众作为服务对象，是最权威的法治政府建设水平的评判者。因此，社会公众的主观评价应当是法治政府建设成效的重要评价内容。但由于各种原因，公众参与考评较少，影响了考评效果。而且，考评结果一直未向社会公布，很难使被考评对象感受到社会压力。

四是分值不高，且考评结果运用有待改进。目前，《指标体系》考评已经纳入绩效考评，其成绩直接影响各单位绩效。但由于分值占比不高，考评结果运用范围有限，未形成对被考评单位的直接压力，一些单位对考评仍然未给予充分重视，往往只是在年底提交考评材料予以应付。

五是与省依法行政考评部分重合。2013年3月，广东省制定了《广东省法治政府建设指标体系》，每年进行全省依法行政考评，其考评标准每年调整。而广东省法治政府建设考评往往在深圳市考评之后，其考核指标也与深圳考核指标不尽一致。因而被考评单位往往需根据不同考核，准备不同材料，疲于应对。

（三）改进方向

一是统一考评内容和标准，完善考评办法。在总结历年来法治政府考评工作经验的基础上，探索建立更为科学、合理、全面、客观的法治政府考评制度，统一考评内容和标准。

二是完善考评信息收集机制。可委托第三方机构在报纸、电视、网络媒体上收集各被考评对象在法治政府建设方面的负面信息，在年终考评时由专家进行评议。

三是积极引导公众参与考评。《指标体系》的考评应当积极引导社会公众参与。另外，《指标体系》考评结果目前仍然未向社会公开。《指标体系》考评结果在未来可考虑逐步向社会公开，如此一来，被考评对象的法治政府建设状况可有效引入公众评价和监督，有利于《指标体系》的实施。

四是提高分值比重，有效运用考评结果。将考评结果与被考评对象的领导人员的工作业绩以及职务晋升结合起来，与被考评对象具体执法人员或者工作人员职务级别调整、交流轮岗、教育培训、奖励惩戒结合起来。对于出现严重问题的单位，可进行约谈，要求其限期整改。

五是加强和省依法行政考评的衔接。围绕省依法行政考评的检查重点和发现的问题，深圳在指标设置和考评安排上应当与省依法行政考评逐步接轨衔接，减轻被考评单位负担，避免重复准备材料同时也实现联动互补，提高两级考评整体效能。

法治政府建设是一个历史的渐进的过程，不可能一蹴而就或者毕其功于一役。深圳在党中央、国务院的领导下，应当立足于改革开放和社会主义现代化建设的实际，根据经济和社会发展的需要，放眼长远，以域外一流法治城市为标准，逐步提高法治政府建设的标准和要求，积极建设法治政府，实现公平正义。

B.7
深圳市政府机构职能法治发展研究报告

瓮洪洪 张思池*

摘　要： 推进机构职能法治化是法治政府建设的基础，是全面依法履行政府职能的前提。三十多年来，深圳市政府在推进政府机构职能法治化方面做出了积极的探索。本文在回顾深圳市政府机构职能法治发展历程的基础上，分析了目前存在的问题，结合深圳实际，提出深圳市政府机构职能法治化的实施路径以及具体建议。

关键词： 法治政府　行政组织　职能法定

政府机构职能是指国家行政机关在管理社会事务活动中的基本职责和功能。政府机构职能管理是国家及社会管理的一项重要任务，它不仅包含了以一切政府机构为边界的诸多管理的方面，也包含了组织管理的各个环节，是一项综合性的、复杂的系统工程。政府机构职能法治化是依法行政的基本要求。坚持政府机构职能法治化，要依法规范行政机关的职能和权限，科学合理设置政府机构，核定人员编制，推进政府职责、机构和编制法定化，实现组织法定。

2014年，十八届四中全会做出的《中共中央关于全面推进依法治国若干重大问题的决定》从方法论的角度，提出了"深入推进依法行政，加快建设法治政府"的基本方法，其中明确"完善行政组织和行政程序法律制

---

* 瓮洪洪，深圳市法制研究所助理研究员；张思池，深圳市法制研究所研究实习员。

度，推进机构、职能、权限、程序、责任法定化"。2015年底，中共中央、国务院印发了《法治政府建设实施纲要（2015~2020年）》，将"优化政府组织结构，完善行政组织和行政程序法律制度，推进机构、职能、权限、程序、责任法定化"列入实施计划。国家的重视将有力推动政府机构职能法治化的进展。

三十多年来，深圳市在政府机构职能法治化方面一直紧跟经济社会发展需要进行探索，先后进行了七次行政体制改革，并在多个领域进行大胆创新，其法治化和规范化水平不断提升，基本构建了职能优化、权责一致、分工合理、决策科学、执行顺畅、监督有力的行政管理体系，为保障政府机构规范运作促进经济社会良性发展起到了重要作用。但是，在这三十多年的法治发展过程中也存在不足之处，需要在未来不断完善。

一 深圳市政府机构职能法治发展回顾

我国1949年新中国成立后，曾制定了一些组织机构与编制管理方面的法规，政府机构编制管理法治化程度较高，但后来由于"文革"全面走上反法治的道路。十一届三中全会以后的近四十年来，深圳政府机构职能管理在调整管理范围、改革管理方式、改革管理权限等方面进行了全面探索。总体上看，大致可分为以下三个发展阶段：

（一）政府机构职能管理的初步规范阶段（1980~1998年）

这一阶段，深圳市开展了多轮政府机构改革，逐渐从以往计划经济的政府职能管理体制向适应市场经济发展的政府机构职能管理体制转变，从改革前的无序管理状态走上规范化管理轨道。

政府机构改革。1981年底，深圳政府机构改革重点是加强经济综合管理部门，撤并了商业、物资、粮油等十几个专业经济管理部门，建立行业性集团公司或其他经济实体。1984年，改革重点是加强经济综合管理部门，建立健全决策咨询体系。1986年，重点调整政府行政管理层次，减少中间环节，强化决策咨询和监督职能。1988年重点是理顺经济管理和城市管理职能，彻底取消企业的机构编制管理。1991年，重点是改变职能，理顺关系。

机构编制管理体制。1981年，深圳制定了《深圳市机构编制管理暂行规定》，明确市编委的职责权限和编制的管理办法。1988年10月，市编办开展机构改革和"三定"工作试点，加强对各部门各单位的基本职能、岗位职责、运行程序、人员结构、领导职数的管理，力争做到以事定岗，以岗定编。1992年，深圳市制定了《深圳市机构编制委员会工作规则》，明确了市编委的任务与职责、会议制度、市编委办事机构的职能、审批权限、机构编制管理制度和纪律等，并于1995年进行修订，机构编制管理工作由经验管理走向规范管理。

人员编制管理。1988年1月，对市直机关、事业单位实行工资基金管理，以经济手段控制人员编制。1992年，深圳市直机关、事业单位实行"编制使用通知卡"制度，各单位补充人员必须申领编制卡。1998年7月，市编办印发《关于调整出入编与工资基金管理的有关通知》，进一步完善出入编制度。1997年，深圳实行人员编制与经费包干管理，由市编委确定各部门的编制包干基数，财政部门按编制包干基数核拨经费给各部门包干使用。

行政审批制度改革。1997年，深圳市率先在全国开展审批制度改革，将市政府各工作部门的审批、核准事项由1091项精减为628项，减幅达42.4%。

（二）政府机构职能法治化的探索阶段（1999～2014年）

这一阶段，深圳市提出政府机构组织、职能、编制法定化，政府机构职能管理进一步细化规范化的同时，开始逐步探索政府机构职能法治化。

政府机构职能管理目标。1999年1月，市委做出《关于加强依法治市工作加快建立社会主义法治城市的决定》，提出政府机构组织、职能、编制法定化。2008年制定、实施的《深圳市法治政府建设指标体系（试行）》，将机构、职责、编制作为法治政府建设的重要评价指标。

政府机构改革。2001年,深圳市开展党政机构改革,进行党政机关人员分流,实行定岗定员管理,明确行政事务机构管理。2009年,深圳市启动政府机构改革,探索大部门体制,设置31个工作部门,减少15个机构,精简幅度达三分之一。同时,市一级取消、调整、转移了一批职责和行政审批事项,整合职能相同和相近的下设机构,实现了下设机构和领导职数的大幅削减。

政府机构职能管理体制。2005年,《深圳市机构编制委员会工作规则》再次修订完善,调整了市编委、市编办的机构编制事项审批权限,完善了机构编制审批程序。2010年,市编办制定了《深圳市机构编制监督检查实施细则》,规范机构编制监督检查工作。

行政事业机构管理。2001年7月,市委、市政府印发《深圳市行使行政管理职能事业单位和行政执法机构改革的意见》,将凡法律、法规授权或依法接受行政机关委托行使具体行政行为的事业组织与执法机构从事业单位管理体系中分离出来,统称为行政事务机构。2003年6月,市编委印发《关于进一步明确行政事务机构管理有关问题的通知》,进一步完善行政事务机构的设置和编制管理。2007年9月,市委、市政府印发《关于调整行政事务机构编制管理制度的通知》,调整行政事务机构编制管理制度,明确行政管理类事业单位、行政执法机构性质、名称、内设机构、编制配备等管理事项。

雇员管理改革。2004年6月,市政府颁布《深圳市机关事业单位雇员管理试行办法》,实行机关事业单位雇员制度。

内设机构管理。2008年8月,市编委调整行政机关内设机构管理方式,由各部门根据编制部门核定的内设机构领导职数,自主决定内设机构设立、撤销、合并和变更,以及内设机构个数、名称、职能、编制数。

行政审批制度改革。2001年,深圳市开展第二轮行政审批事项改革,对审批事项进行合法性和合理性清理。2003年,深圳市实施行政许可审批制度改革。2004年设立深圳市行政服务大厅。2006年,深圳市在全国率先清理非行政许可审批与登记管理事项。2009年"大部制"改革后，取消和调整行政审批事项194项。2011年底，深圳市法制办出台《开展行政审批事项标准化工作试点的指导意见》，推动行政审批事项标准化工作。2013年，市政府办公厅印发《深圳市行政审批事项目录管理办法》，对行政审批事项实行目录化管理。

（三）政府机构职能法治化的强化阶段（2014年至今）

在这一阶段，深圳强化政府机构职能法治化建设，制定政府机构职能法治化的时间表，逐步推进落实。

政府机构职能管理目标。2014年11月，中共深圳市委《关于贯彻落实党的十八届四中全会精神、加快建设一流法治城市的重点工作方案》为深圳市建设法治政府和推进机构职能法治化制定了时间表，要求开展政府机构、职能管理的立法试点，探索建立市、区政府及其工作部门机构职责依法确定制度。2015年12月，修订后的《深圳市法治政府建设指标体系》将"完善行政组织制度，推进机构、职能、权限、程序法定化"写入目标。

政府机构职能管理机制。2015年8月，深圳市政府成立深圳市推进职能转变协调小组，重点统筹研究简政放权、放管结合、政府职能转变工作重要领域和关键环节的重大改革措施，协调推动解决改革中遇到的困难和重点难点问题。

机构编制实名制。2014年，深圳市委组织部、市编办、市财委、市人社局联合发布《关于进一步完善深圳市机构编制实名制管理工作的通知》，共建机关事业单位人事编制信息管理系统，作为深圳市落实机构编制实名制的统一平台。

权责清单。2014年3月，市政府办公厅印发《清理行政职权和编制权责清单工作方案》，启动权责清单清理工作。2015年，深圳市32家市直部门完成权责清单的编制工作，将所有5326项行政职权事项在各部门网站上进行公布。建立政府权责清单管理体系，年内全面落实市区两级各职能部门权责清单。

行政审批。2015年3月，市委办公厅、市政府办公厅印发《深圳市2015年改革计划》，深入推进市场化改革试点单位的行政审批制度改革，进行流程再造。9月，市政府公布《深圳市市直部门行政职权取消转移下放事项目录》，取消转移下放164项行政职权。

二 深圳市政府机构职能法治发展存在的问题

（一）行政机构编制的管理没有统一立法

目前深圳仍未有一部统一的关于机构、职能、编制管理工作的法规或规章，这与深圳机构编制管理现状和面临的问题，以及深圳所承担改革排头兵和试验田的任务是极不相称的。

尽管国务院出台了《地方各级人民政府机构设置和编制管理条例》，但其中有些规定比较原则，存在法律空白，如对管理程序几乎未作任何规定，需要通过地方性立法来细化。深圳市虽然制定并发布了一系列关于机构、职能、编制管理的规范性文件，但规范性文件时效短、效力层级不高，更侧重于从行政管理的角度规范市编委和市编办的内部工作流程，从效力、内容、效果、侧重点等各个方面和法规、规章均有差距。

同时，经历了近十次的机构改革后，深圳市政府机构职能管理工作已建立了一套较为完善、高效、固定的原则和工作制度，探索出许多有益的经验和做法，并通过多年实践证明是切实可行的，目前有必要将改革创新的做法通过立法固定下来。

（二）政府机构设置有待完善

政府机构设置是否合理，直接影响政府工作行政效率和服务质量。一般来说，政府机构设置应当明确数量，由地方实行严格统一管理，并保持相对稳定。但是在实践中，机构设置和调整缺乏科学决策，所制定的方案缺乏周密的总体规划和法律依据，机构设置变化反复较多。如规划与国土部门10多年来经历了两次分立合并。2009年深圳市实行大部制，进行政府机构改革后仍然在不断地调整，如2014年将原市场监督管理局和药品监督管理局改组合并为市场监督管理委员会，下设市市场监督管理局、市食品药品监督管理局和市场稽察局；2016年恢复2009年取消的安全生产监督管理局。另外，在内部机构的设置上，也存在标准不明、程序不透明的问题。

（三）政府机构职能管理有待完善

随着经济、社会的迅猛发展，政府机构职能也处于不断的变化过程之中。由于各种原因，政府机构职能管理存在着一些不能适应的地方。如虽然实行了大部制，但是在不同程度上，部门之间仍然存在职能交叉、重叠的问题。而且，有的部门和岗位的权力过于集中，缺乏必要的权力分解或合理分工，权力设置不均衡，事权划分不明确；政府机构职能主要规定在三定方案中，但作为政府机构职能规定的主要载体的三定方案是规范性文件，其位阶低，法律效力不足；市、区政府之间职能划分不清晰，市政府部门往往将一些不想管、不好管的职能下放给区政府部门，而区政府部门只能被动接受，影响了市、区关系；权责清单动态管理机制仍未建立，权责清单没有根据法律政策的变化及时进行调整。

（四）政府机构人员编制管理有待完善

人员的配备是否合理，直接关系到行政管理的整体效能和效益。深圳市政府机构人员存在编制结构不合理、机构编制资源配置不均衡的问题。横向来看，一方面，需要加强的重点领域和关键环节，尤其是事中事后监管环节，有的政府机构人员不够，该管的甚至没人管；另一方面，已经弱化的领域，如取消行政审批等职权的部门，政府机构的人员编制并没有及时减下来，造成人浮于事。纵向来看，行政职权向基层转移成为趋势，但人员编制并未从上级部门向下级部门转移，如市政府下放了行政审批事项，但各区并未增加人员编制。从政府机构人员编制的配备和调整上看，没有固定标准，没有规范的程序，不透明不公开，编制管理部门行政裁量权较大，管理工作主观性较强、"讨价还价"的情形还时有发生。

（五）编制监督检查的有效性不足

虽然邓小平同志很早就说过"编制就是法"，但是由于各种原因，编制管理工作在实际中距离法治的要求还有较大差距，存在"规定写在文件上，精神落实在会议上、监督停留在口头上"现象。深圳市编办于2010年制定了《深圳市机构编制监督检查实施细则》，专门规范针对机构编制的监督检查及责任追究问题。但在实际工作中，违反机构编制管理的行为仍然不同程度地存在。这些问题通过机构编制监督检查得到一定的纠正，但是并不能从根本上杜绝。首先是市级机构编制管理机关对区级机构编制管理机关未形成一个有效的监督机制，目前属于各自为政的关系；其次是市区两级机构编制管理机关对同级行政机构除了进行流程控制、从程序上形成权力制约以外没有形成其他强有力的监督力量；再次是责任追究工作没有落到实处，不能完全遏制违反机构编制管理的行为。违法、违规的成本过低、追责力度不大，在立法中建立完善的监督机制以外，如何落实监督检查、责任追究职能，也是机构职能法定化过程中需要面对的重要问题。

（六）政府机构职能公开透明度有待加强

阳光是最好的防腐剂。推行政府机构职能工作信息公开，有利于提高政府机构工作的透明度，有利于公众监督，及时发现政府机构职能管理工作中的违法和不当现象，促进政府机构职能管理工作的法治化程度。

（七）编制管理工作未回应"互联网+"发展趋势

随着我国经济社会的迅猛发展以及行政管理体制改革的不断深入，对政府政务网络管理也提出了新的更高要求。2015年，在经济新常态的大背景下，2015年3月5日，李克强总理在政府工作报告中首次提出"互联网+"行动计划。7月，国务院印发《关于积极推进"互联网+"行动的指导意见》，部署"互联网+"行动计划。在大数据云计算的新时代下，"互联网+"与机构编制管理工作深度融合，将为机构编制管理工作的信息化建设提供有力保障。深圳在推进政府机构职能法治化的过程中，如何抓住"互联网+"的发展机遇，借助移动互联网、物联网、智能化、大数据、云服务等技术力量，创新工作机制、简化审批流程、落实对机构职能管理的动态管理，是新常态下机构职能法定化工作面临的新机遇和新挑战。

三 机构职能管理法治化路径

政府机构职能法治化的任务是依靠法律的权威，切实保障和维护政府机构职能管理按照科学规律进行，使政府机构职能管理由现在的政策型管理向法制型管理而转变。但是，实现政府机构职能法治化是一个庞大的系统工程，不能一蹴而就。我们认为要逐渐强化人大和立法的作用。一是，强调权力机关的作用，逐步强化人大的作用，经过若干年的发展，最终由人大来决定行政机关的设定与调整。二是，强调立法的作用，以立法形式确定行政机关的存废及具体职能。三是，强化立法机关对行政机构设置的监督。具体来讲，机构职能管理法治化应遵循两步走的战略。

第一步，尽快制定统一的机构职能管理基本立法。在初期，可以先制定政府规章，在总结经验的基础上，通过市人大常委会制定地方性法规。在立法形式上，建议采用"1+N"的模式，先制定专门政府规章，经一段时间的施行、评估实施效果后修改完善，再上升为地方性法规，稳妥推进政府机构法定化工作。

第二步，在总结机构职能管理经验的基础上，对政府部门和法定机构逐一进行立法。机构职能法定化的最终趋势是每一个机构的设立、职能都要以法律规范的形式确定下来。建议选取一至三个行政机构进行试点，将三定方案逐步升级为规章直至法规。在总结经验的基础上，逐步将所有行政机构的三定方案以法规的形式确定下来。

基于行政效率考虑，行政机构设定尤其是内部机构设定和编制管理应保持适当弹性。

四 深圳市机构职能法治发展对策

（一）尽快制定深圳市政府机构编制立法

建议深圳尽快出台机构编制管理条例，作为政府机构职能法治化基本规则，规定立法目的、管理原则、管理主体职责权限与管理手段、机构设置和编制配备标准、职能配置规则、人员定额和领导职数比例、编制制定程序、监督检查和法律责任。其重点有四：一是明确机构编制管理主体法律地位，树立编制管理主体权威[①]；二是范围，即明确政府机构（包括议事协调机构和临时机构）设置及其内设机构设置、人员配备，属于政府机构编制管理范围；三是标准，即明确机构和人员（包括领导职数）配备的标准；四是程序，即政府机构编制管理机构审批和管理机构和人员的程序。

（二）完善政府机构管理制度

行政机构改革以立法的形式予以规范，明确行政机构改革的理念及主要举措，在法制的框架下推动行政机构改革。一是，明确"三定"规定的法律地位，建立"三定"规定的管理制度，明确"三定"规定的法律效力和制定程序。二是，明确政府机构设立和调整的原则和依据，完善市、区政府部门及其内设机构设立、调整的审批权限和程序。三是，妥善处理市、

---

① 根据《深圳市机构编制委员会工作规则》规定，深圳目前机构编制管理上采用的是机构编制委员会制度。机构编制委员会为党委、政府共管机构，属于党委序列，是市委、市政府"综合、协调监督机构"。机构编制委员会下设办公室，即编办，作为其常设办事机构，"既是市委的工作部门，也是市政府的工作部门"。而《地方各级人民政府机构设置和编制管理条例》规定的机构编制管理主体是"政府机构编制管理机关"。编制管理部门以党委名义发文，在行政诉讼中往往遇到"党委文件是否规范性文件，是否具有法律效力"的质疑。

区关系,合理划分市、区事权,明确政府事权的边界,对于充分发挥两级政府机构积极性,促进社会良性发展具有重要作用。四是,建立法定机构立法规则,在深圳机构职能立法中明确法定机构的条件、法定机构立法主要内容,条件成熟的情况下将法定机构立法逐步由政府规章定上升到人大法规定。

(三)完善机构职能管理制度

一是,建立多维度职能管理原则,完善内部职权的横向、纵向划分,建立分权与制约相结合良性运行机制。二是,完善职能运行协调机制,明确各行政机构的职能配置,完善职能协商程序。三是,建立职能动态调整制度,探索建立政府机构职能的动态调整制度。四是,完善权责清单管理制度,明确由机构编制主管部门推进完善本级政府机构权责清单制度,机构编制主管部门认为权责清单需要调整的,应当及时协调行政机构进行修改。

(四)完善人员编制管理制度

一是,完善编制核定依据,根据编制总额、机构职能、机构级别综合核定人员编制。二是,对人员编制实行总量控制,在立法中明确总量控制原则,强化编制总量控制精神。三是,建立动态调整制度,建立机构改革、职能转变和人员编制调整的联动制度,允许在机构职能发生较大变动时由行政机构自行制定人员编制调整方案,并且同级机构编制主管机关有权主动协调制定编制调整方案。

(五)完善机构职能监督机制

一是,完善监督检查制度,明确监督的责任主体,建立不定期抽查制度,将不定期抽查的结果与年终考核相结合。二是,健全监督协调配合机制,加强编制、组织、人事、纪委、监察、财政、审计等部门的相互协作和制约的合作机制。三是,建立年度报告制度,对发现的问题及时纠正和内部处理。四是，建立机构、职能、人员编制调整备案制度，接受同级人大的监督。五是，建立定期评价制度，对行政机构设置和编制管理的执行情况进行评估，并将评估结果作为机构改革和机构编制调整的主要依据。六是，完善公众监督渠道，全面推行编制实名制、推进机构编制政务公开，并继续完善电话、信访等违法举报平台，接受社会监督。

（六）增强政府机构职能工作公开透明度

深圳应当建立和完善机构编制信息平台，不断加大机构编制政务公开力度，着力打造"阳光编制"体制。一是充实完善政务信息公开内容，全面公开政策、法规、职能、程序，凡是不涉及国家秘密的，均应当以适当方式向公众公开，做到过程公开、决策公开和结果公开，提高公开信息质量，确保信息公开实效。二是机构编制"实名制"信息及时公开。各级机关的定编、定岗、定员情况，根据干部调整情况和机构编制事项变化情况及时调整公示信息。这既保障了公民的知情权，也保障了监督权利，也有利于有关部门及时发现违规行为，加大检查监督力度。

（七）创新工作方式

在推进机构职能法定化的过程中，应当考虑抓住"互联网＋"发展机遇，借助移动互联网、物联网、智能化、大数据、云服务等技术力量，推进机构职能法定化工作，积极创新机构编制管理工作方式，提高各个审批环节的工作效率。一是利用"互联网＋行政管理"的发展模式，建立对机构职能管理的信息共享平台，整合各单位的机构职能管理数据，开展精细化的动态管理，提高行政效率。具体可以借鉴各地对商事主体的管理平台的管理模式。二是探索运用"互联网＋"的管理模式和大数据的统计，作为机构职能管理的依据。在机构、职能、编制管理的核定、调整中作为客观依据和标准，提高工作的合理性和科学性。三是探索运用"互联网＋"的管理模式和大数据的统计，深化行政审批制度改革。可以通过大数据实施获得各项行政审批事项的运行情况，实现各单位之间的数据对接，及时开展监督评价，为审批制度改革提供思路和突破口。四是利用"互联网+"的管理模式,加强对各单位"三定"规定和权责清单的动态管理,提高机构编制工作的权威性和时效性。五是利用"互联网+"的管理模式,建立加强编制、组织、人事、纪委、监察、财政、审计等部门的相互协作和制约的合作机制,加强各个单位之间的信息共享,形成监督合力。

B.8
规范政府红头文件 推进法治政府建设

黄祥钊*

摘　要： "红头文件"泛滥已经成为建设法治政府的阻碍，由法制机构对"红头文件"进行前置审查，是保证其合法性的前提。推行制定主体清单，完善制定程序，设立公民参与，强化合法性审查，实行有效期制度，加强权力机关和社会监督，建立过错责任追究等制度，是规范"红头文件"的有效之策。

关键词： 红头文件　前置审查　合法性

"红头文件"是社会上对政府机关印发的带有大红字标题的行政性文件的俗称，主要是指各级政府和政府部门发布的具有普遍约束力的决定、命令、办法和指示。"红头文件"又叫"规范性文件"。政府"红头文件"的层级低于法律法规，也低于政府规章。法治政府强调要"依法行政"，依法行政中的"法"，原则上指法律、行政法规、部门规章、地方性法规等，"红头文件"不在"法"的范畴之内。但社会上有人将"红头文件"归纳为"软法"，这些"软法"可能比法律更适用。政府机关不论是完成上级部门交办的工作，还是要求下级部门开展工作，往往都是通过一个个"红头文件"传达行政命令。在现实中，"红头文件"往往成为一些地方政府施政的主要依据，甚至将"红头文件"置于法律和法规之上。因此有人形象地将此比喻为"黑头（即法律）不如红头（即文件），红头不如白头（批

---

* 黄祥钊，深圳市政府法制办公室规范性文件审查处处长。

条),白头不如口头"。"红头文件"的越权甚至违法,显然成为依法治国、建设法治政府的一大阻碍。推进依法行政,建设法治政府,全面治理和规范"红头文件"就成为当务之急。

一 "红头文件"泛滥与法治政府建设目标背道而驰

行政机关发布的"红头文件",对所有的人都具有普遍约束力。违法或者不适当的"红头文件",不可避免地会损害行政管理相对人的合法权益。长期以来,各地的"红头文件"满天飞,乱发、滥发相当普遍,有的文件之间相互冲突打架,有的随意减损公民的权利或增加公民的义务,有的甚至公然违反国家法律法规,为给机关单位创收而自行规定行政事业性收费;有的只发不废,长期有效,一些"暂行规定"暂行了几十年。"红头文件"的这些乱象,既影响了文件本身的权威,也削弱了政府的公信力,更损害了群众的切身利益。近年来,随着反"四风"活动的深入,各地大力开展了对"文山会海"的治理,"红头文件"乱象虽有所遏制,但"红头文件"错位现象屡见媒体报端,可以说"红头文件"制发已到了十分泛滥的地步。为机关创收、为子女求学、为嫌犯求情、为灾区劝捐等等,"红头文件"可以说是无处不在。2015年10月,某市绿化委员会办公室发布的《关于尽快缴纳义务植树绿化费的通知》中要求,市直各部门、各单位均应缴纳"绿化费"。政府部门发文要求各单位缴纳"绿化费",这样的"红头文件"显然违背了上级的相关规定。这些"奇葩"的"红头文件"打着权威性、严肃性的幌子,要么是为分摊任务,要么是为了创收敛财,要么是提出格外要求,更有甚者是为达到以权谋私的目的。

违反法律法规的"红头文件"之所以能施行天下泛滥成灾,明显暴露出一些行政机关法治观念淡薄,也表明一些政府部门制发文件程序不明、要求不严、内容不规范、执行不力、监管不到位等等。"红头文件"屡禁不止的一个重要原因,是因为缺乏规范"红头文件"出台的流程和操作规范,有的只经过主要负责人圈阅,有的则是一把手拍脑袋的决定。有资格出台

"红头文件"的部门，从中央政府到地方政府，从国务院部门到乡镇政府，从各级行政机构到村委会。"红头文件"发布的形式可以是规定、办法、意见、通知、通告甚至"告示"。社会上普遍将"红头文件"视为政府的权威，理解要执行，不理解也要执行，总之不敢不执行。有的政府部门和个别官员"只认文件不认法"，甚至拿"红头文件"对抗法律法规。"红头文件"内容屡屡违反法律规定，导致"上面有规定"成为一些行政机关恶意违法的借口。如某市民向该市卫生计生部门申请公开社会抚养费的收支情况，该市卫生计生部门以"上面有规定"为由拒绝公开。这显然违反了国务院制定的《政府信息公开条例》的规定。按照该条例规定，政府信息以公开为原则，不公开为例外，涉及公民、法人或者其他组织切身利益的信息应当主动公开。行政机关以所谓的上面规定为借口拒绝公开应当公开的政府信息，显然是"权力任性"的表现。

党的十八届四中全会《关于全面推进依法治国若干重大问题的决定》明确提出，加强备案审查制度和能力建设，把所有规范性文件纳入审查范围，依法撤销和纠正违宪违法的规范性文件。这一要求为以法治方式规范"红头文件"提出了明晰的路径。行政机关滥发"红头文件"，显然与依法治国、建设法治政府相违背。因此，加强规范性文件管理，管好"红头文件"，对其进行备案审查，是对制约行政机关权力的一种有效手段，是促使行政机关依法行政、保障宪法和法律正确实施、进一步推进法治政府建设的必然要求。

二 深圳首创对"红头文件"实行前置审查制度

（一）由"事后备案"转为"前置审查"

对规范性文件实行备案审查制度，深圳和其他城市一样，在2000年以前实行"事后备案"制，即在规范性文件公布后再交给政府所属的法制部门进行备案。由于事后备案的滞后性，就算在审查中发现存在违法问题，但违法文件早已实施了一段时间，不仅纠错工作难以开展，有些还要为此付出较大的行政成本,轻者负面效果已经产生,重者已经造成了无法弥补的损失,故其效果难以令人满意。鉴于"事后备案"制度的效果甚微,深圳市有针对性地建立了规范性文件"前置审查制度"。

2000年10月,深圳市在全国率先出台并实施《深圳市行政机关规范性文件管理规定》(市政府第94号令),自2001年1月1日起实施。该政府令在全国第一个确立了"红头文件"前置审查制度,规定深圳市政府及政府各部门制定规范性文件,在正式发布前应当先送市政府法制机构进行合法性和文字技术审查,否则不得发布实施。且该文件经法制机构审查通过后,还必须在《市政府公报》上公布方可执行,否则不具有效力。将审查的关口前移,政府法制机构对行政机关发布的所有规范性文件进行前置审查,而不是发布之后备案审查,可以把规范性文件中可能存在的不适当、违法问题消灭在萌芽状态,从而避免侵害行政相对人合法权益的规范性文件出台。深圳市政府第94号令发布实施15年来,市政府法制机构审查通过市政府规范性文件1500多件次,审查通过的市政府部门文件共计1900多件次。规范性文件前置审查制度的实施,有效解决了行政机关滥发"红头文件"的问题,从源头上保障了行政机关不得随意扩张权利,必须严格依法行政。到目前为止,深圳市经过法制机构前置审查后发布的规范性文件,尚未出现有违法的情形。如今,全国很多地方也开始实行规范性文件前置审查制度。

表1 2001~2015年经深圳市法制机构审查发布的规范性文件数目

单位:年,件次

| 机关 | 市政府 | 政府部门 | 机关 | 市政府 | 政府部门 |
时间	发布件数	发布件数	时间	发布件数	发布件数
2001	37	46	2009	119	91
2002	39	83	2010	78	132
2003	58	150	2011	88	123
2004	118	171	2012	152	131
2005	135	113	2013	135	213
2006	110	95	2014	118	189
2007	108	123	2015	109	210
2008	128	92	合计	1532	1962

（二）将"三统一"管理推进到"六统一"

2004年3月，国务院发布《全面推进依法行政实施纲要》，明确要求对报送备案的规范性文件，政府法制机构应当依法严格审查。这也是国务院对深圳最早实行规范性文件前置审查制度的充分肯定。2015年12月，中共中央、国务院印发了《法治政府建设实施纲要（2015~2020年）》，其中，对加强规范性文件监督管理，《纲要》明确要求制定机关对规范性文件实行统一登记、统一编号、统一印发制度。深圳市政府在2001年开始实施的市政府94号令中，早已明确对规范性文件管理实行"三统一"（统一要求、统一审查和统一发布）制度。为了保障市政府94号令落实到位，深圳市政府随后又出台了3份配套文件，将规范性文件管理制度从原来的"三统一"发展到"六统一"，具体包括：1. 统一要求：94号令及相关文件对规范性文件的制定程序、文字技术规范有统一要求，发文机关应当遵照相关要求制定、修改和废止部门规范性文件；2. 统一审查：规范性文件由法制部门统一进行前置法律和技术方面的审查；3. 统一编号：规范性文件应当按照统一规范进行编号；4. 统一期限：规范性文件设定有效期，最长不得超过5年，废除红头文件效力的"终身制"；5. 统一发布：规范性文件必须在《深圳市人民政府公报》上刊登发布；6. 统一查询：规范性文件可以在深圳政府在线和深圳市政府法治信息网站上查阅。"六统一"制度的推行，使市政府94号令的执行效果得到明显提升。深圳市对规范性文件的监督管理，正是由于法制部门十几年来始终坚持实行前置审查，保证了所有规范性文件的合法性。如果规范性文件没有法制部门的审查意见，就无法登上政府公报，不通过政府公报对外公布，就不具有任何法律效力。因此，"红头文件满天飞"的现象，在深圳得到有效遏制，规范性文件减量提质，依法行政，建设法治政府，也收到了预期的效果。

（三）对"红头文件"实行定期清理

为避免一些行政机关发布的规范性文件长久有效，或者变成名存实亡的"僵尸文件"，定期清理就成为必然。为此，深圳市政府专门出台了《深圳市规章和规范性文件清理办法》。该办法在建立规范性文件动态清理、适时调整机制方面做了规范要求。一是建立即时清理、定期清理和集中清理相结合的清理工作方式。二是明确了清理工作的责任主体。充分发挥规范性文件制定部门的责任主体作用，及时、客观地对照检查规范性文件中需要清理的内容，提出切实可行的解决方案和清理意见，使清理工作取得良好的效果。三是建立即时清理部门跟踪制度。为确保即时清理工作的时效性，要求规范性文件制定部门及时跟踪上位依据的变动情况并进行对照检查，一旦有新的上位依据发布实施或者现行依据有修改、废止、宣布失效等情形的，就应当立即启动即时清理程序。四是为保证规范性文件适用的效力和效益，对即时清理的时限、定期清理的间隔时间提出了明确具体的要求。五是为强化清理责任意识，进一步提高规范性文件制定部门对清理工作的重视程度，保证清理工作的质量和效率，还规定将规范性文件的清理工作纳入各部门法治政府建设的考核范围。根据上述清理办法，由深圳市政府法制机构组织对全市行政机关发布的规范性文件进行定期清理。例如，2007年，深圳市法制办对市政府29个部门2001年12月31日前发布的445件部门规范性文件进行清理，重新发布124件，废止321件，重新发布后的规范性文件均增加有效期限。2009年，深圳市法制办对市政府28个部门2002至2006年发布的496件规范性文件进行清理，重新发布278件，废止218件。2010年，按照《国务院办公厅关于做好规章清理工作有关问题的通知》要求，结合特区一体化法规规章清理情况，深圳市法制办对2009年12月31日前的560件市政府规范性文件进行清理，废止74件，宣布失效110件。2013年，为进一步转变政府职能，建设法治政府、服务型政府，深圳市法制办对市政府及部门规范性文件中与服务科学发展、转变经济发展方式和加快转型升级、建设现代化国际化先进城市不相适应的内容进行评估梳理，修改政府规范性文件19件、部门规范性文件56件，废止政府规范性文件65件、部门规范性文件110件。

三 进一步规范"红头文件"的有效之策

随着依法行政和法治政府建设的推进，中共中央和国务院先后出台了

《国务院全面推进依法行政实施纲要》《国务院关于加强市县政府依法行政的决定》《中共中央国务院关于全面推进依法治国若干重大问题的决定》《法治政府建设实施纲要（2015~2020年）》等文件，对规范性文件管理提出了新的要求，为规范管理"红头文件"做出了顶层设计。根据上述文件，所有规范性文件均纳入备案审查范围，违宪违法的规范性文件要依法撤销和纠正，禁止地方自发带有立法性质的文件。根据上述有关规定的精神，深圳市主要从以下几个方面着手，进一步规范和管理"红头文件"。

（一）实行"红头文件"制定主体清单制度

有权制定"红头文件"的行政机关，必须是各级人民政府及其依法设立的派出机关，县级以上人民政府的工作部门、直属机构和法律、法规授权的管理公共事务的组织。除了法定的行政机关以外，各级议事机构、协调机构、临时机构、部门内设机构都不得以自己的名义制定"红头文件"，需要出台"红头文件"的，应提请其主管行政机关制定。深圳市将实行规范性文件制定主体名录清单，由市政府法制机构会同市机构编制部门向社会公布。

（二）规范"红头文件"制定程序

制定程序合法是"红头文件"合法的前提。依照规范性文件制定程序规定，必须全面落实关于公开征求意见、合法性审查、专家论证、集体讨论决定制度。为此，从三个方面进一步加强制定程序规范：一是将征求公众意见作为制定规范性文件的必经程序，除特殊情况外，规范性文件起草过程中必须向社会公开征求意见。二是政府部门起草规范性文件，对涉及公民、法人或者其他组织权利义务的条款，起草部门必须说明理由和依据，同时提供相应的上位法律或者上位政策依据。三是明确规范性文件涉及事项按照相关规定应当进行听证、听取专家意见、开展社会稳定风险评估、履行重大行政决策程序的，必须按照规定开展相关工作。

（三）防止"红头文件"违法创设权力

有权制定规范性文件的行政机关，应当本着精简、效能的原则，在不违背法律、法规的前提下，严格依照法定职权制定规范性文件，禁止创设行政审批、行政强制、行政处罚、行政征收等行政权力，在没有法律、法规、规章依据的情况下，不得做出限制公民、法人和其他组织的权利或者增加其义务的规定。在规范性文件中规定备案、登记、年检、认证、认定、审定、评定、监制等事项或机构编制管理事项的，应当征求机构编制部门的意见；规定行政收费事项的，应当征求价格主管部门的意见。

（四）设立"红头文件"公民参与制度

广开言路、让公众参与也是制定规范性文件的必经程序。对涉及公众利益、与群众生活息息相关的规范性文件，应当在确保合法的前提下，通过媒体（包括网络、报纸等）向社会公开文件草案，公开征求社会公众的意见，同时建立健全论证会、座谈会、听证会等制度，吸收更多的公众参与，以增强规范性文件的合理性和民主性。此外，还要建立公众提请审查规范性文件制度，公民、法人和其他组织认为规范性文件违反法律、法规和规章的，有权向制定机关提出依法审查的建议，有关机关应当受理并做出答复。增强规范性文件的透明度，有助于政府广开言路并集思广益，促进政府倾听各种呼声，保证吸纳各方的合理意见和建议，以提高规范性文件的质量；有助于规范性文件出台后为社会公众所接受和理解，从而增进行政机关施政的行政效益。

（五）强化"红头文件"合法性审查

行政机关起草的规范性文件在发布前，必须先经本部门的法制机构审核，在正式发布前或者提请本级政府审议前，还必须经本级政府的法制机构进行合法性审查。政府法制机构应当从制定规范性文件的主体资格、法定职权、文件内容、制定程序、发文形式等方面进行全面审查。规范性文件草案在报送法制机构审查时，起草部门应同时报送包括制定该文件的必要性、制定依据、制定过程、主要内容以及征求意见情况等内容的说明,并提供制定该文件的有关上位法的依据。凡是未按规定向公众和有关部门征求意见,或者存在违法设定行政审批、行政处罚、行政收费、行政强制等内容,或者在没有上位法规定的情况下限制公民、法人和其他组织的权利或者增加其义务的规范性文件,不能通过审查,不准向社会发布。未经公开发布的规范性文件,行政机关不得作为行政管理的依据,公民、法人和其他组织也有权拒绝执行。

(六)推行"红头文件"有效期制度

规范性文件一律实行有效期制度,有效期自施行之日起不超过5年;暂行、试行的规范性文件有效期自施行之日起不超过3年,规范性文件有效期届满则自动失效。行政机关对有效期即将届满的规范性文件应当及时进行评估清理,对有必要继续实施的规范性文件,按照法定程序重新发布,确保规范性文件的连续性。目前深圳市已经建立起规范性文件定期清理制度,按照规定各区政府和市政府各部门每隔2年要进行一次规范性文件清理工作,并向社会公布继续有效、废止和失效的规范性文件目录;列入有效规范性文件目录的文件,才能作为行政管理的依据。

(七)加强"红头文件"政策解读

加强规范性文件解读是发布实施规范性文件的重要一环。行政机关发布重大或者关系公众切身利益的规范性文件,应当就文件的内容及其出台的必要性及时进行解读,方便群众理解和执行。行政机关在本级政府规定的统一发布载体上发布规范性文件,应将相关解读一并发布;发现社会公众对规范性文件及其解读内容的理解有偏差的,应当及时做出公开回应,消除公众疑虑,避免引起社会混乱,防止造成行政纠纷。

(八)建立权力机关对"红头文件"的监督制度

深圳市人大常委会于2015年8月通过《深圳市人民代表大会常务委员

会规范性文件审查办法》，规定政府工作部门制定包括"红头文件"在内的与地方性法规相配套的规范性文件，均纳入人大常委会备案审查范围。对存在超越法定权限，限制或者剥夺公民、法人和其他组织的合法权益，或者增加公民、法人和其他组织的义务的，同法律、法规规定相抵触的，或者有其他不适当情形的，市人大常委会均有权撤销。只有自觉接受权力机关的监督，规范性文件才不会再"任性"，其实施的社会效果也才会最大化。

（九）畅通"红头文件"社会监督渠道

规范性文件作为行政机关施政的依据，必须接受社会公众的全面监督。按照"谁制定，谁负责"的原则，行政机关应当畅通社会公众对规范性文件的监督渠道，积极预防和处理规范性文件引发的法律争议。群众对规范性文件提出合法性质疑的，行政机关要认真研究，对质疑的事实和理由客观存在的，应当及时依法纠正；对不存在违法事由的，也要向群众做好解释工作。政府法制机构应当加强对规范性文件的监督管理，积极处理规范性文件引发的法律争议，依法给予相应的救济途径。对行政机关拒不纠正违法规范性文件的，政府法制机构应提请本级政府予以撤销。

（十）实行"红头文件"过错责任追究制度

建立起行政机关违法制定规范性文件的责任追究制度，加大对各级行政机关制定规范性文件的监督检查和违法责任追究力度，对负有过错责任的行政机关负责人、主要责任人和有关人员，要严格追究其行政过错责任。对行政机关通过规范性文件违法设定对行政许可、行政处罚、行政强制、行政收费、行政征收、行政检查等事项，通过规范性文件增加公民、法人和其他社会组织的义务或减损其合法权益，对不履行规范性文件合法性审查、统一发布、统一登记、统一有效期等法定程序，以及因规范性文件违法引起社会公众投诉的情况，政府法制机构要进行通报并及时反映给监察机关，提出处理意见和建议，提请监察机关依法追究其行政首长及其相关责任人的责任。

司法篇
Administration of Justice

B.9
2012~2015年深圳法院司法体制机制改革情况和继续深化改革的方向路径

深圳市中级人民法院课题组*

摘　要： 深圳法院近年来系统推进司法体制机制改革，先后出台改革规划，以人员分类管理和法官职业化改革为基础，以审判权运行机制改革为主导，以司法责任制改革为保障，综合配套推进总体改革，成效明显。改革使得法院队伍管理更加科学，符合审判规律的审判权运行机制初步建立，办案效率明显提升，办案质量整体保持平稳，在全国产生了较为明显的引领示范作用。深圳法院将努力建设全面深化人民法院司法体制机制改革的综合性示范法院，形成可复制、可推广的深圳经验为全国法院改革提供借鉴和参考。

---

* 执笔人：田娟，深圳市中级人民法院助理审判员。

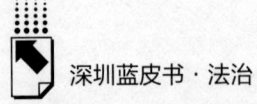
深圳蓝皮书·法治

关键词： 司法改革　综合配套　深圳经验

近年来，经济社会发展出现新的变化，社会公众乃至国家治理体系对司法审判的需求更集中、迫切地向深层次的公平性、公正性的体制型需求转变。深圳法院按照中央政法委、最高法院和广东高院的部署，在深圳市委的领导下，大胆探索，先行先试，系统推进体制机制改革，多个改革项目取得重要进展，产生了初步成效。

一　深圳法院司法改革试点工作总体情况

（一）加强统筹规划，增进改革系统协调

基于新时期司法改革的系统性、整体性要求，深圳法院在近些年推进改革的工作中，加强了全市法院层面司法改革的统筹规划和顶层设计。早在2012年党的十八大召开前夕，市中院就编制了《深圳法院2012～2014年改革创新规划》，确立了34项改革具体任务，同时指定盐田法院、福田法院作为人员分类管理和法官职业化改革、审判权运行机制改革试点单位先行探索。党的十八届四中全会后，2015年初又出台了深圳法院2015～2016年重点改革规划，明确了28项重点改革任务。通过改革规划，把强化改革的系统性与突出重点结合起来，把推动体制改革与工作机制创新结合起来，加强对改革创新的宏观把握、方向引导。通过统筹规划，既针对难点问题拓展改革深度，又注重改革措施的配套衔接，力求通过改革措施的互为支撑、互相促进，实现改革效果最大化。

（二）把握科学方法，确保改革顺利实施

在改革方法和路径选择上，深圳法院着重做了两方面工作。一是始终坚持党的领导，争取党委重视支持。在各项改革措施出台前，扎实做好调查研

究工作，认真吃透中央、省、市委和上级法院精神要求，确保改革的正确政治方向；积极争取党委对司法改革的重视支持，将人员分类管理和法官职业化改革、前海法院综合改革等一批重大改革项目纳入全市改革总体方案和一流法治城市建设行动方案，并由市委领导牵头推动，使法院司法改革得以从全市工作层面、从市委工作层面加以推进。二是坚持基层试点先行，平稳有序推进改革。为确保法院改革稳步推进、稳妥实施，改一项成一项，取得实实在在的效果，我们坚持基层试点先行，点面结合，在取得成功经验并根据试点情况进一步完善改革制度设计的基础上再行推广、全面铺开，以减少改革成本。我们的人员分类管理改革、审判权运行机制改革等项目均是在纳入规划、顶层设计下通过基层试点取得成功经验，再逐步推广至全市法院。

（三）突出改革重点，落实试点任务

围绕中央部署的司法责任制等4项重点改革任务，着眼促进公正司法、提升司法公信，确立以人员分类管理和法官职业化改革为基础，以审判权运行机制改革为主导，以司法责任制改革为保障，综合配套推进的总体改革2015年思路。通过人员分类管理和法官职业化改革，进一步明确法官依法行使裁判权的主体地位，提高职业保障，为权力运行机制改革提供基础条件；通过权力运行机制改革，优化审判权、审判管理权、审判监督权的职权配置，消除审判权运行中的行政化倾向，体现审判权作为判断权和裁决权的权力运行规律，增进权力运行的规范性、公正性；建立科学的责任追究体系，以严格的责任约束倒逼法官严格依法裁判。

一是法院工作人员分类管理改革。2014年初，深圳市委常委会讨论通过了《深圳市法院工作人员分类管理和法官职业化改革方案》。依据改革方案，市中院配合市委组织部制定了法官、法官助理、书记员管理暂行办法等7个配套制度。根据不同工作性质，构建分门别类的人员管理制度框架和体系。将法院工作人员分为法官、审判辅助人员、司法行政人员三大职系，其中审判辅助人员划分为法官助理、执行员、书记员、司法警察四个职类，并按照各类人员不同的职业特性和岗位特点，明确其不同的工作职责，基本建

立起了法院工作人员分类管理的制度模式。在2014年6月底前,深圳市法院完成了人员分类选编工作,共有1072名具有法官身份人员选择了法官岗位,实现了法官的单独职务序列管理。2015年,根据市委的改革方案,着手启动审判辅助人员分类管理改革。其中司法警察分类管理改革已于2015年9月完成,全市法院司法警察划分为警官职组和警员职组,建立各自独立的职务序列,实现了警员职组和警官职组分途发展,职业化、专业化程度进一步提高。目前,法官助理、书记员、执行员、司法技术人员单序列改革方案起草工作已基本完成。

二是司法职业保障改革。按照深圳市法官职业化改革方案的安排,为全市法官队伍建立了单独的薪酬体系,法官待遇与行政级别脱钩,实行与法官等级挂钩的薪级工资制度,每一个法官等级对应若干薪级,按照薪级确定法官的工资和住房保障、医疗保健等福利待遇。2014年7月起,全市法院法官的薪酬福利待遇已按新的政策标准执行。据了解,深圳法院是目前法官职业保障制度改革中唯一落地的试点法院。在2015年完成的司法警察分类管理改革中,全市55名司法警察套转警员职务,并确定了职级薪级,实行薪级工资并定期晋升职级薪级制度,司法辅助人员的职业保障改革已迈出实质性的一步。

三是审判权运行机制改革。深圳法院是最高法院经中央批准,确定的9家审判权运行机制改革试点单位之一。市中院在自身开展改革的同时,指导福田、盐田、罗湖法院一并承担基层试点任务,各试点法院均于2014年启动实施。2015年初此项改革已推行至全市所有法院。第一,率先提出审判权、审判管理权和审判监督权的三权配置理论,为改革扫清了理论、认识障碍。第二,突出法官和合议庭办案主体地位,合理界定同为审判主体的独任法官、合议庭和审判委员会的职权范围,构建法官和合议庭独立裁判机制。第三,完善主审法官和合议庭办案机制,选拔优秀法官担任主审法官或审判长,把院、庭领导编入合议庭,组建相对固定的审判团队,使原来更多从事案件审批把关工作的优秀法官回归办案一线。第四,全面取消案件审批制,减少管理层级,院长、副院长、庭长、副庭长不再对未参加合议审理的案件的裁判文书进行审批签发,而是更加突出监督管理职能,为合议庭成为办案单元、管理单元和考核单元、责任单元提供高效服务。在改革推进的过程中,我们先后起草制定了《关于审判职权配置的暂行规定》《合议庭规则》等15项配套改革制度,形成了较为完整的制度体系。

四是办案责任制改革。在探索审判权运行机制改革时,把办案责任制改革融入其中,一体推进、一并施行,通过优化职权配置,规范权力行使,强化办案责任落实,体现"由裁判者负责"。市中院制定《办案责任追究办法》,坚持预防与追责相结合,确保办案责任制落到实处。第一,完善层次清晰的责任体系。将审判绩效责任、审判瑕疵责任和违法审判责任纳入办案责任追究,构建层次清晰、更为完善的责任体系。第二,明确责任主体和责任划分标准。依照权责一致原则,明确法官、合议庭、司法辅助人员的办案责任与免责条件;根据审判执行工作流程,科学确定责任划分标准,促进责任落实。第三,建立严格规范的追责机制。成立案件质量评查委员会,组建专门的评查合议庭,对权力机关监督、被上级法院发回重审或改判、引起国家赔偿等七类重点案件进行评查,为考核、惩戒提供独立、公正、权威意见,并直接作为追究责任的依据。第四,确定多元化的责任承担形式。根据责任程度不同,分别确定否定性评价、惩戒性处罚和移送司法处理三类责任承担形式,责任追究更易落到实处。

五是人财物市级统管改革。按照广东省司法体制改革方案,深圳法院财、物由深圳市本级管理。深圳市法院配合有关部门就经费划转、资产和非税收入的上划上缴等统管工作积极提出意见方案,推动建立全市法院由市财政统一保障的经费预算、拨付机制。2015年9月底,法院财物已正式划转为市级统管,自10月起,由市级财政拨付并全额保障两级法院经费。《区法院检察院工作人员市级统一管理改革方案》,2015年11月由市委深改组审议通过,明确了区法院机构编制、干部管理问题。

(四)统筹推进其他改革,打造综合改革样板

一是立案登记制改革。2015年初,在比较借鉴境外登记立案制度,考

察学习澳门法院登记立案工作基础上,我们率先在前海法院试行民商事案件立案登记制改革,制定实施了全国法院首个《立案登记工作规程》。按最高法院统一部署,2015年5月1日全市法院已全面实行立案登记制,当场立案率高达99%。

二是行政诉讼管辖制度改革。经呈报最高法院批复同意,2015年6月份全市法院启动行政诉讼案件管辖制度改革。6月30日起,全市基层法院管辖的、以区属行政机关为被告的行政诉讼案件已统一由盐田法院实行集中管辖;2016年1月1日起,原由全市各基层法院管辖的所有行政案件和非诉审查案件全部由盐田法院集中办理。

三是律师执业保障制度改革。为保障律师依法执业权利,市中院制定了《关于保障律师依法执业的若干规定》,并与市司法局、市律协联合召开新闻发布会,从保障律师法定权利、为律师执业提供便利、畅通与律师的沟通渠道等5个方面出台了17项措施,共同维护司法公正。

四是人权司法保障制度改革。市中院与市公安局联合发文,禁止刑事在押被告人穿着囚服出庭受审。这项改革已于2014年12月4日首个国家宪法日在全市法院正式实施,深圳法院成为四中全会后全国率先推行人权司法保障制度改革的法院。2015年,最高法院在全国推行了这一改革举措。

五是警务保障机制改革。2014年下半年起,市中院和各区法院联合市区两级公安机关在全市法院和人民法庭建立派驻警务室,率先推动形成一法院、一警务室工作格局,发挥人民警察、司法警察"两警协同"机制优势,维护诉讼、信访秩序。

六是前海法院综合配套改革。按照最高法院和省法院"系统性、前瞻性、可复制性"的要求,我们在前海法院进行了司法管辖制度、司法管理体制、人员管理机制和审判权力运行机制等方面的综合性改革探索和创新,包括全市各区法院一审涉外、涉港澳台商事案件及部分金融案件由前海法院集中管辖,不设审判庭采取主审法官团队模式,精简内设机构,只设司法政务处、审判事务处两个机构,探索审判权与行政事务管理权相对分离;不设执行机构,执行案件由市中院管理和执行,探索审判权与执行权分离等等。

二 深圳法院司法改革取得的初步成效

深圳法院改革试点工作稳步推进，部分重大改革项目已经落地生根，对于促进司法为民、公正司法正产生积极而深远的影响，改革的成效正在逐步显现。

（一）队伍管理更加科学

通过法院人员分类管理和法官职业化改革，按照工作需求对不同人员分设不同的准入门槛和管理考核制度，有利于增强管理的针对性，提升法院队伍管理的精细化水平；明确各类人员的岗位职责和各类事务的责任主体，有利于优化司法资源配置，强化执法办案第一要务的组织保障；法官不再依赖行政级别而是实行等级晋升，在一定程度上拓宽了职业发展空间，增强了职业荣誉感，激发了法官工作积极性。优秀法官呈现向办案一线集中的趋势，"正规化、专业化、职业化"的队伍发展导向得以进一步明确。

（二）符合审判规律的审判权运行机制初步建立

以审判权为核心，以审判管理权和审判监督权为保障的审判权运行机制初步建立，朝着去行政化、回归司法规律迈进了一大步；通过严格责任约束，对法官依法独立公正行使审判权发挥出较好的规制、监督作用，有利于倒逼法官增强责任意识，提升司法能力，促进公正司法。

（三）办案效率明显提升，办案质量整体保持平稳

2014年，全市法院共受理各类案件225400件，办结207700件，分别上升19.88%和16.1%；其中市中院收案超过4万件，结案超过3.5万件。在2014年整体办案质效已经明显提升的基础上，2015年全市法院办案质效继续向好，2015年，在有法官退休、辞职等原因法官总人数减少的情况下，全市法院办结各类案件224488件，同比又上升8.1%；其中市中院结案

39640件，同比又上升13.2%；法官人均结案217件；全市法院2014年接到的信访投诉同比下降12.7%。

（四）引领示范作用明显

深圳市法院的改革起步早、起点高，早在党的十八大前夕即开始探索，为后续正式实施奠定了扎实的理论和实践基础；人员分类管理和法官职业化改革在全国最早行动、最先落地，具有较强的破冰意义，特别是法官单独职务序列、单独薪酬体系等，为中央改革决策提供了较为系统的制度参考；审判权"三权"配置理论得到最高法院的肯定和采纳，主审法官、合议庭团队制工作模式得到推广，均产生了较为明显的引领示范作用。孟建柱、胡春华、周强等中央领导对深圳市法院改革给予充分肯定。中央电视台等中央、省、市百余家媒体对改革进行报道，全国三百余家单位先后到深圳法院考察交流，产生了较广泛的改革品牌效应。深圳中院被《中国新闻周刊》评为"影响中国2015年度法治人物"。

三 深圳法院司法改革形成的经验和体会

（一）必须坚持正确的政治方向

切实按照中央政法委、最高法院的总体部署，谋划和安排深圳法院的改革，确保改革符合中央精神，始终沿着正确的方向推进。

（二）必须坚持党委领导

司法改革具有很强的政治性、政策性和法律性。市委将司法改革作为一流法治城市建设的重要内容，我们积极争取将重点司法改革项目纳入全市改革规划，使得司法改革得以从市委工作层面加以推进。

（三）必须善于凝聚共识

深圳法院抓住中央和省委、市委高度重视法治建设的有利条件，主动将法院工作融入地方中心工作，主动走进市区两级党校讲堂和社区宣讲法治，主动适应新媒体形成的舆论环境，充分利用现代信息技术强化自身话语权和正面引导能力，努力营造有利于司法改革的浓厚氛围。

（四）必须遵循司法规律

从司法规律衡量改革方案和路径选择，力求每一项改革都有利于促进司法公正，有利于增强司法公信，把握好规律性要求与阶段性特征的关系，确保司法改革更具科学性、合理性。

（五）必须坚持问题导向

结合深圳实际，坚持瞄准影响司法公正高效的体制机制性问题谋划改革、推进改革，将工作中存在的最突出问题作为改革的主攻方向和发力点，不为改革而改革，也不贪多求全，不一味求快，使得改革真正贴近实际需要。

（六）必须坚持统筹规划

深圳中院充分发挥改革的统筹协调作用，先后发布两个改革规划，一以贯之，坚持整体推进和重点突破相结合，增强改革的系统性、整体性和协同性，重点改革项目先行试点，确保改革有序推进。

四 深圳法院司法改革中遇到的问题和困难

在看到改革所取得成绩的同时，深圳法院也清醒地认识到，由于受观念、体制等多种因素的影响，进一步深化改革还面临一些迫切需要解决的困难与问题，具体表现在以下几个方面。

（一）与中央政策的衔接统一问题

深圳2014年实行法院人员分类管理和法官职业化改革，在加强法官职业保障方面先行一步，但与中央审议通过的《法官、检察官单独职务序列改革试点方案》《法官、检察官工资制度改革试点方案》等政策规定存在一定差异。深圳法院现行的法官工资制度如何与中央政策衔接，确实需要进一步研究。

（二）审判辅助人员分类管理改革的配套政策问题

在法院工作人员分类管理改革中，辅助人员单序列管理还没有同步推进，其招录、培训、待遇等滞后于法官管理制度改革，影响改革整体效果。例如政法编制的法官助理，目前工作在业务部门，但仍按综合管理类公务员进行管理，其职业发展通道没有打通，进步空间比改革前更小，形成事实上的"两不靠"。政法编制外的法官助理，则面临身份、待遇差别问题，特别是同工同岗不同酬，影响队伍的稳定性，也增加了队伍的管理难度。

（三）放权后的审判管理监督问题

审判权运行机制改革后，审判管理实现扁平化。有的院庭长因担心背上干预审判的嫌疑，出现不敢管理、不知如何管理的问题。在裁判标准统一方面，虽然深圳法院通过发布裁判指引、典型案例加以规范，但实践中仍出现同一法院甚至同一业务庭不同法官之间"同案不同判"的现象。有的重大敏感案件，在院庭长不知道的情况下已经下判，造成工作被动。同时，随着权力下沉，廉政风险节点发生变化，如何适应新的机制建立有效的廉政风险防控体系，确保司法廉洁，也是必须面对的一个现实课题。

（四）司法责任制的落实问题

随着责任追究的更加严格，有的法官产生"做多错多"的担心，如何在严格追责的同时，调动积极性，鼓励多办案、办好案，如何平衡合理办案量与法官办案责任之间的关系，还需要进一步研究。

（五）政法专项编制不足的问题

为应对不断增长的案件数量，近些年深圳法院深入挖潜，干警们加班加点成为常态。但尽管如此，存案也越来越多。仅靠目前的编制人员数量，远远满足不了审判工作的实际需要。虽然省里在核定法官员额时，给了深圳法院较大的政策倾斜，但由于深圳法院政法编制的基数不大，有限的编制在优先满足一线法官需求后，又面临辅助人员严重缺乏的问题。

五 下一步继续深化改革创新的方向路径

深圳法院继续深化改革的基本思路是：着眼建设中国特色社会主义法治体系、建设社会主义法治国家这一总目标，紧扣保证公正司法、提高司法公信力这一重大任务，立足特区，放眼全国，针对影响司法公正、制约司法能力的深层次矛盾和问题，全面推进改革创新，力争在2016年底前率先基本完成新一轮司法体制改革中属地方权限范围内的改革任务，努力建设全面深化人民法院司法体制机制改革的综合性示范法院，形成可复制、可推广的深圳经验，为全国法院推进改革提供实践经验和制度借鉴。下一步将重点推进以下改革：

（一）进一步深化人员分类管理和法官职业化改革

推动深圳法院人员分类管理制度与全国制度的统一、衔接，完善法官员额制。建立法官助理、执行员等司法辅助人员的单独序列管理制度，完善司法辅助人员配置机制。探索任期制法官制度，面向社会从优秀律师、法学专家或其他法律工作者中招录任期制法官。探索建立符合职业特点的法官和司法辅助人员薪酬保障制度，建立与绩效挂钩的考核激励制度，进一步完善司法职业保障体系。

（二）进一步推动司法管理体制改革

继续完善法院人财物市级统管改革，以前海法院的先期探索为基础推动审判权与司法政务管理权相分离；继续完善司法业务、司法政务和司法人事三大管理体系，进一步理顺法院内部管理体制；抓好司法管辖制度改革，完善前海法院管辖范围，逐步建立普通案件在行政区划法院受理、特殊类型案件在跨行政区划法院受理的管辖制度；推进审判权与执行权相分离的体制改革，探索建立全市法院强制执行工作由市中院统一领导和管理、统一指挥和调度的体制机制，实现审判权由法官行使、执行权由执行员行使。

（三）进一步深化审判权运行机制改革

进一步完善审判职权配置，以"权力清单"明确法院内部各主体的审判职责、管理职责与监督职责，进一步理顺审判主体、管理主体和监督主体之间的关系，确保权力规范运行。探索制定规范自由裁量权的统一程序制度，依托专业法官会议制度，建立业务沟通协调平台，提高法律统一适用水平。将合议庭和法官直接作为业绩评价单元和评价对象，科学设定指标，引导法官依法独立公正行使审判权。

（四）进一步深化司法责任制改革

落实最高法院《关于完善人民法院司法责任制的若干意见》，建立健全涵盖权力运行和保障、管理和监督、评价和追责的配套制度体系。全面建立违法审判的发现机制，在全市法院建立专门的案件质量评查机构，对所有被发回重审或改判案件、发现违纪线索的案件等进行逐案评查，强化主动发现问题能力，增强法官的自我约束意识。

（五）进一步深化审判方式改革

完善简易案件快速处理机制，推进刑事速裁程序改革，深化简单民商事案件速裁机制改革，建立简单案件快速执行程序，进一步提升审判效率。开展以庭审为中心的诉讼机制改革，保证庭审在查明事实、认定证据、保护诉权、公正裁判中发挥决定性作用，健全冤假错案的有效防范机制。

（六）进一步深化诉讼服务机制改革

推动设立附设于法院、多方参与的调解工作联动新平台和系统的多元化纠纷解决体系。按照"互联网+"的要求，形成诉讼服务大厅、诉讼服务网、移动客户端、12368热线在内的立体式服务网络。进一步完善诉讼服务中心功能，建立集"咨询、立案、信访、诉调对接、速裁、类型化简单民商事案件前置调解"为一体的诉讼服务平台，将辅助性、事务性、社会服务性工作及部分审判工作前移，实现诉讼服务中心"系统化、信息化、标准化和社会化"。

六 深入推进法院司法改革的几点建议

全面贯彻十八届三中、四中全会精神和中央政法委、最高法院的各项部署，把司法改革任务落到实处，还有很多艰苦细致的工作需要抓紧抓实。结合深圳法院改革实践和一些初步思考，课题组提出以下几点建议。

（一）建议进一步发挥党委政府主导作用，加快推进多元化纠纷解决机制建设

在矛盾纠纷多发高发期，司法资源供给和人民群众司法需求之间的矛盾日益突出，不仅需要法院内部"提速"，更需要外部"疏源"，争取将更多纠纷在源头化解。目前，化解矛盾纠纷的职能部门较多，但各部门化解矛盾纠纷的职责不够明确、义务缺乏强制性。建议进一步明确各矛盾纠纷化解主体的职责和义务，在党委领导和政府主导下，多部门协调推进矛盾纠纷化解工作。

（二）建议完善相关法律制度，提升司法效率

建议协调立法机关或通过司法解释，在保障当事人正当诉讼权利的前提下，完善相关诉讼制度，如可以考虑为某些类型的案件设置调解前置程序，中级人民法院部分一审案件适用独任审判程序。再如劳动争议案件一审和二审诉讼费均为10元，导致深圳基层法院审理的劳动争议案件上诉率超过80%，建议完善诉讼费缴纳办法，发挥诉讼收费制度对案件数量的调节作用。

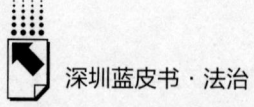

（三）建议从立法层面加强法官履职保障

当前，法官的职业风险日益增大，法官因履行职务致使本人或家属受到骚扰、跟踪、威胁、恐吓、伤害的现象时有发生。法官的履职保障涉及方方面面，仅从法院系统内部规定远远不够，对侵犯法官合法权益行为的处理更需要法律予以明确。建议推动从立法层面完善法官履职保障制度，从法官办案权力、履职安全、人格尊严和职业尊荣、职业待遇和职业发展等方面，建立健全法官履职保障机制，使法官能够依法大胆行使职权，更好地维护社会公平正义。

B.10
深圳法院审判权力运行机制改革的理论研究与实践校验

深圳市中级人民法院课题组*

摘　要： 传统的审判权力运行机制实质上是"多层级、多主体、复合型的行政化"的定案机制，它有损审判独立，造成权责不明，制约审判效能和司法能力提升。审判权运行机制改革的核心是"去行政化"，深层次上是法院的审判职权结构不合理问题，应当以构建审判权、审判管理权、审判监督权"一体两翼"的审判权力结构为思路，建立完善符合审判权运行规律、权责利一体化的制度体系。深圳法院在"三权"结构理论思路下开展审判权力运行机制改革试点探索，对权力结构理论进行了实践校验。

关键词： 行政化　审判权力结构　一体两翼

在当前人民法院的各项改革中，审判权力运行机制改革无疑是一项具有基础性地位、全局性影响的重大改革。党的十八届三中全会对此专门部署，明确了"让审理者裁判，由裁判者负责"的改革方向。为贯彻落实好中央改革精神，最高法院从2013年底开始，部署上海、深圳、成都等部分地方法院开展审判权运行机制改革试点。深圳法院作为审判权运行机制改革首批

---

* 执笔人：田娟，深圳市中级人民法院助理审判员。

试点法院,力求在深入总结各地法院近年来改革经验,吸收近年来审判理论研究成果的基础上,构建一种具有普遍适用性的改革理论范式,并在深圳法院的改革实践中得以验证。

一 去行政化——审判权力运行机制改革的动因

(一)传统审判权力运行机制之弊端

法院的基本职能是审判案件,这也是审判权力运行的直接目的,审判权力运行机制"行政化"的诸多因素,最终都要体现到裁判的形成过程中来,"行政化"问题的制度表现实际上可以归结为"定案机制"问题。

关于法院内部现行的定案机制,虽然各地法院实践做法有所不同,但目前普遍认为可以归结为一种"多层级、多主体、复合型的行政化"的定案机制。所谓"多层级",是指法院内部从审判委员会、院长、副院长、庭长、副庭长、审判长(组长)到法官,在裁判定案的权力上体现为明显的层级化配置,审判权力按层级从高向低逐级递减分配。所谓"多主体",是指在裁判形成过程中,从承办法官、合议庭到院、庭长至审委会,包括本部门、相关业务部门的法官,多种主体都可以参与进来,通过不同主体对案件结果产生不同程度的影响。所谓"复合型",是指具体案件裁判往往需要法院内部多个层级、多个主体之间的沟通讨论,经过裁判、管理、监督不同职权之间的博弈,整合各方面意见,才能形成最终结论。所谓"行政化",是指参与定案的复合博弈中,在各层级、主体之间具有比较明显的行政科层化特征和领导、服从色彩,虽然层级、主体之间相互影响,但本质上由上级决定。

(二)审判权力运行机制"行政化"的危害

"多层级、多主体、复合型的行政化"定案机制,实际上就是司法裁判的行政化决策模式,其危害性主要可以概括为以下方面:一是损害程序公正。院、庭长和审委会等主要通过听取汇报的方式决定案件，在不审理案件的情况下，实际掌握案件裁判权，这个决策过程"架空了整个法庭审理过程，使得几乎所有旨在规范法庭审判的诉讼原则和制度，包括回避制度、法庭质证制度、辩护制度、直接言辞原则、评议制度等，全部形同虚设，而无法发挥规范法庭审理程序的作用"[①]，有违正当程序的现代司法理念，损害程序公正和司法公信力。二是损害审判独立。在这种定案机制下，案件的最终裁判权掌握在各级审判管理监督主体手中，合议庭、独任庭对案件的裁判权被不同程度剥夺，其经审理对案件形成的独立判断不具有决定性，作为法定审判主体的独立地位虚化，成为听令于上级管理者的依附性主体。三是权责不明。多层级把关、多主体参与定案，每一个层级主体的参与，都意味着审判责任的进一步分散，而由于这种参与缺乏程序刚性约束，存在很大随意性，同时权力边界和责任内容都不清晰，因此看似层层把关负责，实际都难以具体、确实地负责，最终一旦案件出现问题，审判责任难免虚化。四是影响审判效能。多层级、多主体参与定案，管理层级多、链条长，不少案件从承办法官、审判长、副庭长、庭长、副院长到审委会，要经过五六个层级的讨论把关，这不但明显降低了具体案件的裁判效率，而且增加了审判管理的复杂性，无法及时应对审判工作的变化，减损了审判工作的整体效能。五是制约审判能力提升。在诸多上级主体参与决定案件的制度环境下，法官对案件的独立判断得不到应有的尊重，也不需承担相应的责任，法官缺乏不断提升审判技能的内在动力和压力，很容易产生依赖心理，审判案件遇到难题习惯性地将矛盾上交，严重制约了法官队伍整体司法能力和水平的提升。

要解决这些问题，必须理顺审理、裁判、担责主体之间的关系，确保案件"由审理者裁判、由裁判者负责"，弱化审判权运行的行政化色彩，回归其本身的独立属性，这也是审判权力运行机制改革的动因所在。

[①] 陈瑞华：《司法裁判的行政决策模式》，载《依法治国与深化司法体制改革》，社会科学文献出版社，2008，第88页。

二 改革的理论基础——"三权"结构和"一体两翼"配置关系

审判权运行机制改革的核心是"去行政化",实质上是审判管理行政化问题,深层次上是法院的审判职权结构不合理问题。本课题组认为,现阶段的审判权力运行机制改革,应当以构建审判权、审判管理权、审判监督权"一体两翼"的审判权力结构为思路,建立完善符合审判权运行规律、权责利一体化的制度体系。

(一)审判权力的"三权"结构

审判权力"三权"结构主要有三个层次的意思:①真正独立、公正的裁判权行使不可能脱离适度的管理和监督,否则裁判权的"独立"将成为脱缰的野马,偏离其维护公平正义的初衷。②在本课题组看来,审判权力运行的内容,不仅仅包含狭义的审判权(其实质就是裁判权),还应当包含与其共同运行、保障其公正高效的管理、监督权力,传统的审判权力结构被分解为审判权和审判管理权,将监督权纳入到了审判管理权之中,这种混同在一定程度上也加剧了审判管理和监督主体对于审判权的干涉甚至替代。③解决当前审判权与审判管理权"两权"结构下的"行政化"难题,① 只能立

---

① 在审判权与审判管理权"两权分离"的理论思路下,通常认为审判管理权是"法律法规或司法规范性文件授权法院审判委员会、院长、庭长行使的,以科学合理配置审判资源、组织、规范、指导、协调、监督、指挥和控制审判行为等为主要手段,以服务和保障审判权正当有序运行为目的的一系列权能的总和。"(胡云腾、范跃如:《审判权与审判管理权运行机制研究》,载《人民司法(应用)》2011年第15期,第47页。)在现行法院体制下,院、庭长作为审判管理权的主要主体,本身就是一种行政领导职务,行政管理与审判管理监督的权力合于一身,相对于法官、合议庭处于非常强势的地位,审判管理权所具有的命令服从属性,进一步加剧了与审判权之间的失衡状态。同时,这种可以直接监督、决定个案的审判管理职权,行使过程普遍处于不公开、非程序的状态,存在比较大的随意性,管理追求效率的天然倾向,使得管理权的扩张缺乏相应的制约机制,极易对审判权造成不当影响、干预甚至侵夺。可以说,期望通过建立"两权"结构,依靠审判管理权的独立运行来解决审判权运行的"行政化",没有与之相适应的体制基础和制度环境。

足审判权依法独立行使这个原点,走权力合理分解与配置这条路,从现行审判管理权中进一步分解出审判监督权,构建审判组织审判权、审判管理权、审判监督权"三权"配置的审判职权结构,形成"一体两翼"的审判权力运行体系框架。具体是以审判权为核心、以审判管理权和审判监督权为保障的三权运行新机制。

"三权"的具体内涵如下:①审判权,是一种判断权、裁量权,是指审判组织和法官认定事实、适用法律审理、裁决各类案件的权力。②审判管理权,是指法院内部负有管理职责的机构和人员,为确保法院整体审判活动顺利进行、司法审判职能得到充分发挥,依照有关法律、管理制度和管理决策,运用组织、协调、指导、评价、制约等方法,对审判工作进行合理安排,对审判过程进行严格规范,对审判质效进行科学考评,对司法资源进行有效整合,确保司法公正、廉洁、高效的权力。③审判监督权,是指法院内部负有监督职责的机构和人员,依法审批有关案件审理中的程序事项,对案件的审判活动进行监督、指导,以规范案件审判程序、纠正案件和审判行为差错、提高案件审理效率、确保裁判公正的权力。

(二)"三权"之间的基本关系:一体两翼

审判权、审判管理权、审判监督权三种权力之间的基本关系,也即审判权力内部的基本权力结构,是"一体两翼"。所谓"一体",是指审判权;所谓"两翼",是指审判管理权、审判监督权。如果把审判权力比做一架飞机,则审判权是机身,审判管理权、审判监督权就是两侧的机翼。三种权力的运行以审判权为核心,审判管理权和审判监督权为保障,共同构成科学的审判权力运行机制。审判权、审判管理权、审判监督权三种权力之间既对立又统一,但统一是其关系的本质。

其对立性主要体现在:一是审判管理权、审判监督权的任务就是制约、规范审判权,两者之间是对立关系,存在天然的冲突和张力。二是审判管理权、审判监督权运行具有明显的主动特征,这种主动性使其在实际运行中具有扩张性,存在着控制更多领域、事项的内在驱动,即有着踩线、越界影响、干预审判权的倾向。三是管理监督首先重视效率,而判断首先重视公正,这就导致对同一事项,不同的权力可能产生不同的评判,带来行为上的分歧甚至冲突。

其统一性主要体现在:一是价值取向的一致性。这三种权力运行的最终目的,都是确保司法公正高效。二是异质同源。这三种权力虽然性质不同,有着不同的特征和运行规律,但都源于宪法赋予的法院审判权实际运行中的分解,都是法院审判权的体现,三种权力运行的客观形态,共同组成一般意义上的审判活动。三是互相依存互相影响。审判权是基础、是主体,审判管理权是规范、控制和服务,审判监督权是公正审判的保障。没有审判权,就没有审判管理权和审判监督权,而没有审判管理权和审判监督权,审判权的运行也很难实现其目的,三者相伴相生。审判权、审判管理权、审判监督权中任何一种权力运行发生变化,必然影响其他两种权力的运行状态。四是功能互补。如果审判活动视为以司法公正高效为指向的管理系统,审判管理权就是决策,审判权就是执行,审判监督权就是监督。从审判活动的实际运转看,审判管理权通过设定目标、资源调配、确立规则、收集信息、评估成效等权能发挥,为审判权提供支持和保障,为审判监督权提供行使依据和标准;而审判监督权则为审判管理权目标的实现,提供必要的手段和现实支撑,共同促进审判权依法独立公正运行。因此,统一性是三权关系的本质。

(三)"三权"的配置原则

审判权、审判管理权、审判监督权具有不同的性质和运行要求,涉及法院整个审判活动,必须把握配置原则,才能建立科学合理的职权结构。

1. 审判权主导

审判权是法院司法职权的核心,审判管理权、审判监督权是从属于审判权的辅助权能,审判权始终是法院司法职权运行的主干,审判管理权、审判监督权始终是为了制约和服务审判权而存在的,其行使以不影响审判权独立行使为前提。从这个意义说,审判权是目的,而审判管理权、审判监督权只是方法和手段。因此，在三种权力的配置上，必须坚持审判权的主导地位，审判管理权、审判监督权在地位上不能超越审判权，确保审判权始终在审判组织和法官手中，只有审判权才能对案件处理起决定作用。

2. 结构平衡

权力的性质决定了审判管理权、审判监督权、审判权之间某种意义上是此消彼长的关系，任何一种权力的过度扩张，都会造成权力结构失衡，损害到其他权力的应有权能，必须保持三者的平衡分布。随着法院改革的深化，审判制度、工作机制、管理方式不断出现新情况，因此这种平衡应当是动态的平衡。鉴于一直以来审判管理权、监督权的强势地位，当前三权配置尤其要注意对这两种权力的边界适度问题，遵循有限控制的思路，确保三种权力既相互制约又相互协调。同时，审判管理权、审判监督权包含的各项具体权能，也要注意制约、控制性权能与保障、服务性权能的合理配置，以确保其功能充分发挥。

3. 权责相当

在三种权力配置上，必须坚持权力的边界到哪里，责任的边界就到哪里，如果某项权能是具体、清晰的，那么其责任也应当是具体、清晰的。鉴于权力的性质和运行实际，当前主要是审判管理权、审判监督权的权责对应问题，尤其是审判监督权，因其直接涉及具体案件的程序或实体问题处理，对其承担责任的标准、方式等必须做重点考虑。

三 样本校验——深圳法院审判权运行机制改革的实践探索

深圳法院作为最高法院2013年确定的第一批审判权运行机制改革试点单位，率先提出了审判权、审判管理权和审判监督权"三权"划分的权力结构理论，并在改革试点方案设计和规划中加以体现。在审判权运行机制改革试点进程中，最高人民法院"四五改革纲要"对深圳法院提出的三权理论给予了确认和肯定①。三权结构理论在深圳地区法院的改革试点工作中得以全面运用，逐步确立了一整套比较符合司法规律和地方法院实际情况的审判权运行机制。

（一）深圳法院改革的基本思路

深圳法院审判权运行机制改革的基本思路是：着眼完善中国特色社会主义审判权力运行体系，遵循司法规律，健全完善以审判权为核心、以审判管理权和审判监督权为保障，权责明晰、权责统一、管理有序、监督留痕的审判权力运行机制，切实做到让审理者裁判、由裁判者负责。改革目标：一是"确权"。科学合理确定各类审判组织的职权范围和各类监督管理主体的职权范围。二是"明责"。使责任明晰化、具体化，严格落实办案责任和监督管理责任，谁用权谁负责。三是"规范"。强化权力运行的组织色彩，避免个体随意性，建立节点明晰、全程留痕、有据可查、公开透明的权力流程体系。在这种思路指导下，深圳法院以人员分类管理和法官职业化改革为基础，以审判权运行机制改革为主导，以司法责任制改革为保障，推行了审判权运行机制综合改革。

（二）深圳法院审判权运行机制改革的主要内容

在被确定为全国法院首批改革试点单位后，深圳中院在抓好本级法院改革的同时，分阶段部署各区法院开展基层试点，指定福田、盐田、罗湖法院作为首批试点单位于2014年与市中院一并开展试点工作，南山、宝安、龙岗法院于2015年初相继启动了审判权运行机制改革试点工作，前海法院在设立之初即已按照新的审判权运行机制运转。目前，改革工作已在全市法院

---

① 《最高人民法院关于全面深化人民法院改革的意见——人民法院第四个五年改革纲要（2014~2018）》明确提出"建立中国特色社会主义审判权力运行体系，必须严格遵循司法规律，完善以审判权为核心、以审判监督权和审判管理权为保障的审判权力运行机制，落实审判责任制，做到让审理者裁判，由裁判者负责。到2015年底，健全完善权责明晰、权责统一、监督有序、配套齐全的审判权力运行机制"。

铺开，逐步建立了一套符合司法规律、审与判相统一、权责利相协调的审判权运行新机制。

1. 以主体身份为突破建立权力运行基础

审判权运行机制改革不仅要着眼审判权运行本身，消除审判权运行中的行政化倾向，体现审判权作为判断权和裁决权的权力运行规律，还要把关于"权"的改革与关于"人"的改革相结合，发挥改革的整体效应。2014年初，深圳市委常委会通过了《深圳市法院工作人员分类管理和法官职业化改革方案》，将法院工作人员分为法官、审判辅助人员、司法行政人员三大职系，对法官实行单独职务序列管理，建立法官单独薪酬体系，实行与法官等级挂钩的薪级工资制度。全市法院共有1072名具有法官身份的人员选择了法官岗位，之后法官不再在司法行政部门任职，不再担任综合管理类职务，脱离了沿袭多年的行政化管理模式。深圳法院工作人员分类管理和法官职业化改革着眼权力行使主体，以审判权力行使主体身份和待遇"去行政化"为突破口，为法官依法独立行使裁判权提供了相应的身份和配套制度保障，为审判权运行机制改革整体效应的发挥奠定了基础。在人员分类管理和法官职业化改革基本完成的基础上，深圳法院审判权运行机制改革得以顺利启动并逐步深入推进。

2. 以独立裁判为重点配置审判权

一是突出法官和合议庭的裁判主体地位，体现"让审理者裁判"。深圳法院在改革试点中合理界定独任法官、合议庭和审判委员会的职权范围，规定除法律和司法解释等明确要求提交审判委员会讨论的案件外，其他案件一律由独任法官或合议庭审理并裁决。同时，改革裁判文书签发机制，属于独任法官职权范围的案件，由其自行签发；属于合议庭职权范围的案件，合议庭成员签署、审判长签发即可付印送达当事人；院长、副院长、庭长、副庭长不得对未参加合议审理的案件的裁判文书进行签发，实现审判权力与审判主体的统一。改革审判委员会制度，弱化个案讨论职能，建立讨论事项先行过滤机制，逐步缩减审委会讨论案件数量，并明确讨论范围主要限于法律适用问题，尽可能将案件裁判权交给法官和合议庭。

二是完善主审法官、合议庭办案机制，推动院庭长回归办案一线独立行使审判权。深圳中院和各基层法院结合各自职能和实际，虽在办案工作模式上有所区别，但共同点是从现有法官队伍中选拔优秀者担任主审法官或审判长，把优秀法官尽可能地推向审判一线。除前海法院外，各区法院的庭长、副庭长均成为办案的骨干力量，副院长也明确承担一定的办案任务，前海法院从成立之初便不设审判庭，采取主审法官团队工作模式。组建相对固定的审判团队的模式在两级法院得到了推广。基层法院有两种模式，即1+2+N、1+N；中级人民法院有一种模式，即1+2+2。审判团队既是办案单元、管理单元，也是考核单元和责任单元。基层法院由于有大量的简易程序案件，1名主审法官配备数名辅助人员的模式占了相当大的比例，1名审判长+2名普通法官+数名辅助人员的模式同时存在；深圳中院采用1+2+2的基本配置标准，即1名审判长、2名普通法官和2名法官助理。在这种团队模式下，副庭长直接编入固定合议庭并担任审判长，其他院、庭领导编入相应合议庭并依法担任审判长，这样使原来更多从事案件审批把关工作的优秀法官回归办案一线，审判团队既是办案单元、管理单元，也是考核单元和责任单元。

3. 以服务审判为重点配置审判管理权

一是在审判管理模式上压缩管理层级，以扁平化保障去行政化。深圳地区的试点基层法院均取消了庭长、副庭长对其他审判团队的审判管理职权，实现审判管理的扁平化。考虑到中级人民法院对下监督指导、统一裁判标准等职能，市中院保留了庭长的部分管理监督职责，但取消了副庭长对其他合议庭的审判管理权限，减少了管理层级。从整体上看，改革后弱化了业务庭的职能，使得合议庭既成为办案单元、管理单元，也成为考核单元、责任单元。

二是在审判管理内容上强调服务保障功能，以宏观指导和中枢运转模式避免行政化干扰。明确院、庭长主要在自己管理层级范围内，依法在宏观上指导工作，督促法官或合议庭提高审判绩效，同时总结审判经验，统一法律适用标准。发挥审判管理办公室的中枢管理机构作用，利用流程管理手段带动管理链条整体运转，在确保审判权独立行使的前提下提供高效的服务。

4. 以边界明晰为重点配置审判监督权

一是明确审判监督主体和职权，确保监督不缺位。深圳中院改革方案将对审判活动的监督职权赋予院长、副院长和庭长、审判委员会。其中，院长、副院长依法对生效案件进行监督，对重点案件进行督办，并依法决定或处理与个案有关的回避等具体事项；庭长依法对案件审理中遇到的程序事项做出决定或提出建议，同时对重点案件进行督办。

二是明确审判监督权力边界和程序，确保监督不越位。为规范院、庭长对重点案件的监督机制，避免监督行为干预审判权运行，深圳中院明确院、庭长行使监督职权主要通过发挥审判委员会、审判长联席会议的作用来实施，不得对案件裁判结果直接做出指示。其通过组织召开审判长联席会议对有关个案进行研究，仅对合议庭具有咨询、指导、参考作用，裁判责任仍由合议庭和法官承担。同时建立院、庭长监督全程留痕制度，院、庭长在监督活动中形成的全部文书必须入卷存档。

三是建立审判管理权、监督权权力清单。为进一步明确"三权"具体权力内容，避免因权力配置不明导致权力真空或权力滥用，2015年深圳中院起草了《关于审判职权配置的暂行规定（试行）》，以权力清单的形式，界定审判权、审判管理权、审判监督权。管理和监督不可缺位，也不可越位。

5. 以落实到位为重点建构办案责任体系

深圳法院将办案责任制作为审判权运行机制改革的主要配套制度不断完善，强化办案责任落实，体现"由裁判者负责"。深圳中院出台了《深圳市中级人民法院办案责任追究办法（试行）》，对主审法官、合议庭办案责任制的责任体系、追责程序、追责形式等方面进行了一系列改革探索。

一是明确公正办案的义务。法官在享有审判权的同时，必须履行相应的附随义务。包括通过言行体现公正、注重司法礼仪和职业道德准则、提高办案效率、抵制外界干预独立审判等。

二是构建责任体系。将办案责任细化为工作绩效责任、审判瑕疵责任、违法审判责任，明确法官、合议庭、司法辅助人员的办案责任与免责条件，细化责任追究事项，严格追责程序，促进责任落实。凡是违法审判行为均须追责，"错案"是追责的加重情节。

三是明确责任主体。明确办案责任主体范围包括案件承办法官、审判长、合议庭其他成员以及对案件负有监督职责的庭长、审委会委员、副院长、院长。同时，在确定责任主次时，根据案件流程，综合考虑职责要求、对错误产生的影响大小，分别确定主次责任主体。

四是完善追责程序。建立独立、权威、公开的案件质量评查机制，成立案件质量评查委员会及专门的评查合议庭，对发改、指令再审等案件进行重点评查。为相关责任追究部门责任认定和处理提供独立、公正、权威的意见，构建责任发现、责任认定、责任追究的有效衔接机制。

五是严格追责形式。制定否定性评价、惩戒性处罚和移送司法处理三类责任承担形式。配合相关部门制定《深圳市法官惩戒暂行办法》，拟建立法官惩戒委员会，确保对法官重大责任追究的公正、专业、权威。落实法官办案质量终身负责制，形成多元化的责任承担形式，初步实现评价机制、问责机制、惩戒机制、退出机制与保障机制的有效衔接。

6. 以科学可行为重点完善法官业绩评价体系

一是构建科学可行的绩效考评体系。为废除不符合司法规律的考核指标和排名制度，深圳中院建立了新型的法官、合议庭业绩考评办法。一方面设立了五项考评指标：完成基本办案任务、瑕疵案件、问题案件数量、法定（正常）审限内结案率、18个月未结案件数；另一方面设立了研究性数据：案件发改率、结案率、调解撤诉率等。

二是形成法官业绩档案机制。将考核指标情况与研究性数据全部记入法官业绩档案，为办案责任制中的绩效责任得以落实提供依据，同时作为主审法官选拔、法官等级晋升、评先评优、提拔任用的重要参考，形成积极的工作导向。

（三）深圳法院审判权运行机制改革的初步成效

深圳法院的审判权运行机制改革推行的时间并不太长，但从实践情况看,改革取得了一定的成效。

1. 审判权回归后法官和合议庭办案主体地位凸显,优秀法官向办案一线集中

通过合理界定独任法官、合议庭和审判委员会的职权范围,"让审理者裁判"的理念得以充分体现。尽管不同试点法院在办案工作模式上有所区别,但从现有法官队伍中选拔优秀者担任主审法官或审判长、组成合议庭(团队)的共同做法,使得优秀法官全面向办案一线集中。独立裁判的主体地位得以凸显、办案组织单元精简紧凑,促使审判长(主审法官)和其合议庭(团队)成员的积极性、责任心和凝聚力大大提升,荣誉感进一步增强,"正规化、专业化、职业化"的队伍发展导向得以进一步明确,为广大法官提供了新的职业发展空间。

2. 符合审判规律的主审法官、合议庭办案责任制初步建立,基本实现权责统一

主审法官与合议庭依法独立办案机制在深圳法院得到确立,扁平化管理模式运转高效的优势得到发挥,裁判权主要集中在作为优秀法官代表的主审法官(审判长)和合议庭手中,朝着弱化行政审批色彩、回归司法规律迈进了一大步,促进了审与判统一、权与责一致,办案责任更易落到实处。根据改革要求,审判委员会只讨论重大、疑难、复杂案件的法律适用问题,提交审委会讨论的案件范围依法大幅缩减。

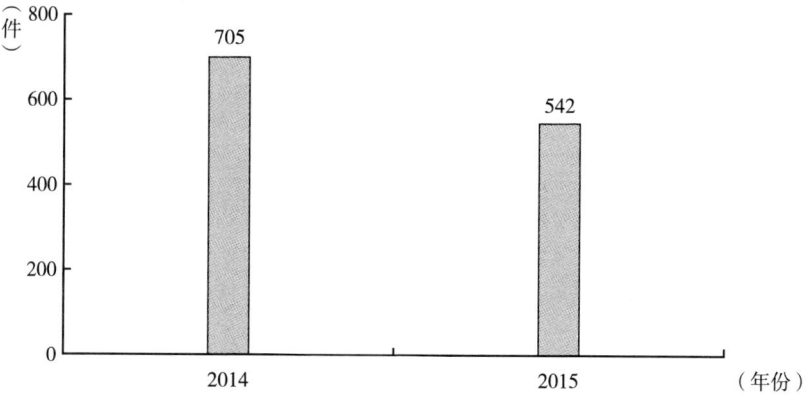

图1 2014~2015年深圳全市两级法院审判委员会讨论案件数

深圳两级法院经审委会讨论案件过滤机制过滤后，实际提交讨论的案件数量同比下降显著。2015年，深圳两级法院审判委员会讨论案件数542件，同比下降23.1%。审委会讨论案件的类型基本集中于法定必须由审委会讨论的案件以及对法律适用存在争议的案件，因案件事实认定存在疑难等其他问题提交讨论的案件仅57件，较上年同期下降44.1%。

在院、庭长办案方面，深圳各试点法院的院庭长参审和主审案件数量均明显上升。2015年，深圳两级法院院、庭长（含副庭长）直接承办案件48134件，并另外担任审判长参审案件21141件，合计共占全市法院结案总数的30.9%，同比上升3.7个百分点，合议庭、独任法官签署结案裁判文书占结案数比例的95%以上。主审法官、合议庭独立办案机制初步确立，传统的院、庭长审批案件制度被"谁审理、谁裁判"的办案制度替代。

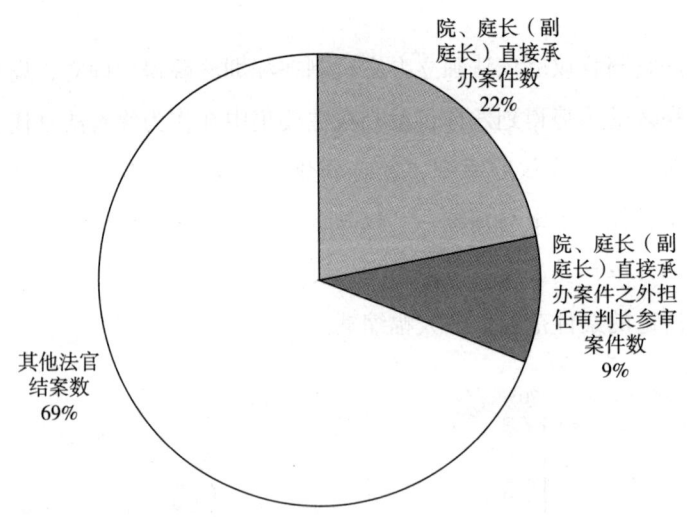

图2　2015年院、庭长办案、参审比例

3. 整体办案质效水平明显提升，司法裁判品质得到有力保障

深圳法院的审判权运行机制改革启动后，各试点法院在结案数量和办案质量方面的成效均十分显著。2015年全市法院共受理各类案件286387件，同比上升27.1%，新收案件量位居全省法院第一；在法官人数没有增加反而因退休、调动等原因有所减少的情况下,办结224488件,约占全省法院的1/5,同比多结16788件,上升8.1%。市中院共受理各类案件46525件,办结39640件,同比分别上升16.1%和13.2%。在收结案件数量明显增长的情况下,全市法院2015年信访投诉量同比下降12.7%,再审申请启动率同比下降1个百分点,长期未结案件比重同比下降1.6个百分点;法官人均结案数量由2013年的158件、2014年的194件,上升到2015年的217件,大约是全省其他法院平均水平的2.2倍,超过全国法院平均水平的3倍。

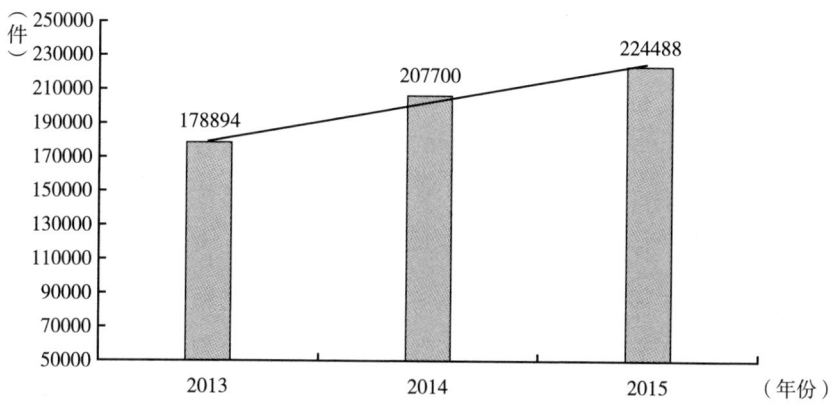

图3 2013~2015年全市两级法院结案数对比

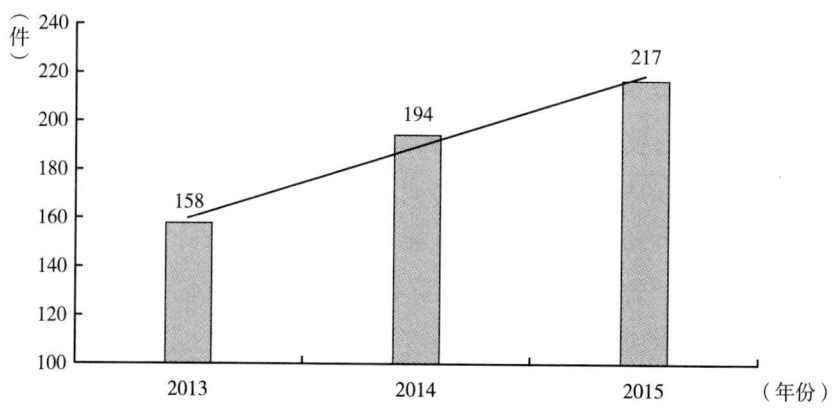

图4 2013~2015年全市法院法官人均结案数对比

（四）深圳法院审判权运行机制改革的参考性经验

作为三权结构理论构架下的改革样本，深圳法院已经初步建成了审判权运行机制的模型，作为目前人案矛盾最为突出的地区法院之一，深圳法院在权力配置、组织运行模式、机制构建、配套保障以及责任落实方面形成了一整套较为系统的运行体系，初步实现了权力、责任、保障的有机统一。课题组认为，深圳法院的改革可以以下方面为审判权运行机制改革在全国的推进提供一些参考。

1. 审判权运行机制改革的重要基础在于权力运行主体身份的独立

审判权运行机制改革不是孤立的改革，改革不仅要着眼审判权运行本身，还要从权力运行的根本——"人"入手，形成与权力运行规律相符合的审判主体职业身份和待遇保障配套制度体系，将主体身份去行政化作为突破口，寻求权力运行的独立、有序，从而发挥改革的整体效应。只有实现审判主体身份独立、保障到位，才能够凸现裁判权区别于普通行政权力的终局性、示范性，在主体内生动因上排除对于行政化干预的顾虑，为审判权力独立行使、裁判责任有效承担提供根本保障。深圳法院审判权运行机制改革之所以进行得比较彻底，就在于人员分类管理和法官职业化改革先行一步，权力主体改革为权力运行改革奠定了扎实基础。

2. 审判权运行机制改革的基础理念是"监管之下的放权"

在推进审判权运行机制改革进程中，容易让人产生错觉：有的法官认为今后就是自己说了算、合议庭说了算，院长、庭长不能再介入管理监督；有的院长、庭长认为已经放权给合议庭和法官，对自己还需不需要管理心生顾虑。管理是任何一个单位协调运转都必须重视的组织活动。法院管理、审判管理有其自身规律，但绝对不是说不需要管理。那种认为改革后法官各管自己"责任田"，院长、庭长也不能管理监督的观念，不仅有违司法规律，有悖法院工作现实，也有悖审判权运行机制改革的初衷。实际上，通过改革，需要的是规范而不是取消院庭长的管理监督职权，强调的是院庭长行使监督权全程留痕而不是监督缺位。因此，在改革过程中，要加强理念引导，既要让依法独立公正行使审判权的理念深入人心，又要让广大法官和院庭长认识到管理监督的不可缺少，使法官在依法独立公正审判案件中主动接受管理监督，使院（庭）长敢于善于在新的权力运行模式下加强管理监督。

3. 审判权运行机制改革的核心内容在于对审判、管理和监督主体职权进行合理配置

完善主审法官、合议庭办案责任制，"让审理者裁判、由裁判者负责"反映到法院的改革工作实践中，是为了建立法院内各主体职责清晰、责任明确、行为规范、权力可控的审判权运行秩序。审判权、审判管理权和审判监督权的适当分离和职权边界的合理界定，对于提升审判权独立行使空间、实现审与判的有机统一具有关键作用。改革的基础理念已经明确裁判权的独立行使并不意味着脱离审判管理和监督孤立运行，审判权去行政化后，院庭长和审判委员会在审判管理方面的服务保障职能以及在审判监督方面的统筹指导作用应当得以充分发挥。由于院庭长同时也是审判权行使主体，各类职权行使主体身份难免形成交错，关键在于通过制度设置明确职权界限和责任分工，形成合理配置的审判、管理、监督权力运行体系，既确保主审法官、合议庭办案主体地位，又避免管理、监督缺位或越位。

4. 审判权运行机制改革的重要保证在于系统配套的制度体系

单起草或制定审判权运行机制改革方案是远远不够的，必须形成一整套制度体系，这才是确保审判权运行过程中各类问题得到有效解决并将成果固定的有效途径。制度是明确界定权力属性、主体、范围、运行程序的指引和规范，是确保审判权力科学运行、避免失范的衡量尺和依据。为此，深圳中院已先后起草制定了十多个配套方案和制度，如审判权运行机制改革总体方案和实施方案、合议庭规则、审委会工作规则、审判职权配置的暂行规定、案件质量评查委员会工作规程、办案责任追究办法等。这是深圳法院审判权运行机制改革中问题和经验的提炼和总结，也成为改革进一步深化的重要保证。

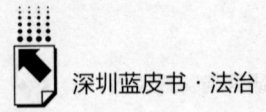
深圳蓝皮书·法治

四 深入推进审判权力运行机制改革应注意的问题

深圳法院作为司法改革的试验田，肩负着先行先试、攻坚探路的重任，在进一步深化改革的过程中，为全国法院探索构建科学的审判权运行机制提供一个较有价值的样本，形成更多可复制、可参考的经验，这是审判权运行机制改革的重要任务。课题组认为，深圳法院和全国其他法院在审判权力运行机制改革中应当注意以下问题。

（一）审判权运行机制改革是渐进的、具有现实差异性的制度变革

深圳法院的法官素质在全国法院来说处于整体较高的水平，审判权由院庭长放权至法官和合议庭的程度较高，管理的服务性和监督的事后性特点比较明显。但是，其他地区法院，尤其是中西部地区法院，法官整体业务水平参差不齐，如果像深圳这样较为彻底地将院庭长对于案件的管理和监督权力进行剥离，案件质量能否得到有效保证？因此，"放权程度"的问题应当成为下一步深化审判权运行机制改革重点考虑的问题，在裁判标准统一和规范自由裁量权方面形成相应的机制，确保案件质量和司法公信。院庭长的管理监督职权不能一刀切，要根据区域特点、人员素质、组织架构的不同有区分、阶梯式地实现放权。

（二）审判权力运行机制改革需进一步加强协同性

深圳法院在审判权运行主体的独立身份和职业保障方面先行了一步，这与地方党委和政府的支持有很大的关系，也是改革得以顺利推进的重要推手。但在全国来说，这并不具有普遍的可复制性，毕竟，地方区域在人事和财政方面的支持难以达到统一。在目前全国法院实行人财物省级统管的改革大方向下，实现审判权运行主体身份的独立保障，需要顶层设计加上地方配套逐步加以推进。

（三）司法责任制的完善与权力运行机制的科学建立必须统筹推进

从深圳法院的探索情况来看，司法责任制的体系架构还存在一定的不足之处，其制度设计主要仍然集中于狭义的办案责任制方面，但是对于审判权运行过程中的管理责任、监督责任尚未形成完整的责任制度体系。如果不能较好地加以完善，很可能导致管理和监督的责任真空地带，影响其作用的有效发挥，对审判权独立公正行使产生负面效应。当然，司法责任制的完善是一个渐进的过程，本课题组提出这个问题的目的，是强调在审判权、审判管理权和审判监督权"一体两翼"的权力运行结构下，各级法院在进行制度构建和改革设计时，应当根据权力配置的基础设计相应地构建司法责任制度，统筹兼顾，对审判权、审判管理权和审判监督权的边界和配置进行科学的谋划和布局。

B.11
深圳行政执法与刑事司法相衔接工作机制的建设与思考

黄海波*

摘　要： 建设行政执法与刑事司法相衔接工作机制是推进依法行政、依法治国工作的重要内容之一，有利于畅通行政执法和刑事司法职能的互相对接和监督，形成打击合力。深圳积极完善"两法衔接"工作机制，为市场经济的健康发展创造良好的法制环境。

关键词： 行政执法　刑事司法　深圳

行政执法与刑事司法相衔接（简称"两法衔接"）是指行政机关在办理行政违法案件时发现案件可能触犯刑事法律涉嫌犯罪的，应当及时移送司法机关侦查办理的工作制度。"两法衔接"工作是国家全面深化改革和全面推进依法治国的重要手段，被视为推进法治国家建设的长效工作机制。国务院在2001年7月就制定了《行政执法机关移送涉嫌犯罪案件的规定》，最高人民检察院在2004年会同相关部门发布了《关于建立行政执法与刑事执法相衔接工作机制的意见》，随后，为强化两法衔接工作，最高人民检察院在2006年又联合公安部、监察部等部门颁布了《关于在行政执法中及时移送

---

* 黄海波，广东省深圳市罗湖区人民检察院检察员，法学博士，中国人民大学和国家检察官学院联合培养博士后。本文写作要特别感谢深圳市人民检察院侦查监督"两法衔接"办案组马绍峰检察官的大力帮助。

涉嫌犯罪案件的意见》，初步搭建了两法衔接工作架构，相关部门也下发了大量"两法衔接"具体工作细则，明确了"两法衔接"在促进公正司法、依法行政中的重要作用。

深圳市积极推进"两法衔接"工作。2012年"两法衔接"工作被深圳市委、市政府定为全市改革重点计划项目并正式建立运行，2013年被列为继续深化的七项重点改革内容之一，2014年被纳入建设"一流法治城市"专题行动的重要内容。2013年11月18日深圳建立"两法衔接"工作联席会议，统筹规划和协调全市衔接工作。

一 深圳构建"两法衔接"工作机制的价值

（一）加强权力制衡

健全"两法衔接"机制已经写入了依法治国行动纲领，有助于推动法治政府建设和行政执法体制改革。权力必须受到监督和制约，否则就有被误用和滥用之虞。制衡权力是法治国家建设和政治文明建设的关键，是国家达致法治化水平的基本指标。作为社会管理的基本手段，行政执法权的正常行使是国家经济社会发展正常运转的前提和保障。但为预防和控制行政权，加强行政权监督，用司法权抑制行政权，不仅符合权力制衡的原理，也有利于行政权的规范行使。此外，"两法衔接"机制的构建，也可以引入行政权来制约司法权，确保司法公正，维护法制统一和权威，实现法律实施的社会效果和经济效果。

（二）加强法律监督

检察机关是"两法衔接"机制建设的牵头单位和实施监督单位。宪法赋予了检察机关法律监督者的地位，国家基本法律赋予了检察机关实施法律监督的具体权力。"两法衔接"机制的构建，集中体现了检察机关法律监督权的属性和特征。该机制既有利于行政执法权和刑事司法权的无缝对接，有利于行政机关和司法机关的互相监督和配合，又有利于发挥行政职能和司法职能的优势，互相弥补执法漏洞，提高依法执法和司法的公信力和执行力，实现检察机关维护法律尊严和社会公平的法律监督职责。深圳把"两法衔接"工作联席会议办公室设在市检察院，专司具体工作落实和监督之责，就是为了确保衔接工作在法律监督的框架内稳步推进。

（三）强化社会管理

社会管理在中国语境中主要是指国家对社会的和谐可持续发展进行组织、协调、监督和控制的过程，它的基本要义是建立与市场经济相适应的社会管理系统和机制。"两法衔接"机制的构建，解决了行政执法与刑事司法两个社会管理环节可能脱节的隐患，保障法律的统一规范实施，促进社会和谐发展，并通过行政权和司法权协调对接，形成内部统一、对外有力的执法体系，约束和调节市场秩序和社会关系，共同维护经济社会良好发展。例如，2014年，深圳依托"两法衔接"工作机制，协调环保和公安机关查处了深圳市统信电路电子有限公司排放废水污染环境案，提升社会环保意识，净化环保执法环境。

（四）规范市场秩序

公正规范的经济秩序是决定经济安全和社会稳定的关键要素。由于单纯的市场调节具有自发性、盲目性、滞后性等不足，可能诱发资源配置不均、社会分配不公、市场竞争混乱等问题，只有建立公平交易、公平竞争的市场秩序才能提高资源配置效率，促进经济可持续发展。深圳推进"两法衔接"工作，就是为了打击各类破坏市场经济秩序行为，打造公平竞争、诚信守诺、服务民生的创业和经营环境。例如，福田区检察机关、市场监管机关和公安机关通过"两法衔接"工作机制，查办了深圳市傲滋生物科技有限公司生产、销售的婴儿乳钙产品违法添加乳钙的犯罪行为，进一步规范婴幼儿产品市场秩序。

二 深圳"两法衔接"工作的主要内容和效果

（一）深圳"两法衔接"工作的主要内容

根据深圳市2012年8月27日发布的《行政执法与刑事司法衔接工作实施办法》及其配套细则，深圳"两法衔接"工作的主要内容十分明确。

1. 明确"两法衔接"的责任主体

"两法衔接"的责任单位包括市区两级具有行政执法权、行政监察权的行政机关、监察机关、政府法制部门和公安机关、检察机关，各主体要依法行使行政处罚权、侦查权、法律监督权、行政监察权和行政执法监督权，在行政执法和刑事司法中应各司其职，加强联系，相互支持，保证准确有效地适用法律。

2. 明确联席会议制度和信息共享平台运行规则

建立深圳市"两法衔接"工作联席会议制度，市人民检察院为牵头单位；联席会议原则上每半年召开一次，各成员单位要互通信息，协作配合，畅通衔接沟通渠道，研究解决执法疑难问题。

采用信息化手段建设"两法衔接"工作平台，信息平台建设以深圳市电子政务系统为依托进行建设，实现各成员单位之间执法、司法信息互联互通，各责任单位应当在规定的时限内将执法和监督情况录入信息平台，包括行政机关办理和移送案件的情况、公安机关办理案件的情况以及案件的诉讼、审判结果等。

3. 明确案件的移送和跟踪办理规则

行政机关一旦发现查办的行政违法案件可能触犯刑律涉嫌犯罪时，应当及时启动案件移送程序，在规定时限内把案件移送有管辖权的公安机关办理，并在两法衔接信息平台录入案件基本情况和移送信息，紧急情况下应当立即移送。对移送案件公安机关应当受理并向行政机关出具书面受理回执，并迅速侦办案件，同时将处理情况录入信息共享平台。

人民检察院应当督促公安机关开展侦查活动,必要时介入侦查,引导公安机关的侦查活动,并及时办理和反馈公安机关提请审查逮捕和移送审查起诉案件,依法处理移送案件中发现的国家工作人员职务犯罪案件。

4. 明确案件协作和监督程序

各成员单位在执法过程中,可以通过书面形式或者信息共享平台咨询分析刑事案件立案追诉标准、证据固定保全等疑难复杂问题,加强信息通报和联合执法,沟通重视协作,强化行政监督和立案监督。

5. 明确责任追究和业务交流制度

监察机关应当依法依纪追究"两法衔接"工作中发现的违反行政纪律问题;触犯刑律涉嫌犯罪的,由公安机关追究刑事责任;人民检察院依法办理职务犯罪案件。各成员单位要加大培训力度,强化"两法衔接"工作要求;要加强工作联系,进行经常性地业务交流和调研。

(二)深圳"两法衔接"工作的特色和效果

深圳"两法衔接"工作机制以案件移送和办理为重心,以科技手段促机制流转,紧扣监督程序,注重协调合作,特色明显,效果突出。

1. 信息平台运行畅顺

借力信息技术,打造高效信息平台深圳推进"两法衔接"工作的重中之重。本着一次投资、全市共享的原则,深圳市人民检察院牵头有关单位研发了拥有自主知识产权的深圳"两法衔接"工作电子信息平台,并依托市政府运行多年的电子政务网,市、区一体同步开通、同步运行。截至2015年12月15日,全市两级检察机关、监察机关、政府法制机构、公安机关、行政执法机关共169家单位加入平台,开通用户587个。信息共享平台开通以来,运行平稳,流转有序。自2012年底开通至2015年7月,共审查备案的案件信息2517件。由于深圳"两法衔接"信息平台设计全面、覆盖面广、运行效率高,被广东省人民检察院确定升级为全省统一"两法衔接"信息共享平台向全省推广。2015年,深圳市又根据"两法衔接"工作需要,对电子信息平台进行升级完善,力争建成领先全国的"两法衔接"电子网络,把"两法衔接"工作全程纳入信息化管理渠道。

2. 行政监督和检察监督无缝对接

为破除"两法衔接"工作中监督刚性不足、监督方式滞后等问题,深圳检察机关和监察机关签署了《关于"两法衔接"中检察机关与监察机关建立联动监督机制的规定》,不仅实现了案件移送办理的两法衔接,而且实现了监督模式的两法衔接。深圳检察机关和监察机关在共享案件办理信息的基础上,通过信息互通、工作互动,明确岗位职责,强化责任追究,加强监督密度,提升监督强度,联动监督效果明显。例如,2014年1月,深圳检察机关和监察机关联合开展的药品安全犯罪案件"两法衔接"专项监督检查行动,共抽查药监部门查处行政案件1700多件,重点核查111件假药类案件,发出《要求说明不立案理由通知书》2件,通知移送案件2件,监督立案5件,规范了药品安全执法程序,药品市场经营更加有序。

3. 民生热点领域专项检查行动反响强烈

"两法衔接"工作涉及行政监管执法的方方面面,关乎群众生活的点点滴滴。深圳市经常性开展民生热点领域的专项检查行动,不仅可以集中力量解决现实问题,而且可以以点带面引发相关领域的全面整顿。例如,2013年7月,全市检察机关和市场监督管理部门开展了涉嫌危害食品安全犯罪专项监督检查行动,联合排查了3000余宗食品违法案件,对其中的109宗重大行政违法案件进行了全面复查,监督市场监督管理机关移送了一批涉嫌犯罪案件,监督公安机关查处了一批破坏食品安全犯罪案件,切实保障民众饮食健康安全。2014年以来,深圳两级检察机关按照上级检察机关部署,有序开展了破坏环境资源和危害食品药品安全犯罪专项立案监督行动,监督检查行政机关办理的15000余宗案件,监督移送和查办一批案件,有力地保障了生态环境安全和食品药品经营秩序。

4. 衔接工作合力威力显现

深圳市"两法衔接"工作的开展,实现行政执法和刑事司法资源的优化配置,促进法律实施的公正规范,强化遏制违法、打击犯罪的统一合力。

例如，市检察院与市中级人民法院建立办理食品药品"两法衔接"案件、加强民生司法保护联动工作机制；2015年1月，市委政法委召集公安、检察院、法院及交委等部门专门协调道路非法营运行为适用法律问题，准确打击"蓝牌车""黑大巴"等非法营运行为；南山区检察机关和渔政部门、公安机关联合行动，解决深圳湾海域非法捕捞执法难题，对在禁渔区使用禁用工具捕捞水产品行为依法打击，并判处了广东省首例"双禁"型非法捕捞水产品案件，维护了水产资源的可持续发展和深圳湾生态平衡。

三 深圳"两法衔接"工作的困境和出路

（一）"两法衔接"工作面临的困境

1. "两法衔接"工作开展尚不全面深入

个别单位对"两法衔接"工作的重要性的认识度和重视程度还不高，行政执法单位开展衔接工作力度也不平衡，有些行政执法单位对"两法衔接"工作所依据的法律、法规、规章、司法解释、上级的规范性文件的具体规定、具体要求掌握不全面、不准确，理解不深刻，运用不自如，无法准确地掌握行政违法案件是否涉嫌犯罪的标准、尺度。一些行政执法人员对涉嫌犯罪案件证据的获取水平还达不到司法机关追究刑事责任的要求，造成涉嫌犯罪的案件因证据湮灭缺失而无法追究。有些行政执法机关将涉嫌犯罪的案件降格处理，以罚代刑，有罪不究，责任追究轻缓化趋势还在一定范围内存在。

2. "两法衔接"机制建设尚不完善

"两法衔接"工作不同程度还处于不规范、无秩序、各自为政的局面。有的行政机关没有设立两法衔接工作负责部门和人员，案件移送工作没有落实到位；有的公安机关执法能力有待提升，对移送的案件是否立案、是否追究刑事责任不能及时审查和办理；因衔接机制未建立导致行政机关不了解后续进程，存在少量涉嫌犯罪的案件存在既没有受到刑事制裁也没有受到行政处罚而逍遥法外的现象；司法机关对行政机关移送的涉嫌犯罪案件不够重视，在立案、侦查、审查逮捕、审查起诉和审判等刑事诉讼环节都不同程度有履职不到位的情形。

3. 行政执法人员的执法能力有待提高

行政执法涉及社会和城市管理的方方面面，执法人员执法能力有一个学习、掌握、熟练运用的过程，仅靠短暂突击学习培训是不够的，尤其是深圳建设创新型城市进程中对一些技术性、专业性较强的执法工作提出更高要求，执法队伍的综合执法能力还急待加强和提高才能适应繁重综合执法任务的要求。

4. 行政执法权力存在交叉重叠现象

深圳一直行进在行政执法改革探索的道路上，各种行政执法权还在不断整合之中，监管执法有时会存有脱节和权责不清现象。例如，由于综合执法改革，行政管理部门和综合执法队的协调沟通机制还不完善，工作有时出现推诿的现象，丧失侦查取证或者抓捕犯罪嫌疑人的最佳时机。

（二）完善"两法衔接"工作的制度路径

1. 细化衔接规则

要进一步贯彻落实中央、省、市有关"两法衔接"工作的规定，将原则性、概括性的规定细化为具有可操作性的工作规则，明确"两法衔接"工作的法定程序，建立行政机关和司法机关畅通有序的信息交流、情报共享、互相支持、定期沟通渠道，规范移送行为，落实工作责任，使"两法衔接"工作有章可循、有据可依，走上规范、有序的轨道。

2. 加强执法合作

要充分发挥"两法衔接"联席会议职能，强化各成员单位的沟通协作，提升主动移送案件、主动通报信息、主动沟通协调等工作意识，将行政执法的主动、快速、专业和刑事打击的严厉、权威、威严有机结合，共同履行社会管理的法律保障职责。

3. 规范证据转换

2012年新刑事诉讼法明确了行政机关收集的证据在刑事诉讼的转换和使用规则，规定行政机关在行政执法和查办案件过程中收集的物证、书证、视听资料、电子数据等客观性证据可以直接被刑事司法机关作为证据使用，但是言词性证据如被害人陈述、犯罪嫌疑人供述和辩解、证人证言等仍需由司法机关转化。这就要求行政机关在收集整理物证、书证、视听资料、电子数据等证据时，要注意执法主体和取证程序的客观合法，司法机关在转换证据时也要重视实体合法和程序合法。

4. 强化法律监督

加强监督是推动"两法衔接"工作全面深入开展的关键。检察机关要进一步发挥法律监督职能，对行政执法和公安机关的立案、侦查活动加强监督，督促执法机关准确、正确履行职责，为"两法衔接"工作提供有力的检察保障。

B.12
基层法院的角色变迁与发展[*]
——以深圳前海法院为分析样本

李福林 何盼盼[**]

摘 要： 基层法院的角色是其功能和职责的具象化，我国宪法和法院组织法对包括基层法院在内的人民法院做出了纠纷解决、社会治理两大要求，而法院作为司法体系的组成部分，在一国宪制中还承担着权力制约者的角色。但在司法实践之中，基层法院的角色扮演基于司法能动和司法谦抑的博弈，面临着审判还是调解，社会治理还是政策实施的选择，而基层法院权力制约机制在实践中也效果不佳。面对这样的实践状况，深圳前海法院通过深化司法改革、提升审判专业性，建立规则指引以及积极参与社会治理等方式取得了良好的社会效果，为全国基层法院的建设与发展提供了可借鉴的经验。

关键词： 基层法院 前海法院

基层法院角色，是指基层法院作为国家审判机关和司法机关在社会发展与社会治理中所具有的积极作用。基层法院角色有应然和实然之分，作为我国司法机关的一部分，其应然的角色已经在宪法和其他基本法中进行了规定。

---

[*] 本文系2015年"国家司法文明协同创新中心'中国司法运行实证调研'"课题的阶段性成果之一。
[**] 李福林，武汉大学宪法与行政法学博士研究生；何盼盼，武汉大学宪法与行政法学硕士研究生。

而基层法院在实际运行中又会呈现出与其应然角色有所出入的状况,"司法结构发生的基础和成立的前提即在于它同现实社会的功能联系"[①]。基层法院所承担的角色,即形成于基层的司法实践中,并为当下的社会状况所影响。功能结构主义理论认为社会行动者具备多重社会身份和面孔,基层法院在司法实践中的功能或角色,可视为我国当下司法体制和司法运行状况的一个缩影,借此观察法院与地方政府、地方党委的关系,认识法院在社会发展与社会治理中承担的角色,并以深圳前海法院为样本,通过比较研究找到未来新型法院的可能图景。

一 基层法院的应然角色

(一)纠纷解决与社会治理:规范视野下的基层法院

基层法院的角色在我国宪法和法律中并未有直接规定,但其作为法院的一部分,可以从宪法和法院组织法的相关规定中找到其制度定位。我国《宪法》在第123条规定了人民法院是国家的审判机关,第126条对人民法院独立审判权的行使进行了规定,第127条规定了上下级法院间的监督关系,第128条规定了法院由各级人民代表大会产生并对其负责。综合以上条文可以看出我国宪法对法院角色的定位就是独立行使审判权的国家审判机关,其要素有二:一是人民法院是国家审判机关,其专享国家审判权,承担审判职能;二是人民法院独立行使审判权,其按照法律规定行使审判权的过程中,不受行政机关、社会团体和个人的干涉。其独立性还表现在上下级法院之间并没有直接的领导关系,而是监督与被监督的关系,上级法院仅对下级法院进行业务指导。但人民法院之独立地位也有例外,即其应对各级人民代表大会负责,在我国宪制结构之下,全国人民代表大会是国家最高权力机关,各级人民代表大会是地方各级权力机关,其代表了人民的利益和意志,人民法院应接受其监督。

在我国宪法之外,现行的《法院组织法》作为专门规定人民法院任务、

---

① 程竹汝:《社会控制:关于司法与社会最一般关系的理论分析》,《文史哲》2003年第5期。

组织、职权以及人员管理的国家基本法，也对包括基层法院在内的人民法院的功能和角色做出了规定，主要体现在总则第 3 条对人民法院任务的规定，以及第 21 条和第 22 条对基层人民法院组织与职权的规定。第 3 条通过对人民法院工作任务的列举间接对法院所应承担的功能进行了明确，其意旨有二：一为纠纷解决，人民法院通过审判活动解决社会纠纷；二为社会治理，人民法院通过对社会秩序和利益的维护保障社会主义事业的顺利发展。

《法院组织法》第 21 条和第 22 条对基层人民法院审判范围做出了明确规定，即其审理的应为刑事与民事的一审案件、不需要开庭的民事纠纷和轻微刑事案件。该项规定划定了基层法院受理案件范围，明确了基层法院在社会纠纷解决中的基础性地位和第一线位置。目前我国有基层法院三千余家，这些法院承担了绝大多数的诉讼压力以及司法需求，是我国法院体系的中流砥柱和中坚力量，其在通过司法审判实现定纷之争的功用之外，还承担着协调社会其他纠纷解决方式的任务，成为社会解纷机制的核心所在。

综合《宪法》《法院组织法》的规定，基层法院所扮演的角色主要有两类，一是以审判活动为中心的社会纠纷的解决者，其通过对国家审判权的行使，解决争端和纠纷，并在其他解纷方式失灵之后，为社会提供终局性的权威裁断。这是人民法院最本质的角色担当所在，也是基层法院的主要职能与任务，其他所有角色都只是经由审判活动产生的"副产品"。二是以定纷之争为基础的社会秩序的维护者，人民法院作为国家机关的一部分，承担着不可推卸的社会治理职责，但与行政机关通过行政管理和服务的方式进行治理，立法机关通过规则制定和确立的方式进行治理的方式不同，司法机关是通过审判进行社会治理、维护社会秩序，这就决定了其对社会的治理必须恪守适格性、适度性、适时性等基本法则[①]。

[①] 江国华教授认为法院的社会治理须遵守适格性，即其治理权限、治理模式、治理程序等都必须符合法律的明确规定；作为一种干预性的社会治理方式，其干预密度、干预强度、干预深度都必须控制在"适当的区间"内；"通过审判的社会治理"是一种救济性的社会治理方式，其介入条件、介入时机、介入期间等都必须满足"恰当"要求。参见江国华《通过审判的社会治理——法院性质再审视》，《中州学刊》2012 年第 1 期。

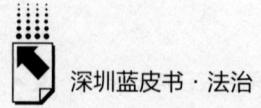

（二）权力制衡：宪政视野下的基层法院

司法权作为"三权分立"理论的重要权力构成，在宪政机构中发挥着不可替代的重要作用。司法权的出现产生于社会对权力制衡的需要①。"要防止滥用权力，就必须用权力约束权力"②"法院是法律帝国的首都，法官是帝国的王侯"③，法院作为法律运用和实践的先锋，是法治国家法律权威的塑造者，其通过以审判活动为中心的司法过程实现了对社会秩序的维护，也同样在此过程中通过行政诉讼的方式对行政机关做出的行政行为进行审查，通过对法律的适用对立法机关之立法进行合宪审查。在孟氏权力制约的范式之中，没有任何一种权力可能脱离其他权力的制约而任意行使，权力总是处于相互牵制的关系之中④。司法权与行政权、立法权之间的制约关系首先建立在三权适当分立和恰当配置的基础之上。汉密尔顿通过美国制宪的实践，设计和建立了"精致而实用的分权与制衡理论"⑤，立基于此，现代法治国家中的法院开始承担起了权力制约的角色和功能。一般来说，法院对其他机关的权力进行制约的方式主要有两种，一是行政诉讼中的权力制约，二是司法审查中的权力制约，此外，在我国语境中还有一些诸如司法建议等手段也是法院发挥权力制约作用的方式之一。

行政诉讼处理的争议是公民、法人或其他组织认为行政机关及其工作人员做出的行政行为侵犯了自己的合法权益的案件，其主要形式就是公民运用其诉讼的权利对国家权力行使过程中的不当之处提出的控告，从而实现"公民权利与国家权力相抗衡"⑥。而法院在行政诉讼过程中，通过审判活动

---

① 汪习根：《司法权论》，武汉大学出版社，2006，第16页。
② 〔法〕孟德斯鸠：《论法的精神》（上册），商务印书馆，1961，第154页。
③ 〔美〕罗纳德·德沃金：《法律帝国》，李常青译，中国大百科全书出版社，1996，第361页。
④ 喻中：《权力制约的中国语境》，山东人民出版社，2007，第2页。
⑤ 胡伟：《司法政治》，三联书店（香港）有限公司，1994，第225～226页。
⑥ 〔美〕H. W. 埃尔曼：《比较法律文化》，贺卫方等译，生活·读书·新知三联书店，1990，第245页。

在保障公民权利不受违法行政行为侵害的同时，也实现了对行政行为合法性的审查，实现了对行政权进行制约的目的。随着福利国家的兴起，政府的行政管理与服务活动已经触及了更多领域，行政权力日益扩张的事实促使行政诉讼在权力制衡中的地位越发重要，法院的行政审判活动因其权威性和公正性也日益成为法院实现权力监督与制衡的主要手段。

法院的司法审查是指其通过司法审判或相关程序，对立法机关和行政机关制定的法律、法规、规章及其他规范性文件的合宪性进行审查的司法活动，通常又被称为"违宪审查"。司法审查是宪法规定获得落实的制度保障①，法院则是宪法精神和权威的守护者，有审查并宣布与宪法规定相抵触的立法无效之司法审查权②。而在各国的司法实践之中，绝大多数国家都已经建立了一定形式的司法审查制度③。司法审查制度被普遍认为可以有效地解决社会危机，维护民主制度，并赋予宪法与时俱进的生命力和权威性④。

除了以上两种方式之外，我国司法实践中还存在其他权力制约机制，诸如人民法院根据公检法三机关之间"分工负责、互相配合、互相制约"的原则，在审判活动中对公安机关和检察机关的行为可以进行监督和制约，同时，人民法院还可以通过司法建议的方式，对包括行政机关和其他司法机关在内的国家机关进行制约。

二 基层法院的实然角色

基层法院身处司法实践的第一线，直接面对着纷繁复杂的社会现实，承担着繁重的案件审理和社会治理的任务，现实生活是具体复杂的，虽然我国

---

① 张千帆：《认真对待宪法——论宪政审查的必要性与可行性》，《中外法学》2003年第5期。
② 〔美〕汉密尔顿、杰伊、麦迪逊：《联邦党人文集》，程逢如等译，商务印书馆，1997，第391页。
③ 根据张千帆教授的统计，在目前收集的188个国家或地区的宪法文本中，有150个文本规定了某种形式的司法审查制度，司法审查在全球的覆盖率达到了82%。参见张千帆《宪法学讲义》，第180页。
④ 张千帆：《宪法学讲义》，第180页。

三千多家基层法院共同遵循着同样的宪法和法律的规定,恪守相同的司法原则和审判要求,但是因为时间和空间的差异,不同的基层法院总是呈现出各异的时代色彩和地方特色。与同根同源的应然角色所不同,我们所看到的基层法院所扮演的角色总是形形色色,且与应然之角色有较大出入的。而通过对这些差异的综合分析,便可以从中看出目前我国基层法院的基本面貌。

(一)纠纷解决:审判者还是调解者?

人民法院的核心任务就是为社会提供权威性的纠纷解决机制,诉讼就是法院承担此项职能的主要手段,而借由诉讼机制,法院可以提供两种纠纷解决方式,一为按照法律程序进行的审判之后的判决,二为不经审判程序进行的调解。判决和调解的不同主要在于法院在其中所承担的角色差异,判决的做出需要法院按照诉讼程序的要求,启动应有的司法机器,通过法官查明事实、适用法律的过程对具体的争议和纠纷做出具有法律效力的判决。司法调解则与其不同,在调解过程中,法院并不承担裁断的任务,而只是作为中立的第三方对双方的要求和主张进行斡旋和调解,协助当事人互相谅解,达成调解协议从而化解纠纷。

随着我国法治水平的不断提高,人民群众的法律素养和权利意识亦是水涨船高,故而一段时间以来,调解因其与时代要求和当事人权利主张相悖,其作用不断遭到抑制和限缩。在20世纪90年代,全国人民调解委员会受理的纠纷总数与人民法院受理一审民事案件的总数之比,已由80年代的17:1降至1.7:1[①]。但是自21世纪初社会转型时期开始之后,诉讼数量的连连攀升,已经使我国提前进入了诉讼爆炸的时代[②],庞大的诉讼案件对我国基础薄弱的法院体系来说构成了巨大的挑战,而且随着社会矛盾不断演化和加剧,不少诉讼案件背后也不断隐藏着群体性冲突和矛盾产生的社会风险。但我国各级法院通过审判提供的纠纷解决方式其效果并不尽如人意,连续多年

---

① 徐昕:《迈向社会和谐的纠纷解决》,中国检察出版社,2008,第42页。
② 针对我国诉讼案件总量的不断攀升,不少学者在研究中做出了我国已经进入"诉讼爆炸"时代的判断,参见何兵《现代社会的纠纷解决》,法律出版社,2003。

我国诉讼案件的二审率、再审率以及涉诉信访数量都居高不下，而糟糕的执行状况也继续恶化了诉讼这一解纷方式的实际效果。在这样的情况下，调解再次被各级人民法院所重视，并且在最高人民法院若干文件精神以及"调解优先、调判结合"的司法政策的支持下①，基层法院又开展了轰轰烈烈的大调解运动，不少法院甚至在此过程中还打出了"零审判"的口号。在"调解优先"这一政策的指挥之下，各级法院将调解率作为法院考核的重要指标，从而使"大调解"逐渐走向了异化，重复调解、久调不决的情况愈发多见，人民法院的公正性和权威性由此受损。基层法院处于社会矛盾和社会纠纷的第一线，在此过程中更是承担了巨大的重任，很多法院为了实现"大调解"的要求，开始部分放弃了法院应有角色，"放下法槌、脱下法袍"，深入田间地头，进行能动司法②。

（二）社会治理：秩序维护者还是政策实施者？

人民法院通过审判活动实现着定纷止争，社会秩序维护之功用，但是长期以来我国法院的独立性并未得到良好的实现，中立地位被地方党委和地方政府的建设任务所侵蚀和破坏。这主要表现在：其一，基层法院承担了过多不属于审判职权范围内的地方治理任务。在本轮司法改革之前，基层法院的人财物都由地方政府负责，法官的职业保障和法院的正常运行也需要地方政府予以支持，故而基层法院很难从地方政府的管理中脱离出来。现实中基层法院常常被编入地方党委和政府成立的各种工作领导小组之内，就是如此状况的集中法院，法院配合相关部门进行"强拆"和"维稳"的情况也屡见不鲜③。其二，即使在日常的审判活动中，法院也被要求在判决中"贯彻国家政策"，认真"窥探纠纷背后是否有导致社会不稳定的因素"④，并要在

---

① 2002年最高人民法院颁布了《关于审理涉及人民调解协议的民事案件的若干规定》，2004年又颁布了《关于人民法院民事调解工作若干问题的规定》。
② 《陇县"能动主义八四模式"生根兴起之路》，中国法院网，2016年3月19日。
③ 陈晓辉：《司法强制拆迁中基层法院职能定位实案研究——基于达马斯卡科层式权力模式的研究》，《湖北警官学院学报》2015年第11期。
④ 卢荣荣：《中国法院功能研究》，法律出版社，2014，第117页。

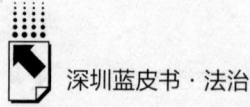

"服务大局"的政治要求下主动介入和化解此类纠纷。受此影响，人民法院本应在诉讼活动中扮演的中立的纠纷解决和秩序维护者的形象大打折扣，法院无法在此类案件中做到应有的公正、中立以及谦抑。

（三）权力制约的式微

基层法院因其在人财物和运行保障等方面对地方政府的依赖，其很难在涉及当地政府的行政诉讼中保持应有的独立地位，居中做出公正裁判。同时在地方党委之政法委员会体制之下，人民法院的工作要受到其指导和监督，对于疑难和社会影响力较大的案件，法院在当地政法委的干预之下还要和公安机关和检察机关坐到一起，协调案件处理。这无疑破坏了人民法院在案件审理中的独立地位，而公检法三机关中法院的地位不高①，三机关联合办案的模式更使其监督和权力制约的角色难以实现。在追求"实质正义"的口号之下，"只提司法公正，不提司法独立，实际上就是削弱了法院的权威性"②。而作为人民法院的另一监督方式，本就刚性不足司法建议在司法实践中的效果更是微弱，以广东省为例，2015年全省法院系统仅发出司法建议1216份③，与全省上百万的年受案量来说，司法建议的作用未得到真正发挥。

三 基层法院的发展方向

我国因地域辽阔和各地经济社会发展的不平衡，全国三千多家基层法院在角色扮演上呈现出了差异极大的面貌特征，但是在全面深化改革和社会的转型期，它们却又都面临着相同的问题，即纠纷的多发与多元化，在"诉

---

① "目前公安在整个司法工作中占据着很高的地位。公安局长的地位显然要比法院院长和检察院检察长的地位高得多。前者至少是当地党委里面的常委，而后者却够不上这个资格。这就造成了在公检法系统里面公安起主导作用"，参见江平《政法委及公、检、法相互关系的改革》，《环球法律评论》2013年第2期。
② 江平：《政法委及公、检、法相互关系的改革》，《环球法律评论》2013年第2期。
③ 数据来源于2016年广东省高级人民法院工作报告。

讼爆炸"的时代里，基层法院所面临的不仅是受案量的大幅增长，传统纠纷类型之外的需要较强专业性的纠纷开始大量出现，如知识产权纠纷、环境资源纠纷等等。这就要求我国的基层法院要在恪守司法谦抑性品格的基础上，直面复杂多变的社会现实，加强自身建设，从而实现法院各项职能的落实，维护社会秩序，增进社会利益。在此方面，新设立的深圳前海法院为我们做出了良好的示范。

2014年12月2日，最高人民法院正式批复同意设立深圳前海合作区人民法院，深圳市前海合作区人民法院（下文简称"前海法院"）2015年1月28日正式成立。前海法院于2015年2月2日起正式受理案件[1]。前海法院立足于深圳前海合作区的发展实际，努力打造综合性改革示范法院，通过大胆创新和实践，在提高审判能力、参与社会治理，设计和确立规则等方面已经取得了良好的成果[2]。

（一）定纷止争：优化体制机制、提高审判能力

前海法院作为新设法院，在落实中央各项司法改革要求方面不像其他基层那样有历史和人员的负担，故而其司法管理体制和司法运行机制的设计与实践基本可以作为全国司法改革的样本来看，更为难能可贵的是，其还在中央整体改革设计之外加入了自己的创新内容，使其运行机制更加符合时代发展的要求。

1. 优化司法人员管理体制

前海法院的法官由深圳市中院提请市人大常委会任免，财物由市级统一管理。在人员管理上，前海法院落实中央司法改革纲要的要求，进行分类管理，将工作人员分为法官、审判辅助人员、司法行政人员三类，并按照中央和广东省员额制的改革要求，将法官的比例最终确定为政法专项编制为40%，司法辅助人员为45%，司法行政人员为15%。此外，前海法院还创

---

[1] 罗书臻：《深圳前海合作区人民法院成立》，《人民法院报》2015年1月29日，第001版。
[2] 下文对前海法院改革举措的介绍，如无特别声明或注释，皆来自于《深圳前海合作区人民法院全面深化司法改革总体方案》。

造性地建立了法官员额的动态管理机制,即相对固定与动态调整相结合的法官员额制度。具体而言,其以每位主审法官年均办案任务300件为标准确定法官员额,只有当法官员额空缺时,才能进行补充法官,而法官员额的调整则需要整体受案量的显著增多。在司法人员的职业保障方面,前海法院的做法是建立分类化和差异化的保障机制。对法官而言,建立了单独的薪酬体系和等级晋升机制;对司法辅助人员来说,建立了与绩效挂钩的职业津贴制度,并强化对聘用制工作人员的保障。前海法院还探索建立了从律师、法学专家等法律人才中选拔法官的制度,对这些法官进行任期制管理,任期届满即结束法官身份。

2. 健全审判权运行机制

审判权运行机制是人民法院工作的核心内容和中心环节,前海法院制定《健全审判权运行机制完善司法责任制改革实施方案》及其相关配套制度,将审判权运行机制与司法责任制联系起来,建立了一整套行之有效的工作机制。

其一,完善主审法官、合议庭独立办案机制。根据审判业务需要,以主审法官为中心组建审判团队、合议庭,确立了"1+2+1"的审判团队模式(1名主审法官配备2名法官助理和1名书记员),明确法官及审判辅助人员在其中的工作职责,制定合议庭工作规则,取消案件审批制,建立裁判文书签发新机制,实行"谁审理谁签发",确保"让审理者裁判"。

其二,完善司法责任制。完善对法官的考核评价、问责惩戒和退出机制,规范错案责任追究[①],明确追责范围、启动程序、责任类型和免责条件。成立案件质量评查委员会和案件评查合议庭,制定案件质量评查办法。

其三,建立以庭审为中心的诉讼制度。建立"三规则一指引"的诉讼制度。建立健全庭审规则,落实庭审记录和全程录音录像制度,建立庭审录音录像的管理、使用、储存制度。保障庭审在查明事实、认定证据、保护诉

---

① 卜凡:《前海法院院长闻长智:前海法院已搭建综合性改革架构》,《21世纪经济报道》2015年3月30日,第015版。

权、公正裁判中发挥决定性作用。

其四，完善审判委员会工作机制。合理定位审判委员会职能，制定审判委员会工作规则，健全审委会讨论事项的先行过滤机制，重点发挥审判委员会的司法政策指引功能，完善审判委员会的议事规则，探索建立科学合理的委员选任机制，吸收资深法官、审判业务专家进入审委，增强审委会的专业性和权威性。强化监督，邀请人大代表、政协委员旁听审委会会议，建立审判委员会委员的履职考评和内部公示等监督机制。

3. 完善司法行政管理体制

针对基层法院司法实践中出现了司法行政管理与司法审判相互掣肘、杂糅的情况，前海法院建立了以服务审判为中心的司法行政管理体制。推行"以审判为中心的扁平化管理模式，不设审判业务庭，直接设立主审法官审判团队审理案件，实现内设机构精简和双线管理，实现司法行政事务管理权和审判权相分离"①，设置司法政务处和审判事务处两个综合部门，司法政务处负责人事党务、行政事务、司法警务等工作；审判事务处负责诉讼服务、审判管理、司法辅助事务等工作。

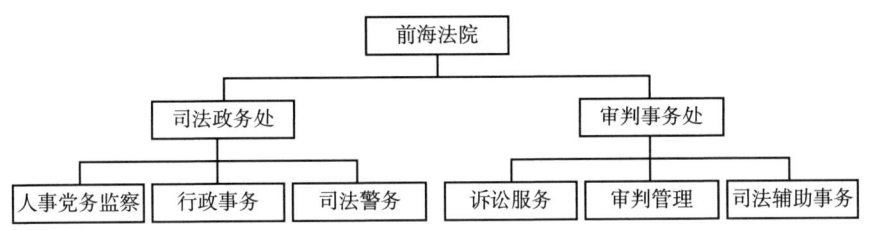

图1 前海法院组织架构

同时，前海法院还由此推进了各类人员的配置分离，由副院长分管审判业务，而司法政务处主任和审判事务处主任直接对院长负责，实现审判与司法行政在人员编制和机构设置上的完全分离。

---

① 卜凡：《前海法院院长闻长智：前海法院已搭建综合性改革架构》，《21世纪经济报道》2015年3月30日，第015版。

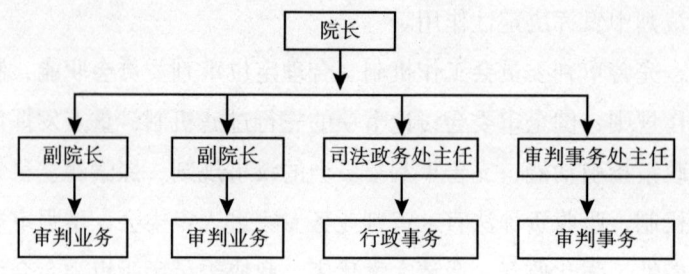

图2　前海法院内部分工

其次，前海法院还积极探索审判权与执行权分离，明确审判团队和执行实施团队的权力界限和工作职责，不设执行部门，主审法官不办理强制执行事项，具体强制事项由市中院统一管理和指挥。

（二）社会治理：加强解纷能力，维护社会秩序

1. 建立多元化的纠纷解决机制

审判和调解都是人民法院纠纷解决机制的重要内容，在提高审判专业化程度的同时，前海法院还建立了多元化的纠纷解决机制。加强调解引导和专业化服务，建立诉调对接平台。建立诉前联调机制，充分发挥各类行业协会和调解组织的作用，扩大社会参与力度。建立调解工作司法推动和法治保障机制，严格落实司法确认制度，强化对调解工作的司法保障力度。同时，前海法院立足于前海深港合作，探索建立了区际、国际化调解机制。建立涉外、涉港澳台重大纠纷预警制度、调解联席会议制度和重大风险评估机制。建立港籍调解员制度，规划港籍调解员选任和工作职责，积极发挥港籍调解员在涉港案件中的作用。建立涉港纠纷调解交流合作机制，邀请香港调解组织和调解专家参与涉港纠纷调解。

2. 服务自贸区建设，营造良好的市场环境

前海法院根据自贸区法治建设的需要，制定和实施了保障自贸区和合作区建设的意见，积极服务自贸区和合作区建设，努力为自贸区的运行提供一流的法治环境，为自贸区与合作区政府职能转变、扩大投资领域开放、推进

贸易方式转变、深化金融领域创新及治理体系和治理能力现代化建设提供有力的司法保障。同时，前海法院还发挥引导职能，建立涉外、涉港澳台商事风险预防机制，开展涉外商事风险评估，建立知识产权纠纷应对、涉外商事风险预防制度①。

（三）规则确立：建章立制，规范引领

前海法院为充分发挥自身的司法保障功能，服务前海深港现代服务业合作区的改革探索和创新发展，构建良好的市场环境和营商环境，根据全国人大和国务院对于前海发展的相关政策，前海法院制定了《关于为中国（广东）自由贸易试验区深圳前海蛇口片区与深圳前海现代服务业合作区建设提供司法保障的意见（试行）》，就深化司法改革、强化审判职能、提升司法公信、优化队伍素质等方面进行了规定。其次，建立了涉外、涉港澳台案件适用域外法的指引机制。前海法院作为集中管辖深圳市辖区的第一审涉外、涉港澳台商事案件的基层法院，其通过建立域外法的指引机制提升了案件审理效果。一是强化了对连接点、涉港澳台商事案件法律适用指引，明确涉外、涉港澳台案件适用域外法的相关要件，严格外国及港澳台法律无法查明的认定标准。二是强化了对商事主体的法律指引，建立了涉外、涉港澳台案件适用与外发的指引机制。三是建立港澳台及外国法律查明研究基地和港澳台及外国法律查明服务中心，完善港澳台及外国法查明机制。最后，前海法院通过规则的确立和引领，也间接地对前海事务管理局和相关部门权力的行使进行了一定的监督和制约，使其能够在法治化和现代化的管理轨道里运行。

四 迈向未来的新型法院

角色是功能的具象。基层法院作为我国人民法院和司法体系的基石所

---

① 游春亮：《深圳前海法院集中管辖涉港澳台商事案件》，《法制日报》2015年2月3日，第12版。

在，其实践状况和运行实效将直接决定我国司法运行状况的好坏。"镶嵌在特定政治和社会图景中"①的基层法院虽然千差万别，但其同根同源，处于相同的时代背景之下。对于司法机关来说，这一背景就突出地表现为社会转型期与司法现代化进程的相遇。

一个具有悠久历史传统的大国要实现发展方式的转型和升级，社会利益的重新分配必将牵一发而动全身，短时间内给部分民众和相关主体带来深刻的切肤之痛。社会矛盾也会在这一时期酝酿和积聚，使不利于社会稳定的风险逐渐增加。因而，如果出于维护社会秩序、面对转型挑战的考虑，基层法院应该重视矛盾与纠纷的化解，充分发挥司法能动性，尤其是发挥调解在纠纷解决中的作用。但是我们还要看到，目前我国法治化水平还很低且发展不均衡，绝大多数地方的基层法院都处于司法现代化的进程之中，司法权威和司法公信力尚未被完全树立起来，社会需要司法机关引领社会规则和法治秩序的建立，坚守司法谦抑、司法中立是现代化进程中的司法应有之策。

身处社会转型与司法现代化同步进行的时期，司法机关尤其是直面社会压力的基层法院应该以更加积极的姿态应对时代的挑战，尤其是应注意司法谦抑和司法能动的选择。深圳前海法院的改革创新举措，就为我们做出了这样良好的示范。首先，法院作为我国宪法规定的国家审判机关，审判权力的运行是各级法院最重要的中心工作，而司法权威、司法公信力的建设也全赖于司法审判活动的公平与公正。故而，前海法院一系列的改革举措首先围绕审判权的有序运行展开，通过构建"扁平化"的司法管理体制和现代化的人员管理制度，有效提升了审判的专业性和公正性，为其他各项工作的开展打下了良好基础。其次，法院作为国家机关的一部分，应责无旁贷地参与到变革时代的社会治理之中，而且越是在社会变革和社会创新发展的时期，越需要司法机关维护基本的法治秩序，引导社会主体和公民遵守法律规定。前海法院处于新一轮改革开放"桥头堡"的前海自贸区，通过发挥能动司法的作用为自贸区的发展提供优良的司法保障和服务，同时指引商事企业适用

---

① 卢荣荣：《中国法院功能研究》，法律出版社，2014，导论。

涉外、涉港澳台的法律，并通过建立外国法的查明机制进一步为前海深港现代服务业的发展提供法律保障。

总结深圳前海法院的实践经验，全面深化司法改革、积极探索制度创新和在社会治理中法治方式的运用是其有效完成各项预设目标的三大方式。而这些经验的价值和意义不仅局限于沿海的经济开发区和自贸区，也可以从更大范围上为全国基层法院的司法改革的落实和社会治理职能的实现提供借鉴之策。

B.13
最高人民法院第一巡回法庭研究*

邓达奇　李福林　黄瑞**

摘　要： 最高人民法院巡回法庭的设立具有开创意义，是基于党的十八届四中全会的重大部署而做出的重要举措，有力地推进了我国的司法体制改革。设立在深圳市的最高人民法院第一巡回法庭深入贯彻落实国家全面实行司法体制改革战略部署，尊重诉讼规律，直击司法的"地方化、行政化"干预，在实际运行中取得了良好的效果，也博得了社会各界的称赞。基于对第一巡回法庭的一些实地调研数据，本文从第一巡回法庭的基本情况、设立背景、运行情况、改革经验、挑战与展望五个方面予以论述，以期为全国法院创造可复制、可推广的成功经验，为我国社会主义法治建设提供有益支撑。

关键词： 第一巡回法庭　司法改革　司法规律　司法为民

一　第一巡回法庭之基本情况梳理

2014年12月2日，根据十八届三中、四中全会所做的顶层设计，《最高人民法院设立巡回法庭试点方案》经中央审议通过后，决定在深圳设立

---

* 本文系2015年"国家司法文明协同创新中心'中国司法运行实证调研'"课题的阶段性成果之一。
** 邓达奇，深圳市社会科学院政法研究所助理研究员，博士；李福林，武汉大学宪法与行政法学博士研究生；黄瑞，武汉大学法律硕士研究生。

最高人民法院第一巡回法庭。不久之后2015年初，最高人民法院第一巡回法庭即在深圳挂牌建立，主要负责受理粤、桂、琼三省跨区域的重大行政以及民商事案件。由此，群众"家门口的最高人民法院"的工作正式拉开序幕，涵盖了司法改革、案件办理、矛盾化解等各方面。

（一）受案范围

根据2015年1月5日最高人民法院审判委员会通过的《最高人民法院关于巡回法庭审理案件若干问题的规定》的规定，第一巡回法庭有权受理巡回区范围内下列案件：一是全国性的重大第一审行政案件、第一审民商事案件；二是针对高级人民法院做出的第一审行政或者民商事判决、裁定提起上诉或已经发生法律效力的行政或者民商事判决、裁定申请再审的案件；三是对高级人民法院做出的已经发生法律效力的刑事判决、裁定申诉的案件；四是对于高级人民法院做出的罚款、拘留决定不服而申请复议的案件；五是依法定职权提起再审的案件；六是高级人民法院因管辖权问题报请最高人民法院裁定或决定的案件，以及高级人民法院报请批准延长审限的案件；七是涉港澳台民商事案件和司法协助案件；八是最高人民法院认为应当由巡回法庭审理或者办理的其他案件。除此之外，对于巡回区内向最高人民法院提出的来信来访事项，巡回法庭也有权依法办理。但是，一些特定案件，比如涉外商事、海事海商、知识产权、国家赔偿、死刑复核、执行案件和最高人民检察院抗诉的案件，不在第一巡回法庭受案范围内，而是由最高人民法院本部审理或者办理。

（二）性质

作为最高人民法院派出的常设审判机构，第一巡回法庭受理的案件将纳入最高人民法院审判信息综合管理平台统一进行管理。由第一巡回法庭做出的判决、裁定和决定就是最高人民法院的判决、裁定和决定。

（三）人员及其任期

按照相关规定，第一巡回法庭的人员配置如下：庭长1名、副庭长2

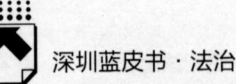

名、主审法官9名、廉政监察员1名、助理审判员2名、法官助理13名、书记员10名、综合行政人员6名,由最高人民法院从办案经验丰富、业务能力过硬的法官中选派。主审法官每2年更换一次。每位主审法官都会配备相应的司法辅助人员(法官助理、书记员等)。司法辅助人员的选任主要来源于地方法院的优秀审判员、助理审判员、书记员。

(四)案件审判原则

第一巡回法庭实行办案责任制,严格遵循"谁审理、谁裁判、谁负责"的原则。合议庭人员由主审法官随机组成,除庭长或者副庭长参加合议庭审理案件时自己担任审判长外,合议庭审理案件时审判长由主审法官担任,判决裁定先经合议庭成员签署,再由审判长签发。对于主审法官签发的裁判文书,庭长、副庭长(除自己承办案件担任审判长外)不再审核、签发。

二 第一巡回法庭之设立意义

(一)化解矛盾,维护社会安定

我国正处于社会转型期,矛盾逐渐复杂化,利益日益多元化。由此,包括最高人民法院在内的全国各级人民法院受理的案件数量不断增加。2010年以来,最高人民法院每年受理案件均在1万件以上,另每年登记来访均达6万至7万件次。这不仅导致最高人民法院审判、接访压力增大,息诉罢访难度增加,还为首都地区社会稳定带来巨大的压力。巡回法庭的设立可以分流案件,就地化解矛盾,减少矛盾流向首都,维护社会稳定。

(二)司法改革去地方化

我国各级人民法院的设置一般与行政区划和级别相对应。从经济角度来看,人民法院的经费等源自于政府财政支持,法官在办案过程中往往容易受到地方行政因素的影响。虽然目前改革的安排是人财物统一由省级管理,但是对于涉及省级利益的案件、跨行政区域的案件，省级统管人财物仍然不能完全避免地方干预因素。巡回法庭的建立能够保障巡回区案件审判权的公正、独立行使，发挥其监督和打破地方利益保护的功能，进而弥补体制上的不尽完善之处，帮助理顺改革与既有制度的关系，从而为法治建设保驾护航。

（三）诉讼为民便民

设立第一巡回法庭能够推动最高人民法院办案重心下移，使得诉讼更加亲民。最高人民法院设到家门口是为人民服务的，要让人民更方便地通过诉讼解决纠纷，减少维权之路的艰辛以及巨大的花费，在减少诉讼成本的同时让人民的诉求更加及时、有效地得到回应，努力实现"让人民群众在每一个司法案件中都感受到公平正义"的目标。

（四）深圳的独特优势

将深圳作为第一巡回法庭的设立地点，一方面，主要是从经济、地理、案源等方面进行考虑。广东省的经济发展速度快、水平高，坐拥毗邻港澳地区的地理优势，案件类型多样，有利于港澳居民到内地诉讼，也有利于促进双方间司法的沟通和互助。另一方面，深圳是我国最早设立的经济特区，一直是国家改革的先锋队、对外开放的桥头堡，在深圳设立巡回法庭外在的环境更便于探索司法改革的模式，更易于探寻人民法院的改革路径。

三 第一巡回法庭之司法改革情况

（一）深度优化人员配备

1. 干部高级别

第一巡回法庭庭长由最高人民法院审判委员会副部级专职委员担任，副庭长由现任民事、行政审判部门正、副职领导担任。

2. 法官高水平

法律专业修养高——第一巡回法庭的主审法官均具有较高学历,不仅全部拥有硕士以上学历,其中还有多位获得法学博士学位;处理案件能力高——主审法官平均具有15年以上的一线工作经验,具备独立处理重大疑难案件和签发裁判文书的能力,其中多位曾获得全国级别的优秀荣誉称号;相关人员业务能力强——助理审判员、审判辅助人员和综合行政人员也都具有突出的业务水平,实践经验丰富,基础理论扎实。所有人员是按照自愿报名、组织推荐、公开遴选等程序选拔而出,具有过硬的专业背景、高度的责任感和优秀的职业道德。

3. 团队优组合

法官队伍的年龄结构有层次,由经验丰富的资深法官和业务优秀的中青年法官组合而成。法官队伍的专业结构多样化,主审法官来自刑事、行政、民商事、涉港澳台、审判监督等各个审判业务部门。主审法官的专业领域涵盖巡回法庭审理的所有案件类型,符合审判工作的实际需要。

(二)全面革新机构、人员、机制

1. 机构设置新

第一巡回法庭设廉政监察员负责日常的廉政监督工作;党组由庭长、副庭长和廉政监察员组成,党组书记由庭长担任;合议庭并非固定形式而是由主审法官随机组成;党务、行政、人事、后勤等各类综合行政工作则由综合办公室负责。

2. 运行机制新

受理的案件在统一的信息平台上自动分配,审理过程中坚持庭审中心主义,审理案件实行主审法官、合议庭负责制,即做出的判决裁定经合议庭成员签署后,由审判长签发。截至2015年9月30日,在第一巡回法庭已审结的307件案件中,除特殊情况外(其中由庭长、副庭长直接承办的案件32件,由庭长、副庭长以审判长身份参加合议庭的案件7件),所有案件均由承办法官以审判长的名义自行签发。

3. 人员管理新

第一巡回法庭建立起符合职业特点的司法人员管理制度，实行人员的扁平化管理，由审判团队负责相关的审判、审判辅助性和审判事务性工作，每个审判团队由主审法官、法官助理、书记员各1名组成。为了保证审判人员集中精力办理案件，专门设置综合办公室负责司法行政工作。同时，努力破解体制机制性障碍实行完善的法官职业保障制度。

4. 监督机制新

第一，日常监督工作由专人负责，即廉政监察员；第二，通过办案质量终身负责制和错案责任倒查问责制，从制度层面确保案件质量；第三，保证主审法官的独立性，第一巡回法庭主审法官由最高人民法院选派，而且每两年更换一次，避免法官受到地方化因素的干扰；第四，深化案件的公开化，接受社会监督，最高人民法院审判信息综合管理平台将第一巡回法庭受理的案件统一纳入，并向当事人和社会公开包括立案、审判流程、裁判文书在内的全部信息；第五，加强与纪检监察部门的合作，第一巡回法庭工作受到最高人民法院纪检监察部门的监督，由纪检部门通过完善网上投诉和举报机制，从司法巡查和审务督察方面加强对巡回法庭工作以及巡回法庭及其工作人员的监督。

（三）运行情况分析

1. 受理案件结案率高，其中申请再审案件占比最高

截至2015年11月30日，第一巡回法庭接待来访9816人次，共受理820件案件，结案570件，结案率为70%。受理的案件主要由二审、申请再审和申诉三类构成，其中申请再审的案件最多，占的比例最高；其次是二审的案件，有62件，占案件总量的8%左右；最少的是申诉案件，主要是随着法治的进步，真正的错案是比较少的。

2. 案件受理类型上，行政案件占比最高

行政诉讼法修改后，各级人民法院受理的行政案件增多，一定程度上表明人们更加相信法律，愿意通过法律解决行政争议进而选择"化访为诉"。

另外，2008年调整民商事案件受理标准后，最高人民法院受理的二审民商事案件数量有所下降。

3. 办案以人为本，数量多，质量高

法官队伍素质很高，也希望通过案件来发现实践中的新问题，从而进行理论研究，真正做司法公正、司法为民的践行者。法官亲自办案数量比较多，开一整天的庭或者加班之类的现象很常见，考虑到当事人心理预期和效率等因素，第一巡回法庭尽量将受理的案件在审限内结掉，但不强调形式的"办案指标"。在如此繁重的任务下，仍然力求保障办案质量，如果合议庭意见有重大分歧，主审法官可以提请到联席会议讨论，而对于重大疑难案件和合议庭内部分歧较大的案件，还应当向最高人民法院本部相关业务庭室征求意见。第一巡回法庭以人为本，注重办案质量，接受的信访量也大，以往巡回区三个省的信访总量一年才两千多件，而现在信访的总量已经翻了两番。

4. 巡回法庭不仅是桥梁纽带，也是称职的调查者

作为桥梁纽带，第一巡回法庭致力于加强最高人民法院与地方人民法院之间的纵向联系，一方面把最高人民法院的最新部署高效传达到基层法院，另一方面也将巡回区内的司法审判情况和问题及时反映到最高人民法院。作为称职的调查者，目前第一巡回法庭在深圳的审判区共设四个法庭审理案件，法官可以主动到巡回区内一些地方审判、接访，借用巡回区的人民法院设施就近办案，同时还可以开展相关的调查研究。第一巡回法庭根据实际情况，公正审理各类型的案件，从而将纠纷解决导入到正规程序当中，通过法律途径化解纠纷。正如方斯远所言：改革者希望通过衔接跨区法院与巡回法庭，避免跨区案件审理中可能遇到的地方干预，通过本部与巡回法庭之间的协调分工，促进最高人民法院职能优化这一目标的实现。

5. 想民所想，切实方便人民群众

第一巡回法庭设有专门的诉讼服务中心，负责为来访者提供相关咨询、收转诉讼材料、办理立案登记等事项。同时，诉讼服务中心还设有两个"律师志愿服务岗"，由深圳律师协会选派律师轮流值班，他们可以第三方

的身份帮助来访的人员或者当事人,提供法律方面的意见或者帮助释法说理。

6. 创新采用阶段性合议方式

2015年3月2日,第一巡回法庭首次开庭审理案件,为了增强庭审的针对性,提高庭审的效率,合议庭在休庭期间进行阶段性合议,主要针对双方当事人的质证及事实争议,并于随后的庭审中给予回应。

四　第一巡回法院之司法改革经验总结

(一)遵循司法规律,构建科学的审判权运行机制

第一巡回法庭贯彻"审理－裁判－责任"的主线,法官独立判案并终生负责,这是第一巡回法庭诸多改革中最为耀眼的一点。主审法官在审理中享有独立的裁判地位,根据案件的事实和证据判案,真正实现其权责统一;通过错案责任倒查制、设立专门的行政事务部门等一系列制度的落实,第一巡回法庭强化法官集中精力办案,对案件质量负责,防止内部人员和行政机关的人员等干扰法官办案,这是司法独立性规律的客观要求,也是审判公正高效的核心所在。

(二)推进数字化、信息化建设,营造阳光的司法审判过程

古今中外,司法文明的推进一直都伴随着科技的进步。如今的社会正在步入大数据时代,信息的便利程度和公开程度是文明的重要衡量标准,裁判文书上网公开即是司法文明进步的一例。数字化使双方当事人展示证据更明了、展示程序更简便,也使得庭审可视化,尤其是不在庭审现场的人可以通过庭审直播或录音录像了解庭审的实况,这样可以让审判接受公众的检验,从而提高司法的公信力。因此,我们需要站在时代的高起点上推进司法的信息化建设,让审判在阳光下进行,进而推动司法的公平、公正、公开。

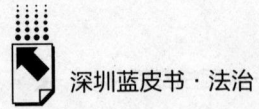

（三）制度化良好习惯，促进裁判尺度的统一

一是关于同类案件的检索制度，在主审法官对案件进行合议之前，由助理检索近三年最高人民法院对于相同类型案件的裁判情况并对相关情况进行梳理后提交合议庭，为合议庭提供同类案裁判尺度的标准。如果最终做出的判决结果与之前同类型案件的裁判尺度存在不一致的情况，主审法官有义务向合议庭说明理由。二是裁判文书交叉校验制度，裁判文书撰写好之后，至少需要经过合议庭之外30%的主审法官检验裁判的结果和说理，以杜绝明显的法律漏洞的出现。以上是第一巡回法庭全体主审法官在办案过程中形成的优良习惯，后来被逐渐固化，形成了两项固定的制度。实践证明，这两个行之有效的制度，在一定程度上有利于统一案件裁判尺度，减少同案不同判现象发生的可能性。

（四）提倡双向交流，引导法官与律师间良性互动

其一，为了充分体现尊重律师的态度，促进法官与律师交往的健康度与阳光度，第一巡回法庭内设有专门的庭室供律师休息、更衣，还为律师提供多媒体阅卷室以方便其阅卷，设置会谈交流室便利律师与法官交流等；其二，通过与律协及律师代表召开座谈会，研讨法官与律师新型职业共同体关系的构建，达成共识，并向社会发布倡议书，以期规范第一巡回法庭法官与律师相互之间的关系；其三，代理律师出庭着律师袍，使庭审更加庄严，庭审中法官采取"磋商式"方式进行审理，引导庭审进程，做文明司法的表率。

五 挑战与展望

第一巡回法庭作为国家改革计划顶层设计的一部分，由中央强力主导，因而相关政策能够迅速得以落实，走在司法体制改革的前线。毕竟，第一巡回法庭作为一个新事物而出现会遇到重重考验，在定位上它不同于我国以往的巡回审判、派出法庭，性质上也不同于国外的联邦巡回法院之类。因此，

在探索改革的同时要时刻保持警醒，注意改革的整体性、可持续性和协调性，应对现实挑战、展望设计理想。就现有的第一巡回法庭的设计而言，尚有完善的空间。其一，相关的法律支持。第一巡回法庭运行依据主要是最高人民法院审判委员会通过的《最高人民法院关于巡回法庭审理案件若干问题的规定》，司法改革走在前列，而《法官法》《人民法院组织法》等法律的修订和支持未跟上，这会在某种程度上使得第一巡回法庭的职能定位限定在以前的框框内，所以，根据社会的实际需要和新一轮司法改革的背景，有必要修改相关的法律法规，以期为巡回法庭定位、保障等提供更有力支撑。其二，未来推广巡回法庭的改革与最高人民法院的结构方面，巡回法庭的法官是通过内部遴选还是要扩充编制的问题，这涉及遴选的程序规则待明确或者增员是否有悖于精简高效原则。因此需要在实践中摸索总结经验，同时也要投入更多的学术力量以提供更多的智力支持。其三，巡回法庭的业务范围上有质疑。一是，是否应包括死刑复核案件。现有的规定将死刑复核排除在巡回法庭受理范围之外，但是考虑到死刑复核案件量大、最高人民法院本部主要精力应放在指导性解释性的工作上、巡回法庭负责死刑复核可以对其诉讼化改造这三点，对巡回区内死刑复核划归巡回法庭的呼声较高；二是，信访问题，巡回法庭的成立以来相同区域内信访人数几乎是原来的四倍，这是否会挤压正常案件的审理、是否应该调整相关政策安排等具体问题有待进一步厘清。

最高人民法院在深圳设立第一巡回法庭是深化司法体制改革的一个重要成果。第一巡回法庭作为司法改革的"试验田""排头兵"，通过审判权运行机制、司法人员分类管理、法庭机构设置等方面的改革，在近一年的运行实践中取得较好的成效，其开放透明的工作机制和严格落实"让审理者裁判，由裁判者负责"机制，增强法官责任感和工作效率，赢得社会各界的一致点赞，为全面深化司法改革提供了可推广、可持续的宝贵经验。第一巡回法庭敢为人先，积极探索，扎实推进改革，也必能为人先，正如最高人民法院院长周强所讲："巡回法庭的今天就是最高法院乃至全国法院的明天"。

法治社会篇

The Law – Based Society

B.14
深圳律师业2015年发展情况分析

高树 魏汉蛟 张斌 张弢*

摘　要：　本文从律师、律师事务所和律师协会三个维度，对深圳市律师业2015年的发展情况系统地进行了综述和分析，并与北京、上海等其他城市相比较，总结了深圳律师业目前的优势与不足，并提出深圳律师业2016年展望。

关键词：　律师　律师事务所　律师协会

2015年作为"十二五"收官之年，是很不平凡的一年，深圳律师业同样如此。在这一年，深圳律师队伍加速发展，律师人数预计会在2016年底

---

* 高树，深圳市律师协会会长；魏汉蛟，深圳市律师协会监事长；张斌，深圳市律师协会副会长；张弢，深圳市律师协会理事。

提前突破万人大关；深圳律师的综合素质在不断优化，已逐步成为名副其实的促进经济发展、维护社会公平正义、推进依法治国、构建和谐社会的生力军。

一 深圳律师业2015年发展概况

2015年，在改革创新的驱动下，深圳市律师业健康稳步发展。全市律师形成了良好的专业学习氛围，各专业领域推陈出新，全市律师业务、律师创收呈较快增长态势；公益法律服务、公共法律服务和专业法律服务，三个法律服务体系逐步成型，律师参与法律援助案件数量大幅上升，"一村（社区）一法律顾问"工作在全市各社区实现全覆盖，同时还向揭阳和河源分别输送55名和140名律师，开展对口支援一村（社区）一法律顾问工作；光明事故发生后，根据协会重大社会事件律师专业应对工作机制，立即成立律师应急服务工作领导小组，并紧急抽调由8名律师组成的专家顾问团和43名律师组成的律师服务团加入善后处理小组；律师服务与社会民生相对接、律师服务与法治建设相对接、律师服务与科技创新相结合，涌现了一批政治表现良好、专业素质较高、工作作风务实的律师团队，推动了一批规模化、专业化、规范化律师事务所的建设；以前海自贸区发展为平台，着力构建深圳律师服务"一带一路"战略和深圳律师国际化发展体系，在前海设立的一批分所以及合伙联营所正式运作且初见成效。

二 深圳律师发展情况

（一）深圳律师规模情况

截至2015年12月31日，深圳律师总人数为9353人，比2011年同期增长37.67%，比2014年同期增长9.25%，每年度的律师增量在持续走高（见图1、图2）。

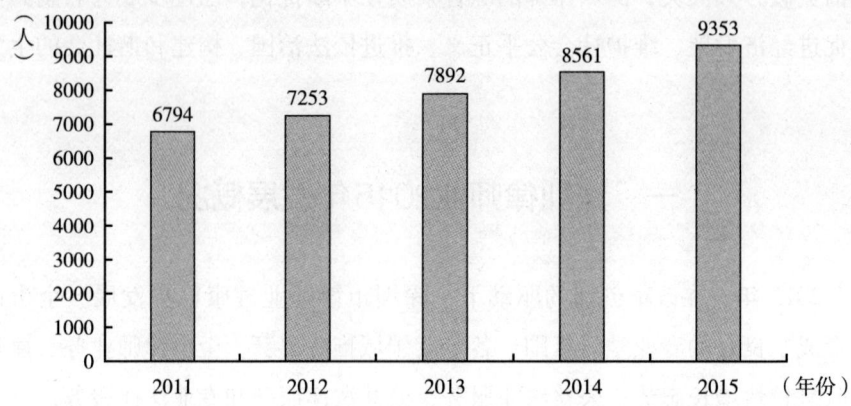

图 1　2011～2015 年深圳律师人数增长情况

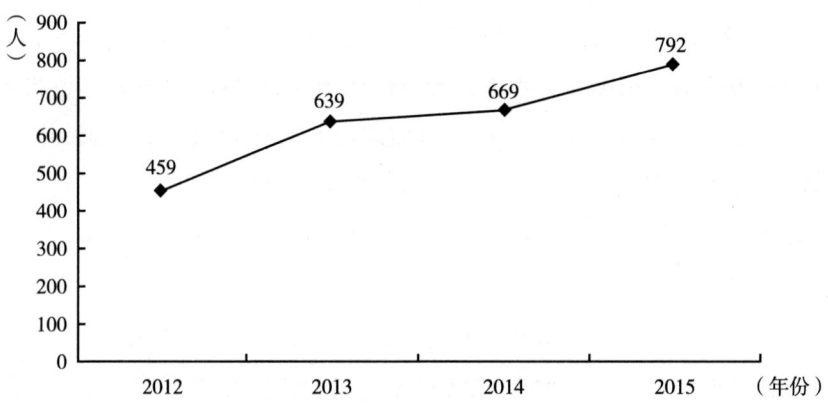

图 2　2012～2015 年深圳律师人数年度增量

（二）深圳律师类型分析

深圳律师队伍的主体是专职律师。截至 2015 年 12 月底，深圳有专职律师 9207 人（含 30 名专职法援律师），占 98.44%；非专职律师 146 人，占 1.56%（见图 3）。其中，兼职律师 82 人（兼职社会律师 43 人，兼职法援律师 39 人），占 0.88%，公职律师 31 人，占 0.33%，公司律师 33 人，占 0.35%。

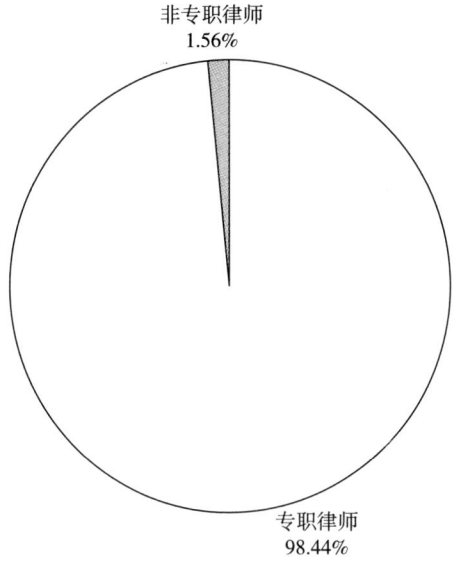

图 3　深圳律师类型

（三）深圳律师性别比例情况

深圳律师队伍呈男多女少的特点，男律师占 67.86%，女律师只占 32.14%（见图 4）。但女律师 2015 年增长的速度高出男律师 1.14 个百分点。

（四）深圳律师学历情况

虽然深圳执业律师总体学历水平较高，本科以上学历达到 97.96%，但高学历律师占比不高，其中硕士学历律师仅占 23.35%，博士学历律师更是只有 0.79%（见图 5），与上海相比，差距明显（详见本文第五部分）。

（五）深圳律师执业年限情况

执业不满 5 年新律师多、执业 10 年以上资深律师少。截至 2016 年 2 月

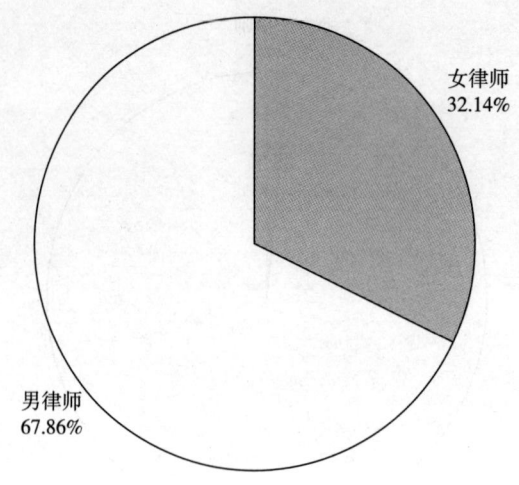

图 4　深圳律师男女比例

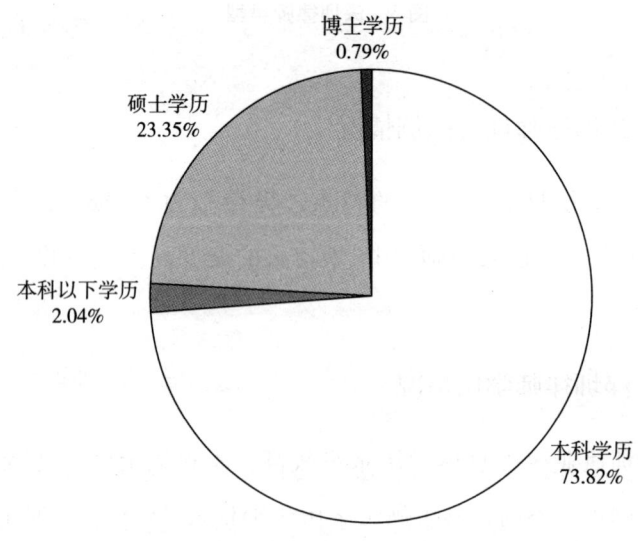

图 5　深圳律师学历情况

16日，深圳律师队伍中，执业10年以上的律师占24.29%，执业5年以上10年以下的律师占25.31%，执业不满5年的律师占50.40%（见图6），超过一半，而且所占比例会继续逐年增加。

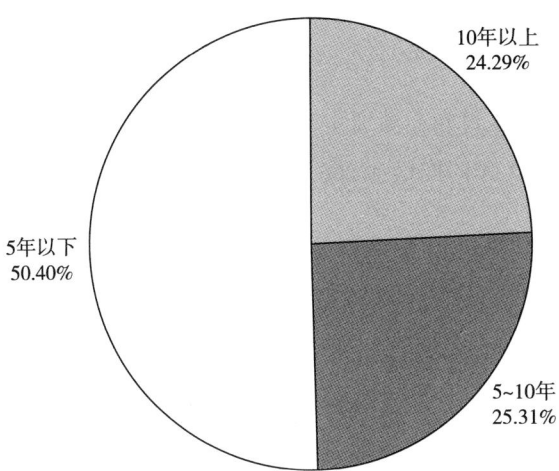

图6 深圳律师执业年限情况

（六）深圳律师党员情况

截至2015年12月底，深圳律师队伍中，中共党员共有2871人，约占30.70%，民主党派有96人，约占1.03%（见图7）。

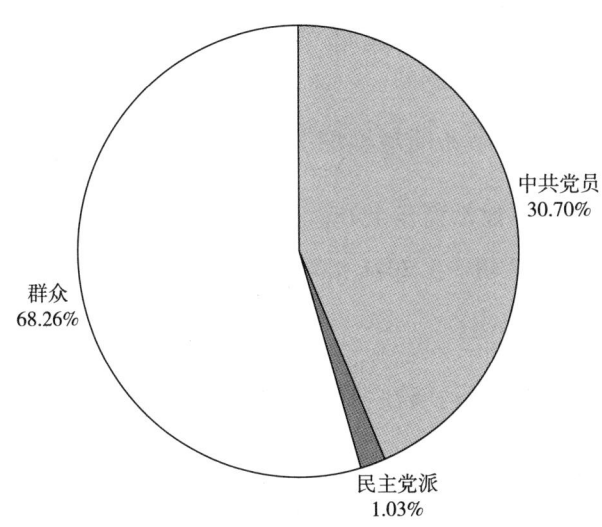

图7 深圳律师中党员比例

（七）实习人员情况

截至2015年12月底，深圳实习人员数量为1806人，比2011年同期增加704人，比2014年同期增加266人（见图8）。

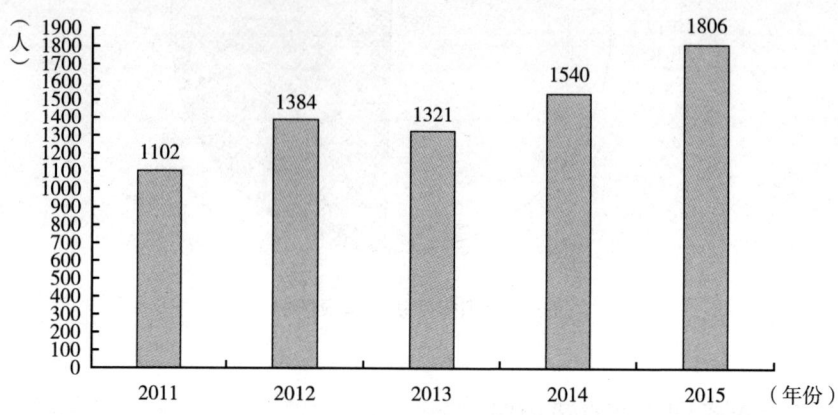

图8　2011~2015年深圳律师实习人员数量

三　深圳律师事务所发展情况

（一）深圳律师事务所规模情况

深圳律师事务所数量稳步上升，从2004年的195家到2015年的598家，已经增长了2.07倍，比2011年同期增长49.13%，比2014年同期增长16.34%（见图9、图10）。

（二）深圳律师事务所在各区的分布情况

深圳各区都有律师事务所，其中福田区最为集中。2015年，在深圳598家律师事务所中，有257家设立在福田区，占42.98%（见图11、图12）。

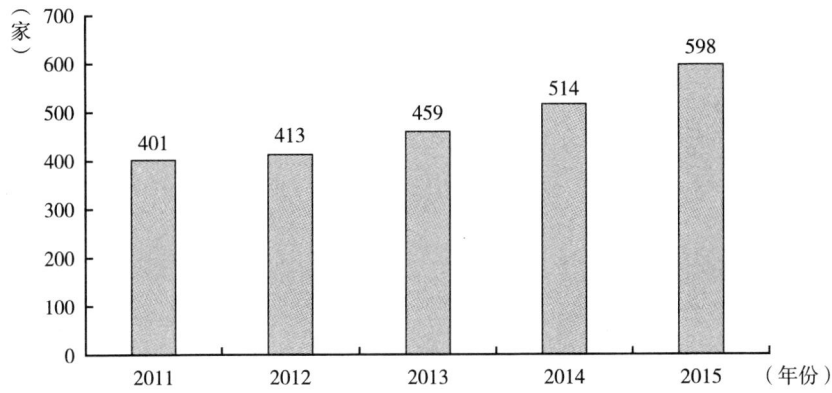

图9　2011~2015年深圳律师事务所数量

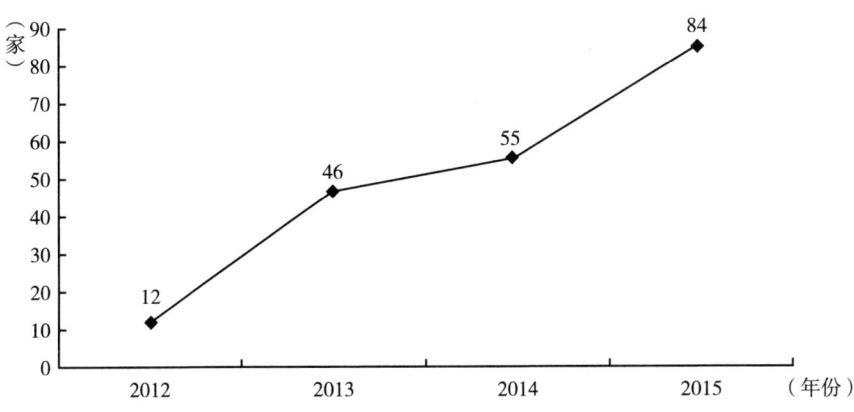

图10　2012~2015年深圳律师事务所年度增量

(三)深圳律师事务所类型情况

2015年,深圳各类型律师事务所的数量和比例分别为:普通合伙所380家(占63.55%);特殊合伙所7家(占1.17%);个人所210家(占35.12%);前海联营所(已备案)1家(占0.17%)(见图13)。其中,个人所的数量呈明显的上升趋势(见图14、图15)。

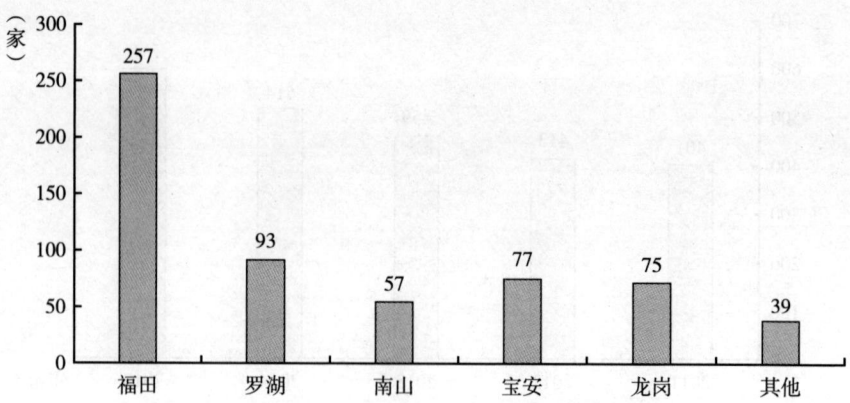

图11　2015年深圳律师事务所在各区分布情况

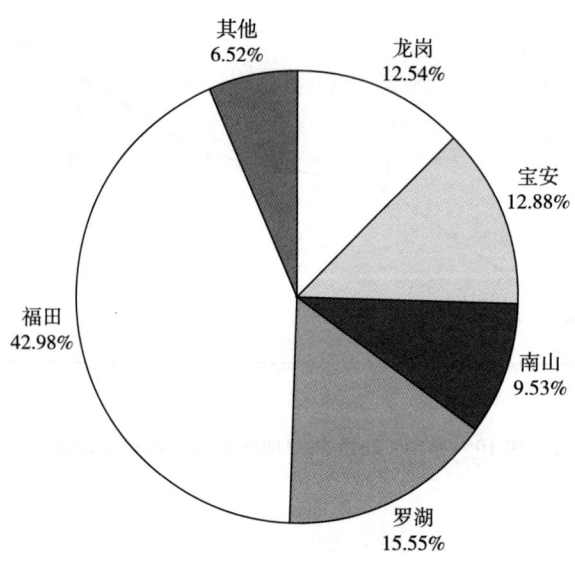

图12　2015年深圳市各区律师事务所比例

（四）设在深圳的本市所与外地分所情况

2015年，深圳律师事务所共有本市所527家（占88.13%），外地分所

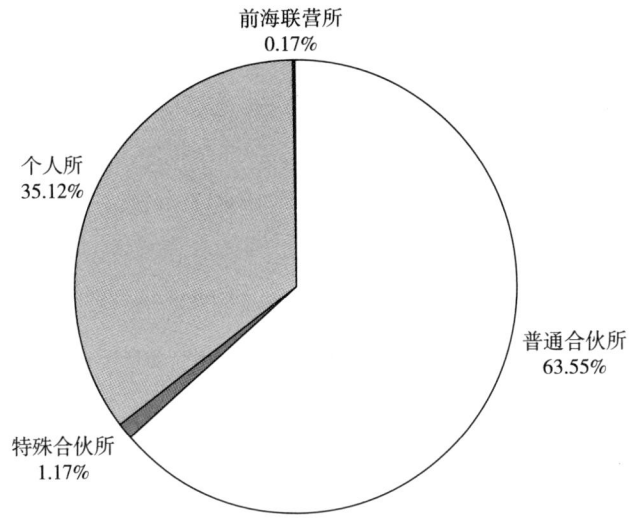

图 13　2015 年深圳律师事务所类型情况

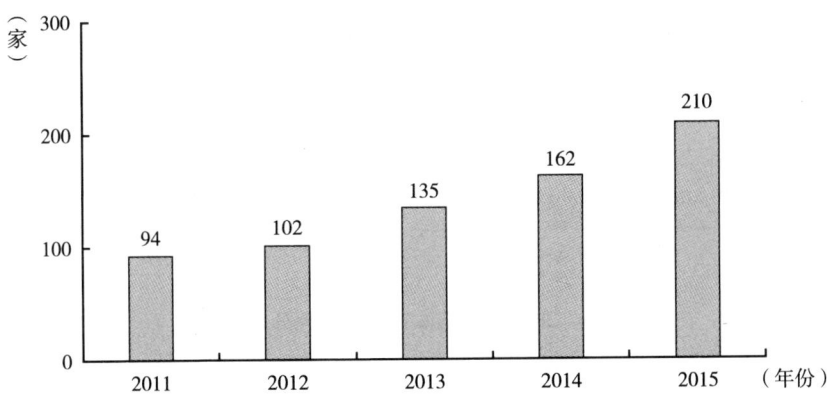

图 14　2011～2015 年深圳个人律师事务所数量增长情况

71 家（占 11.87%），外地分所中北京分所 41 家，上海分所 8 家，广东分所 10 家，海南分所 2 家，湖南分所 3 家，广西分所 1 家，山东分所 1 家，山西分所 1 家，贵阳分所 1 家，重庆分所 1 家，四川分所 1 家，云南分所 1 家（见图 16）。

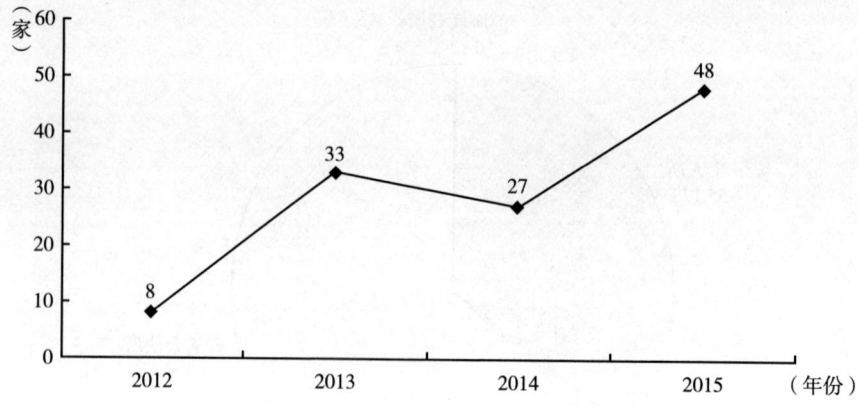

图 15　2012～2015 年深圳个人律师事务所年度增量

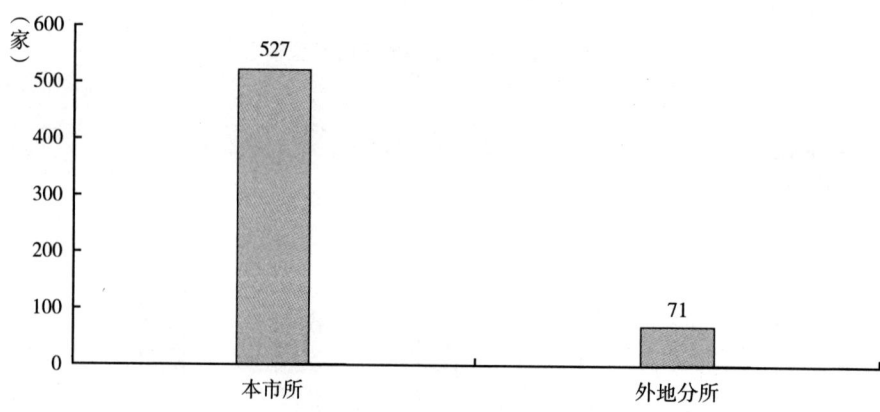

图 16　2015 年深圳本市所与外地分所情况

（五）深圳本市所在外地开设分所的情况

根据 2015 年律师所年度考核数据统计，本市所在外地设立分所 34 家，比 2014 年多 1 家。其中：北京 3 家，上海 3 家，天津 3 家，重庆 1 家，四川 1 家，成都 2 家，长沙 2 家，武汉 2 家，大连 1 家，杭州 1 家，郑州 1 家，文昌 1 家，广州 6 家，珠海 2 家，潮州 1 家，梅州 1 家，佛山 1 家，茂名 1 家，江门 1 家（见图 17）。

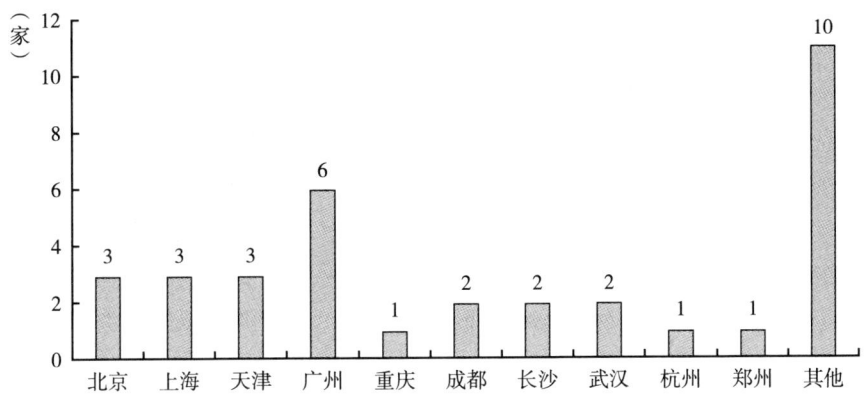

图17　2015年深圳本市所在外地开设分所情况

四　深圳市律师协会发展情况

2015年，市律协以营造一个较好的发展环境为己任，在保障律师执业权利和明确律师执业纪律方面有所作为，具体表现如下：推动深圳市两级法院正式为律师开辟了免安检"绿色通道"；协调深圳市中级人民法院出台《关于保障律师执业权利的若干规定》，从充分尊重律师、为律师执业提供便利等5个方面保障律师的执业权利；协调深圳市人民检察院出台《关于在刑事诉讼中保障辩护律师执业权利的办法（试行）》，进一步保障了辩护律师的会见权、阅卷权、取证权、知情权等权利；与深圳市司法局联合出台了《关于规范律师在法院诉讼行为及律师与法官关系的指导意见》，从规范律师和法官的关系、规范律师礼仪、明确律师在诉讼中的执业纪律、畅通律师与法官的沟通渠道4个方面进行了规范。

同时，市律协在2015年还完成了以下工作：与最高院第一巡回法庭签署《关于建立良性互动工作机制的备忘录》（以下简称《备忘录》），根据该《备忘录》，第一巡回法庭专设"律师志愿服务室"，遴选并派出261名专业律师轮值，每周安排8名律师全天候值班4天，为涉诉信访提供法律咨询和专业引导；与深圳市人大常委会合作，在市律协设立立法调研基地，公开遴选出34名专业律师为基地首批法律专家,并组织律师完成《深圳经济特区全民阅读条例(草案)》《深圳经济特区绿化和公园条例(草案)》《深圳市制定法规条例》等六个草案的调研工作,形成逾18万字的文本起草和修订成果,基地还承接并完成了《深圳经济特区环境保护条例》立法后评估报告;与深圳市社会组织总会共建深圳社会组织法治创新基地,发挥专业优势在社会组织立法、法治课题研究、法律援助、咨询培训和公益服务等方面展开务实合作;受深圳市中级人民法院委托,与中国社会科学院联合作为独立第三方对法院执行工作开展评估,评估报告出版后入选国家智库,这在全国开创了建立律师对法院工作进行评价制度的先河,开通了律师参与司法体制改革的新渠道,开辟了构建法律职业共同体的新平台。

五 存在的问题

(一)总体上与北上广存在差距

2015年,北京有律所2100家,律师25224人;上海有律所1212家,律师17400人;广州有律所564家,律师9788人;深圳有律所598家,律师9353人(见图18)。无论是律师事务所数量还是律师总人数,深圳均与北京、上海有较大差距。

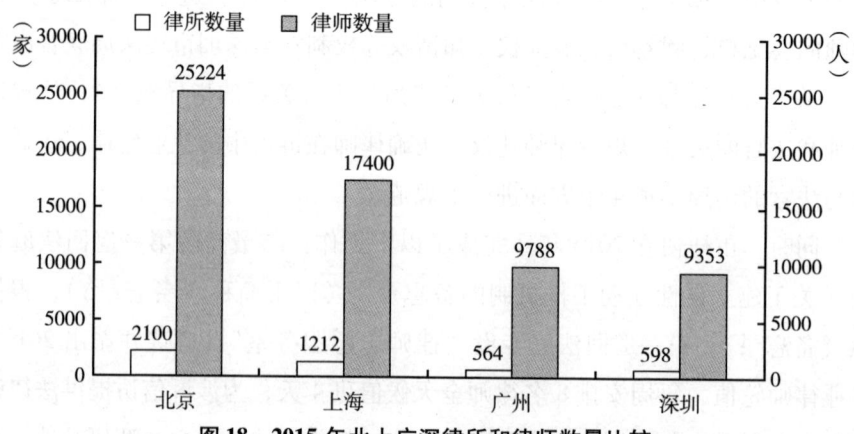

图18 2015年北上广深律所和律师数量比较

从从业人员学历横向比较中，我们不难看出，深圳律师受教育水平与上海相比还有一定差距（见图19）。

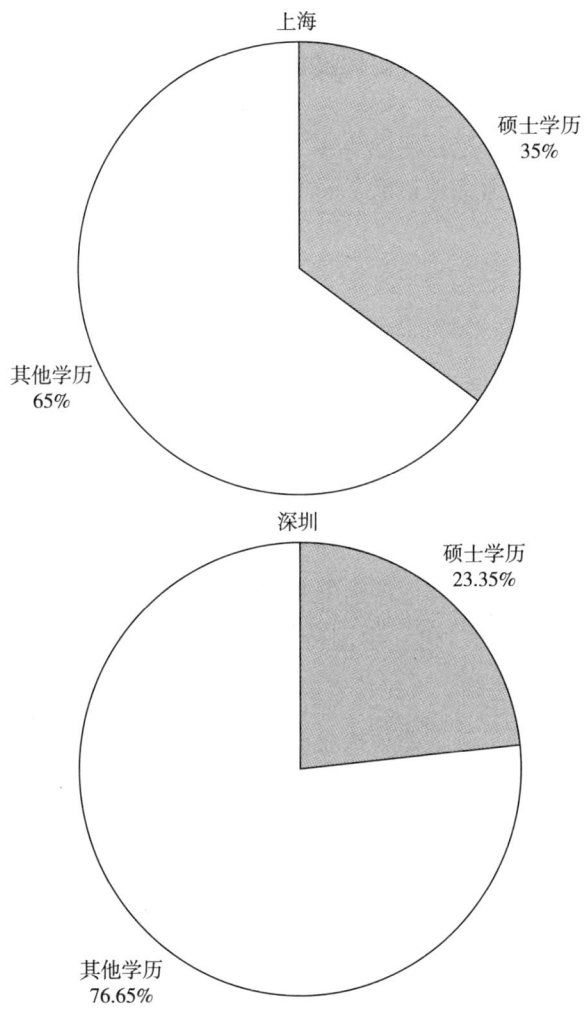

图19　2015年深圳与上海律师从业人员学历横向比较

（二）律所出现"马太效应"

"马太效应"是指强者愈强、弱者愈弱的现象，这广泛存在于社会各个领域。"马太效应"在深圳律师行业同样存在。随着执业律师人数的增多，全行业内的律所在规模上呈现一种新的态势，一方面大所的律师数量迅速增加，另一方面大部分小所存在越来越小型化的趋势。

（三）律师之间存在一定程度的恶性竞争

目前，由于深圳律师行业高端业务律师较为短缺，传统业务律师人数严重过剩，因此，不可避免地造成了一定程度的恶性竞争。

六 2016年展望

（一）律师执业权利保障措施将逐步落地

2015年最高人民法院、最高人民检察院、公安部、国家安全部、司法部联合出台了《关于依法保障律师执业权利的规定》（以下简称《规定》），这是深化律师制度改革、促进律师事业发展的重要举措，对保障律师执业权利、充分发挥律师作用、建立中国特色社会主义律师制度具有重要意义。《规定》强调，人民法院、人民检察院、公安机关、国家安全机关、司法行政机关应当尊重律师，健全律师执业权利保障制度，依照有关法律规定，在各自职责范围内依法保障律师知情权、申请权、申诉权，以及会见、阅卷、收集证据和发问、质证、辩论等方面的执业权利，不得阻碍律师依法履行辩护、代理职责，不得侵害律师合法权利。为了落实中共中央律师工作会议精神，全国各地也相应出台了保障律师执业权利的实施意见。可以预见，在2016年，这些保障律师执业权利的措施将逐步得到落实，律师执业权利将得到有效保障，特别是刑辩律师的执业环境将得到根本性的改善。

（二）律师服务价格逐步市场化，价格竞争将日益加剧

2014年12月国家发展改革委发布的《关于放开部分服务价格意见的通知》（发改价格〔2014〕2755号）规定，除律师事务所和基层法律服务机构（包括乡镇、街道法律服务所）提供的下列律师服务收费实行政府指导价外，其他律师服务收费实行市场调节价：第一，担任刑事案件犯罪嫌疑人、被告人的辩护人以及刑事案件自诉人、被害人的代理人；第二，担任公民请求支付劳动报酬、工伤赔偿，请求给付赡养费、抚养费、扶养费，请求发给抚恤金、救济金，请求给予社会保险待遇或最低生活保障待遇的民事诉讼、行政诉讼的代理人，以及担任涉及安全事故、环境污染、征地拆迁赔偿（补偿）等公共利益的群体性诉讼案件代理人；第三，担任公民请求国家赔偿案件的代理人。虽然部分省市律师协会发布了地方性的律师收费指导价，但因缺乏上位法的支持，难以具有强制力。可以预见，2016年中国法律服务价格将进一步市场化，在一些常规性的法律服务领域价格竞争将日益白热化。

（三）新型法律电商继续成长，为其他行业进入法律服务行业打开缺口

"互联网＋"的时代，法律电商应运而生，不断冲击着传统的律师行业。互联网与法律服务行业的深度融合带来了巨大的市场，也为其他行业进入法律服务业打开了缺口，不少机构开始进行跨界、转型以及融合，形成新的业态，创造新的价值，比如法大大、赢了网、安盾网、律伞、无讼阅读等法律电商和产品崭露头角。法律服务行业如何更好地站在"互联网＋"的风口上、抓住这个时代的新机遇，是一个值得探索的问题。可以预见，2016年新型的法律电商将继续成长，将有更多非法律人士投入该领域试水或淘金，但这会不会对传统的律师行业带来巨大冲击，仍有待观察。

（四）政府法律服务体系将逐步形成，行政法律服务业务将大幅增长

党的十八届三中全会提出了普遍建立法律顾问制度的战略部署，为了落实这一制度全国各地政府及其职能部门纷纷建立了法律顾问制度，聘请律师担任法律顾问。预计到2016年底前，各级政府将基本全面建立法律顾问制

度，与其相适应的行政法律服务业务量将大幅增长，行政法律服务将专业化。

（五）公共法律服务体系进一步完善，律师参与社会治理将成为新常态

公共法律服务体系的构建是一个政府主导和高度参与的活动，但公共法律服务体系建设是一项非常复杂的系统工程，不可能一蹴而就。在相当一段时间内公共法律服务体系建设将主要依靠社会律师，政府主要通过购买法律服务或者公益法律服务的方式进行。可以预期，2016年中国的公共法律服务体系将进一步得到完善，律师将成为公共法律服务的生力军。律师在参与人民调解、村居法律顾问服务以及化解社会矛盾等社会治理领域发挥积极作用。

（六）律师事务所联盟将成为新潮流

近年来中小律所生存面临巨大挑战，为了抱团取暖，中小律师事务所正在谋求联盟合作。联盟的优势在于促进知识和管理的分享，在协同合作之余还能坚持独立自主。可以预见，2016年将会涌现一批新的律所联盟，律所联盟将成为中小律师事务所谋求发展的新潮流。

（七）律师参政议政渠道进一步拓宽

构建法治社会需要律师的参与，律师整体质量好坏是衡量社会进步与否的标志。随着法治建设的推进，律师能够通过担任人大代表、政协委员的方式参政议政，律师还可以通过受邀担当监督员、观察员等方式实现参政议政。可以预见，2016年律师的参政议政渠道将进一步拓宽，律师参政议政的能力将进一步提升。

（八）律师职业培训多元化发展，培训产品多元化

长期以来律师职业培训主要依靠律师事务所和行业协会，高质量的职业

培训较少，难以满足律师的执业需求。2016年，随着网络平台和远程服务教育的开展，可以预见，律师职业培训将进一步多元化，培训产品也会推陈出新，远程教育、视频教育、在线交流会将会抢占一定的市场份额。

结　语

2015年，深圳律师顺应时代发展，在提升自身职业技能与职业素养的同时，积极推动律师服务向多元化发展，并且积极推动深圳的法制建设，服务广大人民群众。但与此同时，深圳律师在数量、学历、创收等方面仍然与北京、上海的律师存在一定的差距。在这个既有机遇又有挑战的时代，深圳律师应继续探索加强执业律师业务能力的途径，提高专业素养和服务水平，不断开拓律师业务，从而形成与北京、上海并驾齐驱的律师第一方阵。

市委书记马兴瑞，市人大常委会主任丘海，市委副书记、市政法委书记李华楠以及市政协、市中院、市检察院、市公安局等相关部门领导多次调研、视察深圳市律师工作，对于深圳市律师业的发展给予了极大的关注和支持。深圳市律师业将继续以丰富的人才资源为基础，建设更规范的自治机制，形成更专业的服务体系，为维护社会公平正义，建设社会主义法治社会做出应有的贡献！

B.15
2015年深圳市经济犯罪综合分析与对策

林秀萍*

摘 要: 随着深圳国际化城市建设的推进,全市呈现信息网络高速化、交通物流发达、市场经济繁荣的新格局,同时也带来经济犯罪向集团化、家族化、专业化、跨区域化发展的新情况,并且呈现经济犯罪作案主体、手段、方式的新变化。本文通过分析2015年深圳市经济犯罪态势、特点及原因,对2016年全市经济犯罪趋势做了研判并提出对策。

关键词: 深圳 经济犯罪 犯罪手段

一 全市经济犯罪总体情况

(一)接报涉经济警情出现微降

2015年全市110指挥中心接报涉经济犯罪警情5114宗,同比下降1.2%。其主要类别有:破坏金融管理秩序警情3677宗,其中银行卡类警情820宗(售卖银行卡383宗、POS机盗刷银行卡135宗、恶意透支154宗、其他148宗)、非法从事黄金期货买卖警情29宗、证券类警情636宗、放贷类警情2036宗、非法集资警情144宗、非法传销类警情12宗;扰乱市场秩序警情6宗;危害税收征管警情1431宗,全部是发票类警情(见图1)。

---

* 林秀萍,深圳市公安局经济犯罪侦查局综合处一级警督。

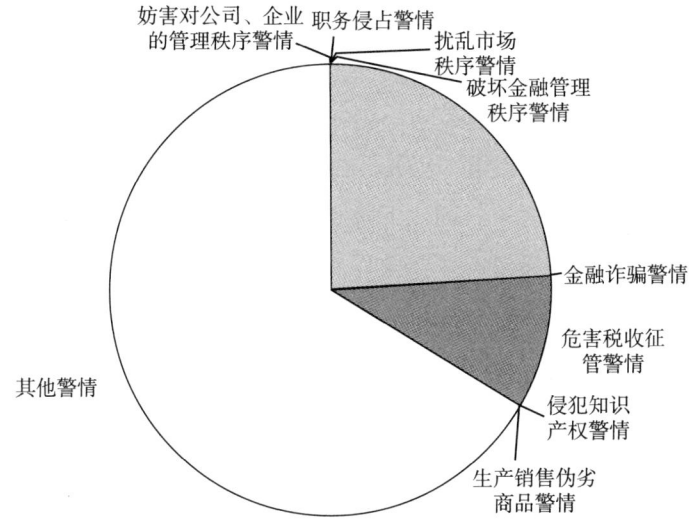

图1 全市经济警情分类

（二）受理经济案件略升

2015年全市共受理经济犯罪案件6782宗，立案侦查6033宗，涉案金额744.87亿元人民币，不予立案357宗。与上年同期相比，全市经济犯罪案件受理数上升1.1%，立案数下降1.4%，不予立案数上升63%（见图2）。

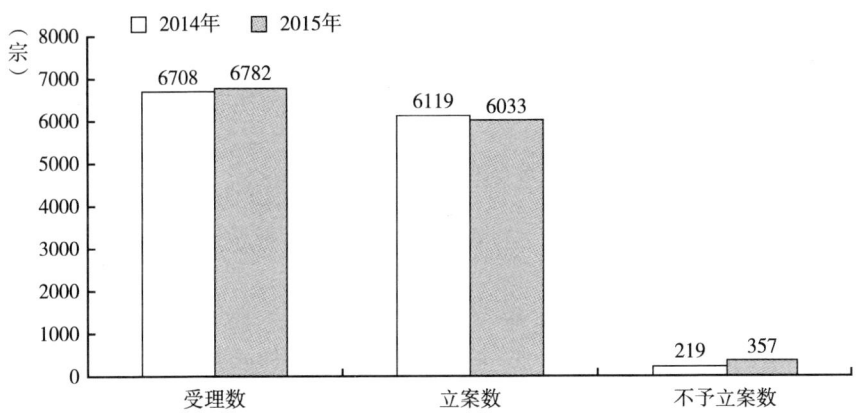

图2 深圳全市受理经济案件数量

（三）全市经济犯罪案件分类升降不一

2015年全市发生妨害对公司、企业的管理秩序案65宗，占1.1%，同比下降19.8%；职务侵占案478宗，占7.9%，同比下降15.5%；扰乱市场秩序案758宗，占12.6%，同比下降0.7%；破坏金融管理秩序案353宗，占5.9%，同比上升48.3%；金融诈骗案3435宗，占56.9%，同比上升15.5%；危害税收征管案358宗，占5.9%，同比上升163.2%；侵犯知识产权案544宗，占9%，同比下降18.1%；其他42宗，占0.7%，同比下降94%（见图3）。

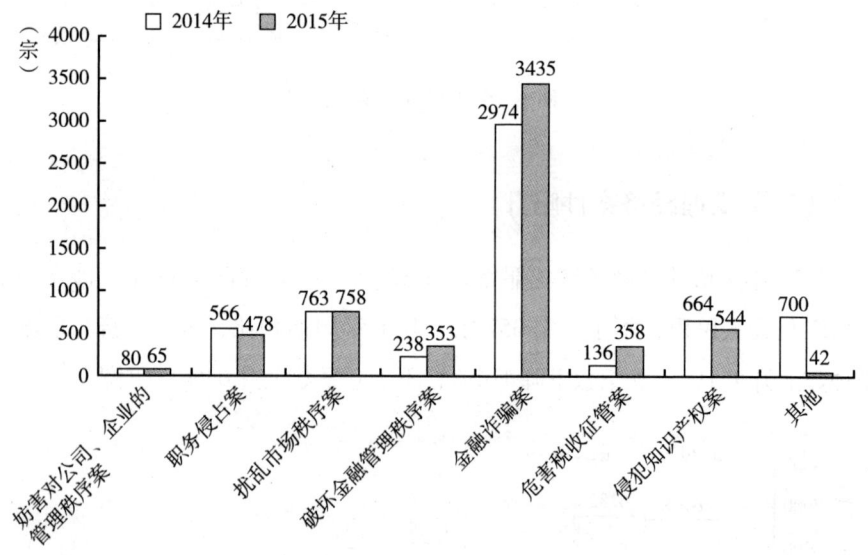

图3 全市经济犯罪案件分类构成

（四）九类案件多发

从犯罪案件集中度来看，以下九类案件为多发，占经济犯罪案件总数的91.8%。它们依次是：信用卡诈骗案（3329宗，占55.2%）、职务侵占案（478宗，占7.9%）、合同诈骗案（387宗，占6.4%）、非法经营案（362

宗，占6%）、假冒注册商标案（295宗，占4.9%）、非法吸收公众存款案（206宗，占3.4%）、销售假冒注册商标的商品案（200宗，占3.3%）、出售非法制造的发票案（146宗，占2.4%）、持有伪造的发票案（133宗，占2.2%）。这九类以外的其他案件总共仅占8.2%（见图4）。

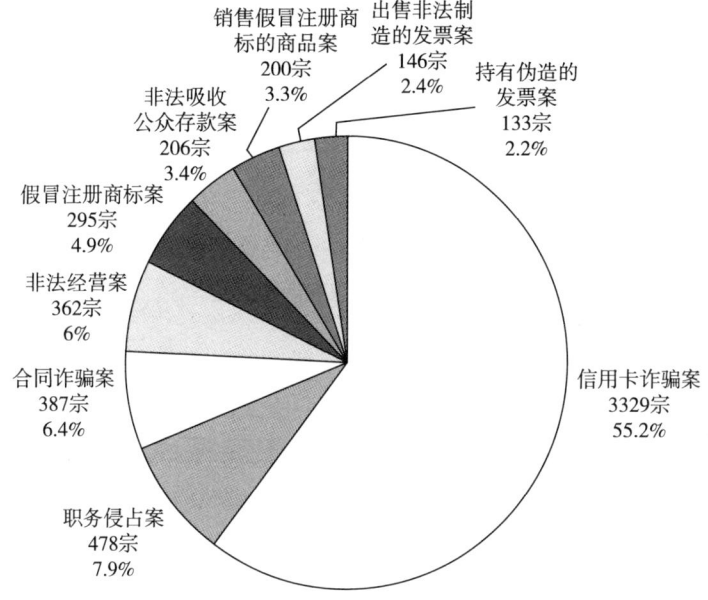

图4 全市犯罪案件集中度

（五）不同区域经济犯罪活动有升有降

从经济犯罪活动区域来看，呈现"六升四降"。福田区1124宗，同比上升10.3%；罗湖区782宗，同比上升7.4%；南山区573宗，同比上升5.3%；龙岗区1332宗，同比上升3.9%；龙华新区589宗，同比上升20%；大鹏新区34宗，同比上升41.7%；盐田区86宗，同比下降11.3%；宝安区1043宗，同比下降25.3%；光明新区200宗，同比下降25.9%；坪山新区85宗，同比下降14.1%（见图5）。

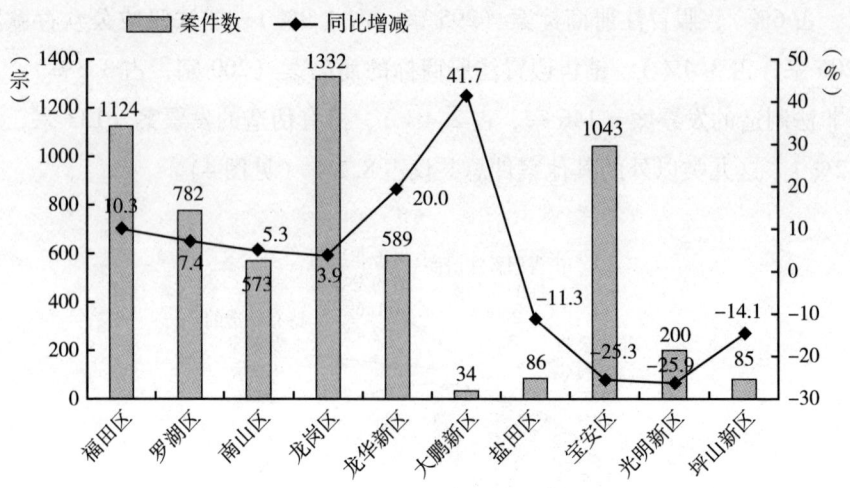

图5 全市经济犯罪活动区域

二 经济犯罪活动主要特点

（一）信用卡诈骗位居榜首

2015年银行卡类案件持续高发，以信用卡诈骗位居榜首。全市共发生信用卡诈骗案和妨害信用卡管理案3428宗，与上年同比上升14.4%。其中信用卡诈骗案3329宗，同比上升15.2%，居各类经济犯罪案件首位。信用卡诈骗案和妨害信用卡管理案的发案区域主要集中在龙岗区、福田区、罗湖区、龙华新区、南山区、宝安区。

（二）扰乱市场秩序案仍在高位运行

2015年全市发生扰乱市场秩序案758宗，同比下降0.7%。其中合同诈骗犯罪和非法经营犯罪活动比较突出，约占扰乱市场秩序案件的98%。2015年深圳市合同诈骗案387宗，同比上升26.5%；非法经营案362宗，同比下降18.1%。合同诈骗案的发案区域主要在宝安区、福田区、罗湖区和龙岗区。非法经营案的发案区域主要在宝安区、龙岗区、罗湖区和南山区。

（三）假币犯罪有抬头之势

2015年全市公安机关立伪造货币案、出售假币案和持有、使用假币案件共29宗，同比上升262.5%，上升幅度明显。

（四）非法集资案件上升明显

2015年全市共发生非法吸收公众存款案206宗，同比上升505.9%；集资诈骗案30宗，同比上升233.3%。

（五）假发票犯罪上升明显

2015年危害税收征管案上升明显，以假发票犯罪为主。全市立危害税收征管案件358宗，同比上升163.2%。其中，假发票案件占86.6%。

（六）侵犯知识产权案有所下降

2015年侵犯知识产权案虽然有所下降，但依然比较突出。全市立侵犯知识产权案544宗，同比下降18.1%。其中，假冒注册商标案、销售假冒注册商标的商品案共495宗，占侵权案件的91%。

三 经济犯罪活动原因分析

（一）智能犯罪活动增加，导致信用卡类案件明显上升

1.克隆银行卡，增加诈骗犯罪

我国现有的银行卡绝大部分是磁条卡，技术含量低。同时，第三方支付平台、POS终端技术防范标准及能力也普遍较低，在硬件上缺乏有效监管，从而导致克隆卡有盗刷的渠道。

2. 异地盗刷信用卡，逃避犯罪打击

据统计，在信用卡诈骗案中，异地盗刷案件占63.2%，恶意透支案件占7.5%，卡遗忘在柜员机上被人拾获盗刷案件占3.9%。此外还有假冒他人身份开卡恶意透支或者假冒事主申请修改手机密码后办了事主的手机备卡，然后进行盗刷；假冒银行客服人员，以提升信用额度为名骗取银行卡验证码等相关资料后盗取资金；假冒银行客服短信，诱骗事主点击带病毒的链接后盗取资金；假冒网上购物客服电话，以购物退款未成功为名骗取受害人银行卡号及密码后盗刷；假冒民航客服电话，要求事主到ATM机进行退机票款操作，随后把事主卡中的钱盗取；手机因安装了载有木马程序的所谓移动客服端的软件而被盗刷；银行卡丢失被盗取；等等。

3. 跨境作案，内外勾结

经过多年的打击，犯罪分子更加狡猾，犯罪手段更加隐蔽，手法更加新颖，特别是犯罪对象指向境外。如公安机关捣毁一假银行卡犯罪窝点，现场抓获犯罪分子6人，缴获作案用电脑5台，笔记本电脑2台，苹果手机314部，境外信用卡信息一大批。该团伙的作案手法，就是从互联网上购买大量境外信用卡信息资料，包括银行卡号、持卡人姓名、CVV码等主要信息，利用租用来的苹果手机设置固定账户，捆绑信用卡信息，在苹果网上商店（APP Store）点击购买软件，提升软件排名赚取佣金，或购买游戏卡币及装备并在网上售卖套现，通过支付宝收取非法收入。

（二）侵权制假犯罪，导致涉案价值明显上升

1. 利用知名品牌，制造与销售假冒产品

假冒注册商标案和销售假冒注册商标的商品案中主要是假冒名牌手机及配件、名牌香烟、硒鼓以及饮用水、月饼、家装用的油漆、眼镜、鼠标等商品。

2. 搭建虚假网站，利用网络进行售假

侵权制假案件中，网上销售假名牌商品案不断出现，售假面不断拓宽，给打假工作提出了新挑战。如不法分子委托专业人士搭建虚假售药网站，利

用服务器托管的方式避免审查手续，然后通过制造点击量和推广非法广告提高网站在百度、谷歌等搜索引擎的竞价排名，再辅以网上咨询等服务，以"疾病康复中心、科研机构、医疗单位"等名义鼓吹神奇疗效或强调价格优势，最终吸引大量网民访问进而达到推销药品的目的。

3. 多元化手段加剧，呈现组织化、规模化、跨区跨省经济犯罪

（三）合同诈骗犯罪，导致经济犯罪打击难度明显增加

1. 以互联网诈骗，使犯罪手段更具隐蔽性

犯罪分子在互联网上制作虚假公司网页发布虚假信息，诱骗对方当事人支付货款和预付款后就关闭网站，失去联系；或者是通过邮件、QQ聊天工具等互联网以及微信、手机方式进行合同诈骗。

2. 以借款佯骗，使犯罪目的更具迷惑力

此类违法犯罪分子往往利用一些小微公司管理不够规范，又急于想赚钱的心理。小微公司对其用作担保的虚假房产证没有进行合法性真实性的认证，就与其签订了借款合同，犯罪分子骗取贷款后逃匿。

3. 以合作投资为名行骗，使犯罪得逞更具吸引力

此类犯罪分子假借合作投资为名，骗取钱财。此外，以融资为名进行合同诈骗，以及利用承包工程为名骗取工程预付款或保证金、以投资理财为名骗人钱财、以代加工为名骗取货款或加工原材料、以租车为名诈骗租车公司车辆等。

（四）危害税收征管犯罪增加，导致经济犯罪呈现专业化趋势

1. 犯罪手段不断更新

随着互联网的发展，假发票犯罪依托互联网不断呈现新的犯罪手法。如深圳市破获的詹某光涉嫌出售非法制造的发票、出售伪造的增值税专用发票案中，犯罪嫌疑人先是通过QQ群在网上公开招揽需要假发票的客户，再通过手机短信、微信对开票的内容、数量、价钱、收票地址等进行沟通交流，然后用自己从网上购得的刻章机，利用刻章软件自行伪造公司印章，然后再

通过物流快递将假发票送到购买人手中。这样，犯罪嫌疑人足不出户就可以完成"发布信息、刻章制票、快递送票"全套流水作业。

2. 犯罪形式更加隐蔽

如在上案件中，犯罪分子为了隐蔽出售假发票的窝点，在距离居住地不远处专门租用了售假地。售假地不安装固定电话、有线电视、区域网络等可以被公安机关找到落点的设备，而是在居住地安装了大频率的 Wi-Fi 以便在售假地达到上网需求。

3. 骗税犯罪呈现跨区蔓延

如深圳市公安机关办理的部督"720"特大黄金票虚开、骗税案件中，在深圳、汕头和湖北省黄冈市等地抓获嫌疑人 29 名，涉案金额高达 60 亿元人民币。

（五）涉众型经济犯罪，导致打击经济犯罪面更为宽广

1. 以新型犯罪手法骗取受害民众钱财

打着创新经济发展方式的旗号，其经济犯罪的现代化、欺骗性更加隐蔽，如股权投资、互联网金融、商业模式创新等。据统计，2015 年深圳市共查处 P2P 平台涉嫌非法集资案件 70 宗，涉案金额 47.48 亿元，涉及人数 84910 人。如深圳高新某电子商务有限公司涉嫌非法吸收公众存款案。犯罪嫌疑人方某平利用嫌疑人陈某权、张某的身份成立深圳高新某电子商务有限公司，利用"高新盛"P2P 网络借贷平台宣传引诱投资人向网络借贷平台上的借款项目进行投资借款，并有高额利息（年化利率在 20% 左右）作为回报，但事实上该网上标的大部分为虚假标的。该案涉及受害人数约 2100 人，涉案金额约 2.5 亿元。

2. 以高利息、高分红、高奖励为名诱骗受害民众

以参股公司可获高分红、拉下线可获高奖励为名骗人钱财，如马某等人涉嫌非法吸收公众存款案。又如中某华商股权投资基金管理公司非法吸收公众存款案。中某华商股权投资基金管理公司宣称其公司经营的回收废矿项目经过国家 315 认证，并以该项目得到了国家财政部和能源部的支持、拨款为

由,对投资者承诺投资后每月给予20%的红利回报为诱饵,吸引众多事主投资其公司的项目,涉案金额1000余万元。再如,如杜某群非法吸收公众存款案。犯罪嫌疑人杜某群以工厂急需资金周转和转让公司股份为幌子,向事主黄某凭等30多人以4%~6%的高额利息借款,涉案金额累计达5.8亿元。

3. 以理财产品为幌子吸引受害民众

以售卖理财产品为名骗人钱财,如曹某林涉嫌非法吸收公众存款案。

4. 以与境外犯罪势力勾结骗取钱财

这种经济犯罪往往以"两头在外"的方式进行骗取钱财,其主要手法是嫌疑人和公司在境外,签合同、缴款在境外,或者款项快速流往境外,但投资者都是国内居民,达到骗取投资者钱财的目的。由于这种经济犯罪的资金支付、财产转移手段的日益丰富和快捷,经济犯罪分子几乎都把转移财产作为犯罪"标配",从而导致经济侦查机关对涉案资产的查扣难度越来越大,打击难度也越来越大。

四 2016年经济犯罪主要趋势与对策

(一)趋势研判

1. 信用卡诈骗等传统高发性经济犯罪仍将持续高发

结合深圳市近年来经济犯罪形势及地缘性特征,信用卡诈骗、职务侵占、合同诈骗、非法经营、制假售假等传统高发性经济犯罪案件仍将维持较高发案趋势。

2. 非法集资犯罪形势依然严峻

预计受经济下行的大环境及2015年以来非法集资犯罪发案数大幅上升等因素的综合影响,非法吸收公众存款、集资诈骗案涉众型案件在今后一个时期仍将呈上升态势,受害群众可能会进一步增多。

3. 涉网经济犯罪所占经济犯罪的比重将逐渐加大

随着互联网越来越多地运用于商业活动和百姓生活，传统的经济犯罪也进行着网络化的转变，网络犯罪发展将更快、涉及地域更广、危害更大。利用网络实施的非法集资、非法经营证券期货业务、资本运作、销售假币、假发票、贩卖银行卡、银行卡非法套现，出售假冒伪劣商品，非法经营药品等犯罪将逐渐高发。同时，网络经济犯罪存在资金和信息流动快、涉及面广、隐蔽性强、调查取证难等情况，导致发现和打击此类犯罪将更为困难。

4. 金融领域经济犯罪案件中涉众型案件将呈多发状态

2015年伴随我国金融市场的快速发展，像"网络借贷（P2P）"类的各种金融创新将如雨后春笋般兴起，这同时也给改革开放前沿的深圳市金融稳定和社会稳定带来严峻挑战，全市以金融创新为名进行非法吸收公众存款、集资诈骗的涉众型案件将会增多。

（二）主要应策

1. 组织开展专项行动，遏制突出经济犯罪活动

针对各个时期突出的经济犯罪，以点带面，主攻重点，组织开展各种专项行动，严厉打击犯罪活动，维护企业发展核心竞争力，维护市场主体公平竞争体系，以达到有效净化市场环境，服务廉洁城市建设。

2. 严厉打击金融犯罪，确保金融市场高效运行

针对银行卡诈骗、保险诈骗案件高发情况，突出大要案件，严打犯罪集团；对假币犯罪"零容忍"，彻底铲除假币制造窝点，严密防范消费领域假币犯罪行为。通过部门移送、警情研判、联合上案，快侦速破证券犯罪案件，加大对非法证券犯罪活动打击力度，促进资本市场健康发展；依托处置非法集资联席会议平台，实现对非法集资活动的露头就打、打早打小。

3. 严厉打击商贸犯罪，维护市场经济秩序

重点打击民间融资借贷、黄金珠宝交易、房产交易引发的合同诈骗犯罪活动。同时对商品流通、金融信贷、工程建设等群众反映强烈、社会广泛关注的行业为重点领域，加强与纪检监察、市场监管、商务等相关部门的协作

配合，深挖线索，广辟案源，对系列职务侵占、合同诈骗、非法经营、商业贿赂等案件及时串并，适时开展专项打击，使全市多发性商贸领域犯罪得到有效遏制，以维护市场经济秩序，促进社会和谐发展。

4. 严厉打击涉众型犯罪，全力保障社会稳定

针对经济犯罪形势特别是以 P2P 网贷非法集资为代表的网络涉众型经济犯罪以及前海自贸区出现的新型经济犯罪，积极联系行政执法部门，协同研究出台打防管控对策。严厉打击 P2P 网络借贷领域非法集资、网上炒金炒油非法经营以及网上金融传销等假借"金融投资""股权期货交易"为幌子的互联网类涉众型犯罪活动，全力维护社会稳定，保障人民安居乐业。

5. 夯实基层基础工作，提升全面管控能力

深化情报研判机制，建立新型查控系统。以情报信息网络为基础，积极协调社会有关部门、相关警种和基层单位，建立公秘结合、管控结合、有结构、有层次的阵地控制工作体系，全面掌控"经济重点人、资金、企业、互联网金融、传销、假卡、假发票、假冒侵权"八大重点阵地。建立风险预警模式，设立风险等级，对发现的风险隐患进行预评预判、分类处置，切实做到早发现、早处置，实现早介入、早防范、早打击，从源头上遏制多发蔓延态势，从而提升全面管控能力与水平。

6. 加强舆情动态研判，提高防范意识

加强情报预警和互联网等舆情动态研判，积极发现高质量情报线索，并针对新型经济犯罪的新形势、新问题，围绕经济犯罪形势，以及重点、热点经济犯罪问题开展专题研判，提升类案经营和打防管控水平。充分发挥五大媒体的宣传力量，以及微博、微信网上平台，巩固网上宣传阵地，并向地铁、公交站台等公共场所延伸宣传触角，向广大人民群众推送常见经济犯罪手段和防范技巧，全方位提高全社会防范经济犯罪的意识与能力。

B.16
深圳宝安区城市文明建设法治化成效、问题与对策*

邓达奇**

摘　要： 深圳城市文明建设法治化处在全国领先水平，但不可否认仍然存在着不少问题，亟须加以不断改进。本文在对宝安区实证调查的基础上，分析了近年来宝安区城市文明建设法治所取得的明显成效，探讨了其中存在的问题及其原因，并针对这些问题对未来城市文明建设法治化提出了对策建议。宝安区城市法治化建设是深圳的一个亮点，也可以为其他市区城市文明建设法治化提供经验借鉴。

关键词： 深圳　城市文明　法治

　　作为我国改革开放前沿窗口的深圳市，近几十年来经济社会发展取得了举世瞩目的成就，城市文明建设方面也始终走在各大城市的前列，城市管理水平、市民素质与文明程度也得到了很大的提升，但由于深圳是一个新兴发展起来的城市，外来人口流动量大，文化底蕴薄，与其他城市一样遭遇到了各种"城市病"，城市文明建设仍然备受各种问题的考验。因此，迫切需要提出切实可行的法治化措施，利用法治的刚性力量推动深圳市文明建设从

---

* 本文系2015年深圳市社会科学院课题组"宝安区城市文明建设法治化的调研报告"课题的阶段性成果之一。
** 邓达奇，深圳市社会科学院政法研究所助理研究员，博士研究生。

"软约束"变成硬约束,以全面提升深圳市民文明素质和城市文明建设水平,推进深圳尽快建成一流法治城市。本文在对宝安区城市文明建设法治化建设实地调研的基础上,对宝安城市文明建设法治化的成效与问题进行实证研究,最后对其中存在的问题提出法律对策和建议。宝安只不过是深圳整体城市文明建设中的一"斑",通过这一"斑"我们也可大致窥见深圳的全貌。

一 宝安区城市文明建设法治化的成效

(一)为城市文明建设定章建制

一是建立健全多层级的重大行政决策合法性审查制度。宝安区精神文明建设委员会会同区法制机构大力整合和调动各部门、各街道法制机构、法律顾问力量,分工配合,建立部门(街道)决策与区政府决策分级开展的合法性审查制度,全区重大行政决策,均严格履行合法性审查程序。

二是坚持依法行政工作的层级报告制度。各街道、各部门坚持每年向区政府提交年度依法行政工作报告,主动接受区政府监督。区政府被提起复议或行政诉讼的数量呈现逐年下降的良好态势。

三是率先在全市建立向社会公开征集区级规范性文件项目制度。宝安区精神文明建设委员会已启动2015年度区级规范性文件项目公开征集活动,通过人民群众的民主有序参与,变"闭门造法"为"开门立法",促使相关政策的制定向人民群众更为关切的民生和公共服务领域集中,达到更好的施政效果。率先在全市建立规范性文件解读机制。明确规定对于涉及人民群众切身利益的重大规范性文件,要同步开展政策解读工作。

四是完善多层级的重大行政决策合法性审查制度。宝安区精神文明建设委员会积极抓好《重大决策事项法律审查办法》《法律顾问工作规则》等规范性文件的落实,建立健全部门决策由部门法制机构或专职法制工作人员负责审查、区政府决策由承办部门法制机构或专职法制工作人员预先审查、区政府法律顾问室复审的多层级合法性审查制度。

五是细化自由裁量细则，规范处罚标准幅度。2014年9月，根据区法制办的要求，结合宝安公安分局实际执法办案情况，宝安公安分局对市下发的《行政案件自由裁量标准》进行了进一步的细化，形成了《宝安公安分局行政案件自由裁量标准》并报区法制办审核，为基层办案单位的执法活动提供具体标准。

六是深入推行治安承包责任制。进一步量化任务、明确责任，宝安区精神文明建设委员会会同有关司法机关，以对社区副所长的绩效考核为切入点，强化副职警官管理，充分激发基层所队内生动力；以对治安立体防控体系建设、基础防范工作明察暗访为重点，检查发现巡逻值守不规范、留宿场所不如实登记、未按规定安装猫眼探头等一系列问题300余个，并逐一督促整改落实，全区治安立体防控体系进一步完善，各类可防性警情大幅下降：入户抢劫14起、同比下降50%；飞抢警情125起、同比下降74.5%；盗窃机动车警情163起、同比下降86.1%；盗窃自行车115起、同比下降52.9%。

（二）加强了城市文明建设的执法力度

一是加强行政执法监督。宝安区精神文明建设委员会会同有关执法部门在全区率先建立重大行政处罚备案审查机制。集中审查各执法单位报送区政府备案的重大处罚决定325宗，通过对重大处罚的层级监督，促进处罚权的依法公开公正行使。坚持行政执法案卷评查机制。通过自查自评与重点抽评、评查与评议相结合，有效推动各部门及时改进执法工作。宝安区各街道划定的5333区域作为监察工作重点，实行市容环境违法行为零容忍。每月对严管区域市容环境执法成效进行综合考评，考评结果通报给各执法队、街道办和分管区领导，监察工作效能进一步提高。派出巡查小组，对辖区门店进行日常巡查，发现违反"门前三包"管理公约的，首先进行劝阻。多次劝阻无效后，社区工作站将联合办事处执法队开展专项整治行动。宝安区从制定方案阶段的事前监察、指导实施阶段的事中监察到行动后续复查的事后监察入手，全面掌握行动的走向、时效和实效，使监察工作做到有的放矢，不走过场，不流于形式。

二是规范行政执法行为。宝安区精神文明建设委员会会同有关执法部门，结合法律法规的变化，及时完善执法程序，规范办案流程，修订执法文书；修订城管执法案件评查标准，严格案件办理要求，及时组织开展街道综合执法案件质量评查工作；根据工作需要，定期召开案审业务会议，研究解决执法工作疑难问题。定时统一公告相关执法事项，为行政执法暂扣财物案件的及时依法处理提供了保障，认真落实行政复议、行政诉讼应诉制度，积极做好行政诉讼案件应对工作。对每一宗案件，宝安区都予以认真对待，积极与法律顾问研究应对措施。2014年，宝安区城市管理局、区城市管理行政执法局诉讼案件共5宗（行政诉讼4宗、民事诉讼1宗），4宗行政诉讼已结案。

三是提高专项执法行动成效。宝安区精神文明建设委员会为进一步加强城市管理工作，营造干净整洁的市容市貌，宝安区与辖区主干道沿线及城中村商家签订"门前三包"管理公约。公约内容涵盖市容秩序、环境卫生管理和监督管理三个方面，有关责任单位通过包市容、包卫生、包监督的方式达到对其直接使用的区域、间接受益的地段和应尽管理义务的地段的市容环境管理目标。宝安区司法机关结合警情研判，在全区治安复杂地域组织开展"春雷"行动18次；开展武装设卡查缉和"禁摩限电"整治行动，查扣摩托车、电动车148620辆，全区"两抢"、飞抢、盗窃摩电警情同比分别下降58.8%、74.5%、94.7%，社会秩序、交通秩序明显改善。

四是加大执法范围。今年以来，进一步加强了对宝安中心区、凤凰山森林公园、宝安大道、海滨广场等场所、区域的日常监管，各直管辖区的总体市容环境显著提升。去年到今年初，全区共查处各类违法行为287594宗。清理乱摆卖86782宗，查处乱张贴27532张、乱涂写18501宗、占道经营25410宗、超线摆卖39170宗、违章搭建1444处125239平方米、违法户外广告11249宗、非法办学及无证午托机构120宗、余泥渣土违法行为2014宗、售卖黑燃气53家，暂扣瓶装燃气861瓶，取缔生猪私宰点206个，收缴街头摆卖的非法书刊1925本、非法光盘1700张。2014年，共办理市人大建议3份、区人大建议5份、区政协议案7份，代表（委员）满意率100%；共发出督办函8份，转办函374份，全部得到整改落实。

五是从严治警，整肃警风。整合监察督导队伍，抽调纪检监察专员与监察、法制等部门骨干民警，组成7个联合检查组，强化队伍日常监督管理；去年到今年初，认真受理处理各类投诉314件，已调查完毕案件中部分属实10宗，转作线索核查3宗，失实258宗，已调查41宗；开展正风肃纪教育整顿活动，先后对6宗"黄赌毒"案件进行倒查，对11名责任所领导和社区民警进行问责，其中通报批评11人，绩效考核扣分8人，取消当月绩效考核11人，诫勉谈话2人，责令参加素质提升培训班民警7人。

（三）提升了文明城市建设司法水平

一是强力推进"六大专项"行动。整合资源、加大投入，深入推进涉枪、涉车、涉毒、涉黄赌、涉食药假、涉电信诈骗及银行卡犯罪"六大专项"打击整治行动，每天更新数据，每周通报行动进展，每月召开一次宝安公安分局大会进行点评，通过上下共同努力，取得了"六大专项"行动量化考核总体全市第一名的好成绩。

二是严厉打击"黄赌毒"违法犯罪。按照"三个一律"要求，宝安区精神文明建设委员会会同公安部门通过重点单位约谈、日常检查、常态暗访、集中统一行动等方式严打"黄赌毒"违法犯罪，去年到今年初，共查处涉黄案件1150宗，刑事拘留296人，治安拘留2177人；涉赌案件1885宗，刑事拘留460人，治安拘留5195人；涉毒案件1326宗，刑事拘留2062人，治安拘留5188人；场所停业整顿22家。通过系列打击行动，去年共接报黄赌毒警情1821起，同比下降60.9%，各类关联性违法犯罪活动得到遏制，警队的纯洁性得到保证。

三是严打涉外犯罪。涉外犯罪关系到我国的国际形象。宝安区精神文明建设委员会会同有关司法机关加强涉外人员信息采集与管理，推动对"三非"外国人、黑中介和涉案厂家的查处工作，对非法入境、恶意非法居留的"三非"外国人进行严厉的打击。2014年到2015年初,宝安区司法机关协助处理各类涉外案事件179宗436人,破获"三非"案件98宗345人,拘留审查291人,与上年同期的99宗229人(拘审142人)相比,查处人数增长了50.7%,拘留审查人数增长了104.9%。

(四)提升了城市文明建设法治意识

一是加强公职人员依法行政意识和能力建设,积极开展领导干部集体学法活动。严格落实领导干部学法制度。宝安区制定年度领导干部学法计划,坚持开展区政府常务会议学法,并将街道、区直各部门领导干部学法情况纳入区法治政府建设考核范围,努力提升领导干部运用法治思维和法治方式深化改革、推动发展、化解矛盾、维护稳定能力。首次组织行政诉讼观摩庭暨党政领导干部集体学法活动。区党政领导和全区28个行政执法单位、6个街道的主要负责同志参加观摩活动,共同上了一堂新颖别致的法制教育课,得到市领导的批示肯定,并要求在全市推广。

二是抓好经常性思想教育,打牢思想基础。宝安区精神文明建设委员会结合依法治区的有关工作要求,进一步加强"执法为民、服务为民"思想理念教育,树立"把工作当成事业来完成,把事业当成使命来履行"的观念。尤其是面对少数市民群众甚至媒体的不理解与误解,始终在精细上下功夫、长效管理上求突破,确保执法成效得到长久保持。

三是做好政风行风建设,提升廉政勤政自觉性。2015年以来,宝安区以开展"弘扬改革创新精神,树立优良工作作风"学习讨论活动为契机,自加压力,自找问题,内查外调,掌握队伍建设与执法工作的重点难点,找准解决问题的突破口,队伍作风有了新提升。

四是加强网络媒体法制宣传。一方面,结合深圳市正式实施的"垃圾不落地"行动,在各级纸媒上开展系列专题宣传,在《宝安日报》上对"垃圾不落地"的内容、处罚规则进行公示,并刊发了《"垃圾不落地宝安更美丽"行动倡议书》。同时以"垃圾不落地"法制宣传为主题,制作了一段30秒的动漫公益广告,在宝安电视台及公益性LED显示屏循环播出,让市民知法守法。另一方面根据深圳市 3 月 1 日颁布的《深圳经济特区控制吸烟条例》及《宝安区城市管理（行政执法）局 2014 年户外广告专项整治行动工作方案》相关要求，通过宝安电视台、《宝安日报》等媒体对控烟、户外广告整治等专项工作进行了宣传。

二 宝安区城市文明法治化建设存在的问题及原因分析

经过区委、区政府与相关部门以及社会各界力量的长期努力，宝安区的城市文明建设取得了长足的进步，城区文明指数和法治化程度得到了相当的提高，为未来宝安社会发展的全面进步和城区形象的更大改观奠定了坚实基础。然而，基于特殊的区情以及城市文明建设中的实际困难，宝安区城市文明法治化发展也存在着不少问题，有待于我们深入分析其具体原因，进而找到有效破解这些问题的可行路径。

（一）城市文明行为法治促进工作长效机制有待完善

城市文明建设的法治化，其首要工作是相关良好法律法规的制订，如政府的法律性规范性文件、社区的自治性规范条款、企事业单位制定的文明规章制度等。在这方面，深圳经济特区利用地方立法权在全国较早进行了城市文明建设的立法工作，如多年来相继制定了《深圳经济特区奖励和保护见义勇为人员条例》《深圳市义工服务条例》《深圳经济特区城市管理办法》《深圳经济特区市容和环境卫生管理条例》《深圳市养犬管理条例》《深圳经济特区控制吸烟条例》《深圳地铁乘客守则》等文明规范性文件，特别是深圳市五届人大常委会第十九次会议于 2012 年 12 月 25 日正式通过了《深圳经济特区文明行为促进条例》（以下简称《条例》），更是深圳城市文明法治化建设的里程碑。作为一部自 2013 年 3 月 1 日起施行的正式法律，《条例》第三条明确规定：文明行为促进工作应当构建党委统一领导、政府组织实施、各方分工负责、全社会积极参与的工作机制，加强社会公德、职业道德、家庭美德和个人品德教育，发挥市民主体作用，引导市民增强法治意识、权利意识、责任意识、公共意识、民主意识。

上述条例的颁布与实施，为深圳市城市文明法治化发展奠定了正式法律的制度基础。然而，由于种种原因，宝安区尚未建立健全文明行为法律促进工作长效机制，尚未实现文明行为促进工作的科学化、制度化和常态化。如在推进城市文明建设以及法治化宣传方面，宝安区尚未完全摆脱运动化的痕迹：2013年宝安将每年11月定位为"宝安文明月"，各街道、各相关部门在持续一个月的时间里共同承办相关活动；2014年12月，"以法治促文明，争当文明守法好市民"暨第二届"宝安文明月"开展城市文明行动，查摆公共环境、生态环境、法治建设、公共秩序、人际交往、公益行动、窗口服务等方面问题，有针对性地进行落实整改。尽管该类行动在相对集中的时间内开展，有利于宣传、普及、落实相关文明法律法规和提高广大市民文明法治意识，但运动式的宣传普法活动并没有建立与普通市民日常生活的有机联系，其效果是打折扣的。2015年，宝安区委出台了《关于贯彻落实党的十八届四中全会精神、加快建设一流法治城区的实施意见》及其《工作方案》，各相关部门普遍重视并按照意见和方案，分别制定各自的工作计划予以推进，如区城管局的文明执法、区教育局的文明育人、区义工联的公益宣传等，但就城市文明法治化建设的推进及其成效而言，由于相关内容散落在各部门的工作计划中，零星推进，而尚未形成系统的、常态化的各部门与各社会界别相互配合的文明行为法律促进机制。

（二）文明宣传机制有待创新

宝安区在城市文明的普法宣传上做了大量的工作，也取得了相当大的社会效应，但由于形式相对单一、内容还不够新颖、方法还不够灵活、渠道还不够多样、新媒体的利用不够充分，"仁义礼智信"等为主题的文明公益宣传广告平台没有得到统筹、整合和优化，尤其是主要依托区公检法、城管局等政法部门与政府力量，采取的是自上而下的宣传灌输方式，法律宣传普及机制的创新度还不够大，影响了普法的成效。尤其是基于宝安特殊的区情和

人口结构特点,特别是针对数以百万计的劳务工群体,如何制定更具可行性、操作性、创新性的普法机制,是宝安城市文明法治化建设的一个重大课题。

与普法相比,纵观世界范围内的一流法治社会,其值得借鉴的根本经验是:最好的普法是加强执法。众所周知的新加坡重罚机制,不仅对不文明行为的处罚极其严厉,而且处罚手段多样,执法严格且公平公正,对不文明行为产生了极强的震慑作用,以致有人说今天新加坡的美丽是罚出来的。然而,就宝安区城市文明的执法而言,如同全国、全市情形,有法不依、执法不严始终是困扰法治建设的顽疾,使得某些法律法规形同虚设,如《控烟条例》,由于其法律规章是针对某些特定主体、特定事项的立法而缺乏全面系统的防御性规范,据媒体报道,该条例十几年来没有开出一张罚单,无论是烟民还是普通市民都对该条例不以为然,这当然与其中的某些法律条文存在认受度不高问题有关,但执法不严本身既使法律权威受损,也有害于城市文明法治化进程。

（三）公众参与的社会治理机制有待建立健全

作为一个系统性社会治理工程,城市文明的法治化建设不仅仅是政府部门的事,更是社会全体成员的事。目前宝安区委区政府及相关部门对推动城市文明的法治化发展,不可谓不重视,并投入了大量的人财物予以推动,但从整体上看,由于过于依赖政府的力量,而没有充分调动和发挥社会的能动性和积极性,致使在很多领域、环节效果不彰,值得反思。在我们看来,其根本原因就在于尚未形成城市文明法治化建设有效的公众参与和社会治理机制。作为现代社会科学的一种新理论,"治理"自20世纪90年代在西方兴起后至今方兴未艾。从治理一词被运用情况来看,它主要用于与国家公共事务相关的管理活动,其兴起标志着一种新的政府管理方式的出现,核心则在于它倚重的统治机制并不靠政府的权威或制裁,而强调围绕公共事务寻求社会的自治以及政府与社会的合作:治理意味着政府组织已不是唯一的治理主体,治理主体从政府扩展到其他公共机构和私人机构;治理的权力运行方向从单向度的自上而下的统治，转向上下互动、彼此合作、相互协商的多元关系；形成了从事公共事务的多中心的社会网络组织治理体系；政府治理的策略和工具也发生了转变。

三 新时期加强宝安城市文明建设法治化的对策建议

在当前社会转型期，全国各地在道德和文明建设领域普遍面临着公德缺失、诚信失守、伦理失范等诸多挑战，迫切需要进一步发挥法律的规范制约作用，以其权威性和强制性规范社会成员的行为，重塑中华民族"礼仪之邦"的美好形象。国内外先进城市的实践经验充分证明，社会道德风尚的形成、城市文明程度的提升以及市民道德思想境界的养成，都需要法治和刚性的规定约束，才能养成常态化的好习惯好风气。

（一）实施城市文明建设"建章立制"工程

一是完善制度设计，让文明建设有更加清晰的规范指引。建议结合党的十八届三中全会《关于全面深化改革若干重大问题的决定》、党的十八届四中全会《关于全面推进依法治国若干重大问题的决定》《深圳经济特区文明行为促进条例》《深圳经济特区控制吸烟条例》《深圳市养犬管理条例》等中央和省、市有关城市文明建设的法规文件，总结宝安在创建全国文明城市过程中的先进做法和宝贵经验，尽快制定出台《中共宝安区委宝安区人民政府关于建立长效机制全面提升文明城区建设水平的决定》，进一步建立健全宝安文明城区建设工作的决策、责任、监督、奖惩、保障等长效机制，为文明建设工作提供更加科学完善的制度设计，促进文明创建的常态化、制度化，探索中国特色的城区文明模式，力争使宝安成为弘扬和传承中华精神文明的全国典范城区。

二是加强城市文明法治建设的组织领导。文明建设涉及城市生活的多个方面，如公共环境方面包括卫生环境、治安环境的整治，公共场所设施，文化、生活环境的完善；公共秩序方面包括公共场所秩序和交通秩序的优化；

人际交往方面包括和谐友善关系的倡导，文化包容性的增强，市民归属感的提升，文明礼仪知识的传授；公益行动方面包括慈善捐助和志愿服务活动的参与，见义勇为精神的弘扬等。这些工作纷繁复杂，并非某一个职能部门能够独立协调和完成，需要各部门的积极沟通和紧密配合，建议成立宝安区城市文明建设法治化工作领导小组，由区长任组长，区委常委、宣传部长任副组长，区委宣传部、区政法委、社工委、文体旅游局、城管局、环保局、公安分局、工会、团区委、妇联等单位负责人为成员，领导小组办公室设在区委宣传部文明办。同时，各街道、社区等基层部门也成立相对应的文明建设法治化领导小组，构建区、街道、社区三级工作网络，形成由区委宣传部主抓，职能部门通力协作，全社会广泛参与的工作格局，确保文明法治化的有力推进。

三是健全文明城市建设的考核体系。深圳市从2012年8月起，围绕"惠民生、保民安、稳民心、聚民智、借民力、修民德"目标，率先制定了《基层（街道）文明创建和社会建设基本工作测评体系》，并严格执行测评体系，使每项测评内容都真正与市民生活结合起来，为基层文明创建、文明社区和社会建设工作划出了"标尺"，提供了指引。在这个良好的基础上，宝安区应当进一步明确和丰富文明创建工作的内涵，将城市文明法治化建设直接纳入文明城市综合评价体系和考核体系，将相关工作纳入区直机关、街道、社区等单位领导班子年度工作目标考核范畴，坚持平时检查与年度考核相结合，进行全程跟踪检查和督促，确保城市文明建设各项工作落到实处。

（二）实施"严格执法"工程

一是推行由政府监督转向全社会监督。日常执法中的实践证明，当前宝安区各类不文明行为具有偶发性、突然性、随机性等特点，给执法者的取证工作带来极大难度，也间接导致违法者的侥幸心理得到滋长和蔓延。为解决这一监督方面的根本性难题，必须充分依靠和借助人民群众的力量，引入社会监督力量。智能手机、平板电脑等移动、便携的拍照和摄录设备的普及，为群众监督创造了良好的基础条件。2015年9月22日，深圳市城管局发布了"美丽深圳"微信公众互动服务平台,该平台设置了"我要爆料""热点活动""智能客服"三个功能板块,市民只需通过手机微信关注"美丽深圳"微信公众号,便可通过该平台一键举报18类城市问题,跟踪处理进度,还能进行问题咨询、获知最新活动消息等。爆料问题类型包括市容环境、街面秩序、园林绿化、市政设施四大类,基本覆盖了市民最为关心的城市问题;市民的"爆料"将与现有的数字城管系统实时对接,"美丽深圳"微信平台收到问题后,会将问题递送到相关责任部门去处置,市民可通过平台查看问题的处理流程与进度,并对相关责任单位的处理效率、质量进行评价和提建议。若相关单位处理不到位被市民"差评"和吐槽,将被通报扣分,甚至影响年终考核,而一些服务不好的外包单位,也有可能因此影响日后的竞标评分。

二是开展摄像头拉网式布点,由人工取证转向电子取证。中国城市竞争力研究会发布的"2014年中国最安全城市排行榜",以当年无重特大安全事故、社会治安良好、投资环境优越、生产事故少发等内容为主要评选指标,深圳获得第三名,仅次于香港和台北,这一成就在一定程度上归功于深圳走在全国前列的"电子警察",自它们开始在深圳路面逐步安装使用,一个"影像执法"的时代正式到来。过去,稍瞬即逝的违法违章行为难以捕捉取证,但在当今这个"有图有真相"的年代,人工执法与影像采证双管齐下,许多不易被察觉的违法行为都难逃电子法眼。据不完全统计,目前深圳全市的电子"探头"已将近50万个,平均每平方公里超过250个探头,深圳即将进入"探头时代"。2013年6月1日起,深圳启用了10套高清"电子警察"(俗称"电子眼")系统。传统电子眼只提供违法车辆的照片,高清电子警察还能提供清晰的视频录像。不按箭头指示方向行驶、违法变道、跨实线行驶、路口范围随意停车,都会被智能的高清电子警察自动抓拍到。据部分基层执法人员介绍,电子眼提高了执法效率,以往一些取证难但又存在安全隐患的违法行为可以及时纳入监督,一些突发性的事故和灾情能第一时间获知,从而给执法人员留出了相对充裕的部署空间。

三是全面推进网格化巡查机制。社区网格化管理是近年来深圳市在社会管理服务，尤其是基层社区管理服务领域实施的一项重要的改革创新举措。2014年6月起，深圳市、区两级流动人口和出租屋综管办分别加挂市、区两级社区网格管理办公室的牌子，在街道流动人口和出租屋综合管理所加挂社区网格管理中心的牌子，旨在借助信息化手段，推动社区管理体制改革，重整和优化社区基层管理服务工作流程，破除政府职能部门之间的信息壁垒和信息孤岛，促进系统融合，实现社区基础管理数据共享，让信息多跑路，群众少跑路。同时，也倒逼政府职能部门加快转变职能，有效提升社会管理服务水平。具体做法是根据各辖区实有人口、房屋、法人分布特点以及管理难度等具体情况，按照一定的标准，将街道各社区进一步划分为社区工作网格；同时，以原来流动人口和出租屋综管员队伍为骨干，整合原社区内计生、安监等各类信息采集的力量，组建一支专业的社区网格信息员队伍，统一采集社区内的各类基础管理信息，协助开展便民服务，通过统一采集、分拨使用、数据共享，减少重复上门扰民，解决群众办事重复申报信息和提交纸质资料等问题。

四是借鉴中国香港、新加坡等地社区服务令方式由单一处罚转向多样处罚。积极借鉴中国香港、新加坡等先进地区的有关经验，对不文明行为者开展实施社区服务的处罚。例如当警告、罚款、批评教育等手段对不文明的违法当事人起不到应有的震慑作用时，就必须采取其他有效措施，比如强制乱扔垃圾等不文明的违法当事人从事公益劳动，拾捡他人乱丢乱倒的垃圾，就是一种"以其人之道还治其人之身"的好办法。一方面，让违法者从事有益于社会的各种公益劳动，可以弥补其因违法行为而给社会和个人造成的损害；另一方面，通过捡拾垃圾等公益劳动也可让违法者体验到环卫工人的辛苦和乱扔垃圾的危害，以后注意约束自己的行为。宝安区可以对社会服务惩罚方式进行明确规定和细化，对各类不文明行为的范围和提供社会服务的方式、时间、地点等进行公示，将提供社区服务的惩罚方式与罚款、警告并用，使对不文明行为的惩罚手段更加全面和立体。

（三）实施"广泛宣传"工程

城市文明是一个地区社会发展水平和文明程度的集中体现，城市建设文明是一项庞大而艰巨的系统工程，需要各部门和社会各界的共同参与，密切配合。在此过程中，宣教工作是一个关键环节，只有通过多个角度和多种渠道的常态化宣传教育，才能在全社会最广泛地凝聚共识、形成合力。

一是促进新型媒体和传统媒体紧密结合，使宣传更加生动形象。城市文明法治化建设工作离不开广大媒体的宣传报道。宝安区各报纸、电视台、电台在原有栏目的基础上应不断提高栏目质量，关注市民身边的城市文明话题，普及和传播文明建设法治化理念，弘扬文明建设法治化精神。通过结合具体事例，宣传城市文明的典型人物和典型事件，达到良好的宣传效果。积极运用现代传媒，通过"双微一网"，即"阳光宝安"微博、"文明宝安"微信和宝安网等阵地，全方位推进宝安城市文明法治化的宣传教育工作，落实新媒体公益法治宣传教育的社会责任。加大网络宣传力度，注重运用动漫、视频、flash等多种形式，增加宣传的生动性和趣味性。通过官方微博和微信打造信息共享、反应迅速的法律宣传平台，注重双向沟通交流而非单方面灌输，增强城市文明法治化宣传教育的互动性和影响力。联合电台、电视台、报纸、网站、微博、微信等传统和现代媒体，同时发起设立文明礼仪、文明交通、文明餐桌、文明旅游等专项栏目，通过舆论导向力量，促使宝安全区各阶层市民都能形成文明习惯，提升文明素质，最终提升宝安区的城市环境和文明水平。

二是大力发挥公职人员示范带头作用，加强广大干部职工城市文明学习教育。广大公职人员是推进依法治国的中坚力量，其法治素养的高低不仅关乎着能否严格执法和司法公正，更影响着全民文明行为法治化的建设。宝安区应当把抓好公职人员学法、守法、用法作为加快城市文明法治化建设的关键点，着重提高广大公职人员严格遵守文明行为准则、带头践行传统文明美德的意识和水平。要将文明准则的学习作为素质教育的重要内容，并把公职人员学习和遵守文明礼仪与公务员自选培训挂钩，将参加有关文明法治化的自选培训作为年度考核的重要依据，充分调动公职人员学习文明准则的主动性和积极性。

三是以外来劳务工群体为主体和重点，开展有针对性可行性的文明法治化宣教工作。目前宝安区人口中85%以上为非户籍人口，其中绝大多数为外来劳务工，他们具有流动性强、学历和收入较低、多数来自农村、法治和文明意识比较淡薄等特点。宝安区在推进城市文明建设法治化的进程中，必须牢牢抓住外来劳务工这个重点和难点，开展有针对性的宣传教育工作。根据劳务工的生活和工作实际，编印《宝安区文明行为宣传教育资料——来深建设者必读文明准则》《文明法治化知识读本》等宣传资料，免费发放到各大企业、工地、车站、码头、商铺、出租屋、娱乐场所等人群，引导广大劳务工学习和遵守各种文明行为准则。利用每年春节前夕、"五一"小长假、"十一"黄金周等外来劳务工返乡高峰期，在宝安各汽车站、地铁站以及宝安机场等交通枢纽，对劳务工进行《深圳经济特区文明行为促进条例》、《深圳经济特区控制吸烟条例》《深圳市养犬管理条例》《深圳经济特区道路交通安全违法行为处罚条例》《深圳经济特区救助人权益保护规定》《深圳市义工服务条例》等法律法规的宣传，增强劳务工的文明出行意识。

四是从可塑性最强的未成年人抓起，对在校中小学生进行文明与法治的普及推广。法治的践行必须培育文明公民，一个国家、一座城市的文明水平最终要靠公民的文明素质来体现。以在校中小学生为主体的未成年人正处于文明观念和习惯养成的关键性成长时期，从源头抓起，加强对在校中小学生的文明法治教育将取得事半功倍的效果。宝安区应做到城市文明法治化教育计划、课时、教材、师资"四落实"，确保普及文明法治化常识的任务在九年义务教育期间完成。

五是切实发挥志愿者的生力军作用，广泛发动志愿者参与文明建设的方方面面。志愿者服务是一项以自觉自愿、不图报酬的方式参与社会服务、促进社会进步的事业，是自愿贡献个人时间、知识、技能、精力等，为社会提供无偿服务的公益活动。近年来，深圳志愿者服务工作以"团结友爱，助人为乐，见义勇为，无私奉献"为宗旨，为社会建设做了大量踏踏实实的工作，赢得了社会的广泛认同和好评。宝安区应当用好用足这一宝贵资源，继续加大力度积极组织志愿者上街，协助执法人员维护市容市貌、环境卫生、交通秩序等，努力持续提升市民文明素质和社会文明程度，增强广大市民的公共文明意识。

B.17
探索社会组织规范发展的盐田指引

陈扬波 赖远琴[*]

> **摘 要：** 盐田区编制了《社会组织规范发展"盐田指引"》一书，为社会组织规范发展提供"样本"，成为社会组织规范发展的行为指南和政府有效管理的制度依据。《社会组织规范发展"盐田指引"》具有首创性、操作性、本土性和可读性，包括四部分内容：盐田区社会组织基本准则、盐田区社会组织法人治理指引、盐田区社会组织财务管理指引和盐田区社会组织规范化运营工作指引。
>
> **关键词：** 盐田区 社会组织 规范发展

2016年1月，深圳市盐田区社工委、盐田区民政局梳理编制《社会组织规范发展"盐田指引"》（以下简称"盐田指引"）历时两年，终于脱稿成书，正式出版。该指引针对当前社会组织内部建设中存在的突出问题，以盐田区近年来培育发展社会组织的经验及反思为背景，首创社会组织基本准则、法人治理、财务管理、规范化运营的详细指引，为社会组织注册成立、运行发展、接受监管、树立公信提供了一本实用的"说明书"，成为一套社会组织培育发展的"盐田标准"。

---

[*] 陈扬波、赖远琴，深圳市盐田区社会工作委员会委员。

一 盐田区社会组织发展的主要成绩

盐田区位于深圳市东部，成立于1998年3月，现辖区内有沙头角、海山、盐田、梅沙四个街道办事处和一个中英街管理局，面积72.63平方公里。盐田区的成立本身就是改革创新的产物，成立以来，秉持深圳市改革创新试验田的使命，大刀阔斧推进各项改革。社会组织培育发展是近年来改革创新的重点领域，也取得了较为明显的成绩。

（一）发展环境不断优化

盐田区自2007年被国家民政部定位为全国社工队伍建设试点区以来，在社会组织培育发展方面大胆发力。2012年，区社工委成立后，连续4年把培育发展社会组织纳入年度社会创新重点项目，持之以恒地不断推进，建设了全市第一个区级社会组织服务园，设立了全市第一个区级社会组织专项资金，举办了全市第一届区级社会组织活动周，率先启动政府向社会组织购买服务工作，实行了社会组织登记注册手续简化改革，为社会组织的健康发展培植了优渥的土壤。

（二）总体数量大幅增长

社会组织的数量由建区时的5家发展到2015年的194家，其中社会团体85个、民办非企业单位100个，备案社区社会团体5个，备案民非企业4个，涵盖了工商经济、教育培训、文化体育、公益慈善（含社会服务）以及综合等五大类，基本形成了门类齐全、层次不同、覆盖较广泛的社会组织体系。全区4个街道18个社区实现了专业社工服务的全覆盖，每万人拥有社会组织数位居全市各区前列。

（三）服务领域不断扩大

辖区社会组织以文化教育、社区服务和妇女儿童服务为主。据统计，文化教育和社区服务类社会组织比例最大,占43.53%;其次是妇女儿童服务,占29.41%;残障人服务,占16.47%。其他还有从事环境保护、城市融入、政策倡导、公平贸易和支持枢纽服务的社会组织。

(四)居民认可率不断提升

全区建立12个社区服务中心,每年向居民提供不少于7大项30小项社区公共服务,在全市统一组织的绩效评估中,多次全部被评定为A级以上,方便了居民,得到了认可。政府每年向社会组织购买服务的金额超过千万元,社会组织在辖区经济与社会各项事业发展中,尤其是社会建设正发挥着愈来愈重要的作用。

二 盐田区社会组织发展及管理中存在的主要问题

从这些年的实践来看,社会组织培育虽然取得了一定的成绩,但是依然存在不少问题。

(一)整体规模偏小

全区社会组织中,普遍规模偏小,从业人员0~10人的小型社会组织占52%;服务范围狭窄,56%的社会组织服务区域局限在本街道或本社区,还没有能力将服务范围扩展到区外。

(二)总体收入偏低

接近50%的社会组织没有收入或年收入在10万元以内,只有14%的社会组织收入在40万元以上;全区社会组织中,约41%略有盈余,43%收支平衡,16%处于亏损状态。

(三)使命愿景不清晰

全区190余家社会组织中,接近35%由党委政府部门主导或倡议成立;

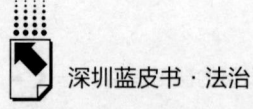

85家社团组织中,超过半数由党委政府部门主导或倡议成立,这些社会组织普遍没有清晰的使命愿景。

(四)法人治理不完善

调查显示,盐田区社会组织75%设立了理事会,41%设有监事会,84%的社会组织按照规章制度召开理事会,90%以上的社会组织认为理事会对社会组织的发展推动作用。但是,超过23%的社会组织认为,理事会成员自身能力不足;不少社会组织没有建立规范完善的法人治理结构,有些组织甚至因此处于业务停滞的状态。

(五)财务管理不规范

尽管80%以上的社会组织设立了财务人员,但只有不到30%的社会组织有专职会计人员,绝大部分社会组织的财务人员为兼职人员。62%的社会组织财务工作由非专业人员管理,普遍面临财务人员专业知识不足、账目管理不规范、财务管理能力不足等问题。

三 编制社会组织规范发展指引的必要性

没有规矩则不成方圆。比起经济领域市场主体的发育程度,社会建设主力军——"社会组织"的发育还很不充分。小型、草根社会组织在成长过程中遇到了许多的障碍,政府在支持培育社会组织发展的过程中也发现了许多问题。有鉴于此,盐田区社工委、盐田区民政局一致认为,有必要尽快为发展中的社会组织编制一本明确的"说明书"。

(一)为社会组织规范发展提供行为指南

草根社会组织希望规范发展,但是存在着"盲人摸象"的困境。盐田区有关部门深深感到,有必要通过梳理政策、查找问题、制定规范、明确指引,帮助社会组织规范法人治理,规范财务管理,规范信息公开,推动社会组织由小到大、由弱到强。一本有政策法规、有案例解说、有范本模板的指引，可以为社会组织提供一本随时可以查询的"案头书""说明书"，它比法律更亲切、更直观、更有操作性，对新成立的社会组织，可以对照指南，按图索骥步入正轨；对运作一段时间的社会组织，可以对照现存问题，不断加以改善提升，持续提高竞争力。

（二）为政府有效管理社会组织提供依据

编制规范发展指引，全面梳理国家、省、市出台的有关登记注册、综合评估、监督管理、扶持发展等方面的法律法规及政策文件，为政府工作人员依法管理社会组织提供依据。政府工作人员对照"指引"，就可以解决日常登记、管理、执法中的问题，希望"指引"成为管理社会组织的"手册"。有了这本"手册"，政府部门可以将社会组织的管理从传统的"传帮带"模式向制度化、规范化转变。

（三）为政府培育支持社会组织奠定基础

规范发展是社会组织走向壮大的基础，是政府培育支持措施达到事半功倍的前提。如果没有规范的内部治理，政府的扶持不仅无法发挥应有的效用，可能还会激化本不明显的矛盾，成为社会组织发展的障碍。例如：盐田区某社会组织是2012年以来政府部门重点扶持的草根社会组织，多年来都得到了培育发展社会组织专项资金的扶持。随着组织的发展壮大，向其购买服务的政府部门逐渐增多，社会组织的资本也随之增加，组织内部人员逐渐出现分化，一部分人想从中分红，一部分人坚持社会组织盈利不分红、要继续发展壮大的理念，导致该组织从2014年以来政府资助资金停用，内部人员分化，组织发展停滞。

四 香港社联会《服务质素标准及准则》及启示

香港作为一个中西方文化融合的亚洲国际都会城市，高度重视社会组织的培育和发展工作，香港社会服务联会的会员机构超过420个，涵盖3000多个服务单位，为全香港提供了90%以上的社会福利服务。根据香港特区政府中央政策组的一项调查显示：香港的社会组织为全港经营了83%的小学、100%的特殊学校，管理超过100间医院与健康中心，提供了超过90%的社会服务，香港人平均每人每年接受社会组织的服务4.3次，位居世界前列。香港社会服务联会在会员管理过程中，参考香港社会福利署对受资助非政府机构实施的服务表现监察制度，制定了社会组织《服务质素标准及准则》。

《服务质素标准及准则》共有十六项服务质素标准，包括服务宗旨及使命、服务标准、日常服务记录、内部人员职责及管理、财务制度及管理、开展服务的原则、办公场所的安全、如何开展会员招募及管理、如何做好服务对象的保密工作等，《服务质素标准及准则》大至社会组织的内部规程、财务管理等框架问题，小到各类社会服务场所设置的细节问题，都不厌其详地进行阐述，让即便是一个彻头彻尾的社会工作"门外汉"，参照《服务质素标准及准则》也可以建立起一个对内治理完善、对外服务规范的社会组织。《服务质素标准及准则》成为确保社会组织发展方向和运作质量的有力指导，一直被香港社会组织捧为圭臬。

盐田区社工委、盐田区民政局在具体考察香港经验和详细研究香港社会服务联会《服务质素标准及准则》后，决定着手为辖区及国内处于萌芽、起步阶段的社会组织规范建设编制一本"说明书"，并委托恩派公益社会组织发展中心、北京市倍能公益组织能力建设与评估中心、盐田区社会工作协会负责本书有关章节的编撰。经过多次讨论，确定指导性、普适性、可读性为"盐田指引"的特点和基调。

五 "盐田指引"的主要内容

"盐田指引"主要包括四个部分，一是盐田区社会组织基本准则，二是盐田区社会组织法人治理指引，三是盐田区社会组织财务管理指引，四是盐田区社会组织规范化运营工作指引。

（一）盐田区社会组织基本准则

盐田区社会组织基本准则是在借鉴香港《服务质素标准及准则》的基础上，结合本土实际情况制定出的适合本土社会组织的行为准则，是整个指引的总纲和灵魂。包括法理准则、文化准则、服务准则、财务准则、人事准则和协作准则等六大准则共14条标准，对社会组织的规范建立和发展进行了宏观把握和总体性介绍。

与香港《服务质素标准及准则》十六条比起来，盐田区社会组织基本准则既吸收了香港的经验，又考虑了本土使用的需求。一是从行文的表达上，相较于香港的十六条准则的口语化和直观，"盐田指引"六个标准都用"XX准则"的表述方式，既简洁工整，适应讲求形式美的文字审美标准，又适应内地人对"准则"语言规范的要求。二是从内容上，既注重吸收香港《服务质素标准及准则》的精华，又充分考虑内地社会组织的实际需求。比如对人事管理方面，香港的准则包括管治委员会及管理人员的职务及责任，招聘职员、签订职员合约、进行职员发展、训练、评估、调派及纪律处分等内容，而"盐田指引"则概括为"人事准则"，划分为"组建专业服务团队"和"规范志愿服务团队"两个部分，用9条细则来讲解人员管理涉及的要点。

（二）盐田区社会组织法人治理指引

社会组织要健康发展，必须建立在法律的框架下，建立健全以章程为核心的法人治理结构，规范组织运作和治理，发挥其自我管理与服务、自我教育与发展、自我约束与协调的职能，成为独立的法人主体。

盐田区社会组织法人治理指引首先用简明扼要的语言阐述社会组织法人治理的背景、意义及目标。指出加强和完善社会组织法人治理是国家法律法规的要求、是社会组织自身发展壮大的需要、是实现自身使命价值的保障。清晰地点明，建立社会组织法人治理结构的四个关键是：建立完善社会组织运营框架、建立科学的议事决策程序、明确管理人员的职责分工、推动组织达成使命服务社会。然后用简短的篇幅阐述社会组织法人治理宏观指引，论述了组织法人治理的原则，包括回避原则、可问责原则、透明原则、平衡性原则、独立性原则、可靠性原则、参与性原则和正义性原则，以及社会组织法人治理结构设置的法定原则、职责原则、协调运转、有效制衡等四个原则。这两节通过简洁明了的阐述让社会组织从业人员对法人治理有宏观的总体认识。同时附上《社会团体章程示范文本》《盐田区民办非企业单位（法人）章程示范文本》《盐田区社区社会团体备案章程示范文本》《盐田区社区民办非企业单位备案章程示范文本》等四个示范文本供社会组织参考使用。

在此基础上提出社会组织法人治理的细项操作指引。从运营框架、决策部门、监督部门、管理与执行部门、运营保障与支持部门、其他部门等六个角度入手，详述社会组织如何建立完善的法人治理结构，内部相互支持、相互制约的理事会、监事会等机构如何规范开展运作。细项操作部分是社会组织日常运作中会遇到的各种细节问题，因此指引不厌其详、不厌其细，抽丝剥茧、层层深入地进行详细解说。对比较抽象生涩的内容，通过用图表、案例辅助手段使其变得生动、直观，配套使用了《社会组织运营框架》《组织治理结构图》等有关图表，特别是理事会、监事会等架构具体运作方面，除了详细讲解其成立运作要求外，还辅助一些具体案例进行说明。例如：在"决策的管理细则"内容中，除了清晰、准确、逐条介绍社会团体会员的日常管理、会员大会如何召开、会员大会的会议规则，以及民办非企业理事会如何召开、理事会的议事规则等之外，还搜集了盐田区某协会召开理事会的案例，确保读者能够准确掌握有关内容及操作规程。

（三）盐田区社会组织财务管理指引

科学规范的财务管理制度是社会组织可持续发展的必要条件。近年来，广州市民政局和深圳市有关部门为了规范社会组织财务管理工作，均专门出台过加强社会组织财务管理指引的文件。这些由政府部门或行业协会制定的文件，侧重从法律法规要求的角度，对社会组织财务管理的总体要求进行概述，深圳市制定的《深圳市社会组织财务管理指引》共十五条1500多字，广州市民政局出台的《广州市社会组织财务管理工作指引》有三十六条近3000字，这两个指引受篇幅及文体限制，只能体现"指导性"，很难具有"操作性"。《盐田区社会组织财务管理指引》与之相比，则较好地把指导性和操作性结合起来。

自2013年开始，盐田区设立培育发展社会组织专项资金，资助辖区社会组织开展公益慈善项目。根据盐田区社工委跟踪的情况来看，这些受资助的社会组织普遍是比较具有生命力的、服务宗旨与居民需求比较贴合、能够积极回应社会需求的，但是这些脱胎于草根、勃发于民间的社会组织，也有规模小、人手少、刚起步等特点。反映在财务管理问题上，则普遍存在缺乏财务管理专业人才、对规范财务管理经验不足等问题。例如：连续3年专项资金评审时，均发现社会组织进行项目设计时财务知识的短缺，有的不会把项目预算细分成人员劳务成本、活动经费、管理费用、税费等，只写了个总数；有的社会组织做项目预算时，不会针对所申请的项目资助部分进行预算，而是把整个项目一并列上，导致反复修改；有的社会组织把社会组织财务与企业财务模式混为一谈。例如，在开展社会组织专项资金资助项目检查评估时，受资助的女性绿洲互助社反映，在项目开展过程中，不知道该如何准确地反映资金的支出，只好在项目结束、提交项目总结时依葫芦画瓢地按照资助协议上规定的数额进行汇总。该组织反映，成立了3年多，缺乏财务人员，财务管理问题一直比较头疼。

社会组织遇到的实际问题也就是盐田区社会组织财务管理指引着重解决的问题。该指引又分为社会组织财务管理宏观指引、社会组织财务管理细项指引、社会组织财务管理的其他事务指引等三个具体指引。社会组织财务管理宏观指引主要解决一般性问题，叙述了社会组织财务管理的依据、财务管理目标、财务管理内容、财务管理制度、财务管理主体与架构等基础框架要求。

社会组织财务管理细项指引是整个指引的重点。通过建立财务处理与审批流程指引、编制财务对项目预算工作、收入与支出管理指引、货币资金管理指引、实物资产管理指引、财务报表管理指引、财务分析指引、财务审计指引等内容的讲述，利用文字、图表、举例等形式，详述社会组织关心的财务操作实务。例如：针对项目预算问题，从编制项目预算的目的、项目预算编制的要求、预算编制的流程、项目预算细类划分等方面，逐条逐项讲解项目编制的原则、注意事项等，同时编制了《项目预算细类简介》《运营费用编制参考依据》《组织整理预算编制流程》等多个图表进行辅助说明。根据社会组织发展中出现较多的问题，有针对性地进行细化。比如：对入门社会组织不知道预算如何编制的问题，《项目预算细类简介》表格直观列出社会组织预算的分类：项目费用、管理费用、税费、其他费用的内涵及外延，甚至一些操作细节都进行提醒。又如，根据实际运作中社会组织反映的对不同来源的经费使用时难以区分问题，专门举例说明。案例提到：某社会组织在寻求合作方时，发现单一的项目资助方不能满足项目的资金要求，在和多个资助方商谈之后，最后由三个资助方共同支持该社会组织的项目。因此给三家资助方预算的时候，需要根据整体项目的工作量以及各个资助方对于工作量的要求，分配相应比例的活动经费、行政经费、人力成本、硬件购买等费用到不同的资助方的预算，在实际执行过程中需要再设立三个不同的分类账，用于不同资助方的经费开支的记录。

（四）盐田区社会组织规范化运营工作指引

盐田区社会组织规范化运营工作指引着重讲述行政机关规范管理社会组织的手段，包括社会组织等级评估指引、社会组织年检工作指引、社会组织抽查工作指引、社会组织自查自纠工作指引、公众与舆论监督管理指引等五个方面具体指引。其中，社会组织等级评估指引主要讲述社会组织等级评估管理及运用、社会组织等级评估标准、社会组织等级评估案例等；社会组织年检工作指引详细写明盐田区社会组织年检的依据与要求、年检的程序与办法、年检范本及参考表格等；社会组织抽查工作指引讲述抽查工作总则、抽查内容和方式、抽查的实施与结果运用、监督与法律责任等四方面内容；社会组织自查自纠工作指引主要引导社会组织根据《深圳市社会组织抽查监督办法》开展自查自纠；公众与舆论监督管理指引重点讲述社会组织如何利用有效的信息披露工具进行信息公开及披露，帮助社会组织树立公信力、提高影响力。

六 "盐田指引"的亮点与特点

（一）首创性

《社会组织规范发展"盐田指引"》是深圳市首个针对社会组织规范发展而从制度和实践层面编撰的指引，不仅为盐田区社会组织提供参考，也为更大范围内的社会组织提供借鉴。指引结合盐田区近10年培育发展社会组织的经验，反思当下社会组织发展困境，针对社会组织宗旨使命不清晰、法人治理不规范、财务制度不健全等突出问题，分社会组织基本准则、社会组织法人治理指引、社会组织财务管理指引、社会组织规范化运营工作指引等四大板块，系统梳理，抽丝剥茧，深入浅出地对社会组织登记注册、内部治理、财务管理、发展壮大、评估检查等内容进行了解说，为刚刚起步发展的中小型草根社会组织提供了一本从萌芽走向成长、从弱小走向强大、从无序走向规范的"说明书"。

（二）操作性

《社会组织规范发展"盐田指引"》以社会组织为服务对象，定位是社会组织规范发展"工具书"。指引在编撰过程中，系统梳理了盐田区及全市、全省甚至全国社会组织培育发展面临的普遍问题，在对社会组织规范发展有关术语进行简练、准确概括的同时，着重于实务操作，做到简明易懂、操作性强。指引突出"索引性""工具性"，共配各类社会组织内部治理关系的图表53个，配社会组织章程、财务管理制度、财务管理各类报表、社会组织登记评估、年检报告书等模版11个，收录社会组织法人治理、财务管理等正反面案例12个。此外，在每一章节的后面，将国家、省、市、区政府部门出台的相关文件、政策标题作为附录，全书共整理有关文件29个，便于社会组织查找、翻阅。

（三）本土性

《社会组织规范发展"盐田指引"》的编撰，是受香港社会服务联会《服务质素标准及准则》的启发。但由于"一国两制"的制度环境差异以及社会组织发展水平的不同，香港的标准不能完全适应深圳及盐田社会组织的发展。编撰者在大量调研和研讨基础上，根据盐田实际确定指引的框架设置、内部编排、案例甄选，力图使指引好读实用。盐田指引严格遵照我国法律法规要求，同时也融合了盐田区近10年来培育发展社会组织的经验结晶，所采录的案例大部分来自本区社会组织发展的真实经历，盐田区培育、支持、管理社会组织的有关政策措施也融贯其中，让整个指引洋溢出浓浓的"盐田特色"。

（四）可读性

指引在行文措辞上，没有任何生涩拗口的语言，对概念的解释简洁准确，不玩弄术语，不使用繁复拖沓的长句。整个指引仿佛是循循善诱的师长，面对启蒙学童，胸有成竹，缓缓讲授，在容易行差踏错之处，及时温馨提醒。例如，对社会组织反映最多、觉得最困难的财务管理问题，"盐田指引"在附件中提供了项目预算表、年度资金来源计划表、年度用款总预算表、发票开具申请单、工资单、劳务报酬签收单（单人）、劳动报酬签收单（多人）、费用报销单、银行存款日记账、库存现金盘点表、备用金借款申请表、备用金借款台账、物资采购申请单、物资入库单、物资盘点表、物资报废申请单、整体收支明细表、支出归属参考表、项目决算对比表、项目财务报告框架、近三年财务指标变动情况、近三年组织收入分析报表等20多个社会组织财务管理常用表格，便于取用。

专题报告

Specific Reports

B.18
地方人大内务司法监督工作的实践与思考

——以深圳为例

傅伦博*

| 摘　要： | 地方人大内务司法监督工作,对于保证法律法规有效实施,保证行政权、审判权、检察权得到正确行使具有重要意义。深圳市人大近年的内务司法监督工作,坚持问题导向,选择司法改革和司法公正、解决法院执行难、构建社会治安防控体系、交通安全、构建和谐劳动关系、惩治危害食品安全犯罪等关系改革发展稳定大局和社会普遍关注的重大问题,一抓到底,力求抓出成效。同时注重将重大问题的监督同完善 |

---

* 傅伦博,深圳市人大常委会委员、内务司法委员会主任,北京大学法学院兼职教授,中国法学会宪法学研究会理事。

相关立法相结合，加强执法监督，促进一些重大问题的解决。今后地方人大内务司法监督工作，在监督方式上要适当采用质询、询问、特定问题调查等监督形式，增强监督力度，回应社会关切，服务改革发展大局，维护人民群众利益。

关键词： 人大内务司法监督　监督与完善立法结合

党的十八届三中全会《中共中央关于全面深化改革若干重大问题的决定》提出，健全"一府两院"由人大产生、对人大负责、受人大监督的制度。党的十八届四中全会《中共中央关于全面推进依法治国若干重大问题的决定》提出，要加强对司法活动的监督。习近平同志在庆祝全国人民代表大会成立60周年大会上的讲话中指出，各级人大及其常委会要加强对"一府两院"执法、司法工作的监督，确保法律法规得到有效实施，确保行政权、审判权、检察权得到正确行使。在全面深化改革和全面推进依法治国的新形势下，怎样加强地方人大内务司法监督工作，本文结合深圳市人大内务司法监督工作实践，作一些研究思考。

一　2006年以来深圳人大内务司法监督工作的总体情况

深圳市人大内务司法委员会（以下简称市人大内司委）从2006年初成立至2015年，每年都选择若干内务司法方面的重要问题，以听取和审议专题报告、专项报告满意度测评、对重点法规的实施开始执法检查、督办市人大代表重点建议、调研视察等方式开展监督，促进司法公正和有关行政机关依法行政。近些年来，深圳市人大内务司法监督工作重点抓了以下几个重大问题。

（一）推进司法改革，促进司法公正

推进司法改革，是贯彻党的十八届三中、四中全会决定，建立公正高效

权威的司法制度、促进社会公平正义的重要举措。司法改革的目的是维护司法公正，建立公正高效权威的司法制度。公正是法治的生命线。司法公正对社会公正具有重要引领作用，司法不公对社会公正具有致命破坏作用。法院是国家机器重要组成部分，司法公正是社会公平正义的最后一道防线。我国近年一些地方出现冤假错案，特别是错判死刑，如内蒙古呼格吉勒图案、河北聂树斌案等，对社会公正造成不良影响。推进司法改革，对于保证法院检察院依法独立行使职权，促进司法公正具有重要意义。为推动司法改革和公正司法，深圳市人大内司委采取听取"一府两院"专题工作报告、调研视察等方式，连续几年加大监督力度。

2008年深圳市人大内司委建议常委会听取和审议市中级人民法院和市人民检察院关于改革和完善内部监督机制情况的专项工作报告。2010年市人大内司委组织人大代表到市中级人民法院就法官进社区、知识产权"三审合一"、诉前调解等司法改革进展情况进行调研和视察，推进司法改革。2011年，市人大常委会专门听取和审议市中级人民法院、市检察院关于推进司法改革促进司法公正情况报告，要求推进法官检察官职业化改革，改革审判权、检察权运行机制，维护司法公正。

2014年4月，市人大常委会听取和审议市中级人民法院司法改革情况报告，主要报告了法官职业化及审判权运行机制改革情况，人大对法官等级晋升、法官职业保障、法官选任、法官考核监督等提出了意见。之后，以去行政化为核心的法官职业化改革方案正式实施。在全国首批试点对法官实行有别于行政机关的单独职务序列管理，实行法官待遇和法官等级挂钩，法官待遇与行政级别脱钩，中级人民法院的高级法官退休时可达到相当于副局级的待遇。审判长负责制改革、民商事裁判文书简化改革和速裁机制改革也取得成效。

深圳市两级检察院是全省首批检察体制改革试点单位，人大的监督保障了改革的进程。2014年12月，深圳检察改革正式实施，撤并整合内设业务机构，实行"检察长—主任检察官"的扁平化管理模式，实行主任检察官办案责任制，突出检察官办案主体地位，建立检察官单独职务序列和薪酬体系，拓宽检察官职业通道，提升检察官职业保障水平。制定《深圳市检察机关检察官办案责任制角色权力清单》，厘清检察长、副检察长、检察委员会、主任检察官和其他检察官的权力界限和责任划分，为主任检察官依法独立行使职权提供依据。从外部监督和内部监督两方面，构建完备的监督制约体系和科学有效的工作考评机制，建立防止干扰办案的登记通报制度等。

2015年深圳市人大的内务司法监督工作又取得新的进展。2015年4月中央印发了《关于进一步深化司法体制改革的实施方案》及《关于深化公安改革的意见》。根据党中央关于深化司法体制改革的决策意见，为推进深圳市法官、检察官职业化改革和审判权、检察权运行机制改革，深圳市人大内司委2015年9月组织部分市人大代表和内务司法委委员，分别前往市中级人民法院、市检察院开展专题调研活动，听取"两院"负责同志情况报告和一线法官、检察官对当前司法体制改革的意见建议，了解清理、取消不合理考核指标的情况。2015年10月召开的市六届人大常委会第三次会议听取并审议了"两院"关于法官、检察官职业化改革和审判权、检察权运行机制改革情况报告。从报告情况看，"两院"人员分类管理基本实现，独立的法官、检察官职务序列和薪酬体系初步确立，职业保障制度逐步建立，法官、检察官的办案主体地位逐渐得到体现，人员向一线办案岗位流动，一些不科学、不合理的指标不再纳入司法考核体系，司法效率提升。常委会组成人员审议认为，"两院"司法改革走在全国前面，方向是正确的，取得成效；"两院"对改革的效果要定期评估，不断完善制度设计，做好与国家、广东省改革方案的有效衔接。"两院"对市人大常委会审议意见作了认真研究，对司法改革效果组织了评估，同国家、省改革方案的有效衔接认真推进，同时积极推进法官检察官等级评定、建立法官检察官绩效考核激励机制，推进区法院检察院人财物市级统一管理等，保证法院检察院依法公正独立行使审判权、检察权，促进司法公正。

（二）推进解决法院执行难

中央为解决法院执行难专门发过两次文件，社会各界对此也高度关注。

深圳市人大内司委从2006年开始连续几年抓这个问题，每两年开展一次执法检查，听取专项工作报告，市、区人大联动。

经过法院的努力和人大的监督，近年来，深圳市两级法院解决"执行难"的工作取得了较大突破，逐步建立起执行威慑机制、执行协助机制和执行监督机制。进入强制执行的案件逐年下降（2007年以前是逐年上升），法院判决裁定的自动履行率和进入执行后的主动履行率逐年上升（2007年以前是逐年下降）。如2012年、2013年全市法院新收执行案件同比下降15.7%、14.3%，法院判决裁定的自动履行率2014年达到57.62%（2006年最低时自动履行率仅为12.5%）。执行案件逐年下降，自动履行率逐年上升，这是两个重要指标，说明法院执行工作步入了良性发展轨道。最高人民法院、省高级人民法院分别在深圳市中级人民法院召开了现场会，推介深圳法院执行工作经验，认为深圳人大执行工作立法发挥了先行先试的作用，深圳法院执行工作走在全国前列。2016年初深圳律师协会和中国社会科学院共同完成的评估报告认为，深圳法院已经在全国率先基本解决"执行难"问题。

（三）推进构建治安防控体系

社会治安也是社会关注的重大问题。2015年4月，中央印发了《关于加强社会治安防控体系建设的意见》，体现中央对治安防控体系建设高度重视。深圳市人大常委会2010年至2015年先后三次听取和审议社会治安防控体系建设专项工作报告，视察检查，提出意见。深圳社会治安总体可控，重大刑事案件2013年、2014年同比都有一定幅度下降。

（四）推进交通安全管理

交通安全和交通秩序也是社会关注的重大问题。深圳市机动车保有量2007年为100万辆，2011年底达到200万辆，2013年达到250万辆，2014年达到315万辆，车密度全国最高，远超国际公认的270万辆的警戒线。深圳市人大内司委从2009年开始连续六年以听取政府有关部门报告、视察检查等方式，推动依法整治和严管严罚，监督贯彻交通安全法律法规，维护交通安全秩序。推动有关部门着重加强对泥头车超载（立法源头治理）、车辆冲红灯（所有监控拍摄的违法行为一律记分）、遮挡车牌、无牌证上路、轻微碰擦引发交通拥堵等交通突出问题的治理，取得比较明显效果。特别是《深圳经济特区道路交通安全管理条例》和《深圳经济特区道路交通安全违法行为处罚条例》修订实施后，积极发挥深圳特区立法坚持严管、注重治本理念的作用，交通突出问题得到有效治理。据市公安局统计，两个条例实施以来，全市交通事故发生数、伤亡数、经济损失、万车死亡率等四项指数持续平稳下降。2014年底深圳市机动车达315万辆，全年发生交通事故死亡459人，万车死亡率接近香港水平。经过交通严管，整治行人冲红灯，礼让斑马线（违者罚500元、记3分），"机动车让行人的多了，行人冲红灯的少了"，城市交通安全明显好转，交通拥堵总体可控。

（五）推进构建和谐劳动关系

构建和发展和谐劳动关系，是关系改革发展稳定大局、人民群众切身利益和社会普遍关注的重大问题，是社会和谐的重要基础。党中央、国务院对此高度重视，2015年4月印发了《关于构建和谐劳动关系的意见》。近年来，深圳市、区人大都看准了这个问题，高度关注这个问题，听取专题报告，开展执法检查，从2008年开始每两年检查一次。深圳有一千多万外来务工人员，劳动关系总体和谐稳定。

（六）推进惩治危害食品药品安全犯罪

惩治危害食品药品安全犯罪，是社会关注的重大问题。深圳市人大2013年、2014年连续两年将这一问题列为人大内司监督的题目，通过召开司法机关和政府有关部门座谈会，听取汇报，视察检查等方式，促进加大对危害食品药品安全犯罪打击力度，加强民生司法保障。2014年市有关部门惩治危害食品安全犯罪取得较大进展，对促进食品安全发挥积极作用。2014年，市场和质量监管委共移送涉嫌食品安全犯罪案件213宗，同比增长

195.8%；公安局立涉嫌危害食品安全刑事案件，同比上升26.4%；检察院共批准逮捕危害食品犯罪嫌疑人46人，同比增长43.5%，提起公诉54人，同比增长55.6%；法院共审判危害食品安全犯罪案件34件42人，案件数同比增长1倍。

2015年深圳市人大内务司法监督工作又取得新的进展。按照党中央、国务院和深圳市委关于全面推进居住证制度的改革决策部署，深圳市人大内司委组织市人大代表对《居住证条例》的实施情况进行了执法检查。市人大执法检查要求，市政府要进一步规范人口管理、加强居住证持有人权益保障，推进基本公共服务均等化，促进深圳市经济社会协调发展。检查情况表明，条例的实施，推进了基本公共服务逐步均等化。居住证持有人依法享有与户籍人口同等的劳动就业、基本公共教育、基本医疗服务、公共文化服务、证照办理服务等权利；达到适当居住年限和社保年限，可与户籍人口享有同等的就业扶持、住房保障、社会福利、随迁子女参加当地中考高考的权利；达到适当居住年限、就业年限和社保年限可通过积分等方式入户。2015年持居住证的来深建设者随迁子女申请就读的公办义务教育小学一年级学位72903人，占小学一年级学位申请总数的61.6%；申请就读的初中一年级学位36436人，占初一学位申请总数的58.6%。60%左右的公办学位给了持居住证的来深建设者随迁子女，体现了基本公共服务均等化的精神。深圳市教育局已安排拥有三年居住证、三年社保、三年高中学籍的3800多名来深建设者随迁子女参加2016年高考。2015年居住证持有人通过积分转入深圳市户籍的达52562人。

此外，2015年为推动深圳市人才队伍建设，促进深圳现代化国际化创新型城市建设，深圳市人大内司委组织部分市人大代表、内司委委员前往市人力资源和社会保障局开展专题调研，市六届人大常委会第四次会议听取和审议了市政府关于人才队伍建设工作的报告。市人大常委会审议要求，政府要深入实施人才优先发展战略，推进人才发展体制改革和政策创新，形成具有国际竞争力的人才制度优势和法治环境；要优化人才资源配置，完善人才评价激励机制和人才服务保障体系，加大人才服务力度，营

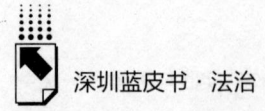

造尊重知识、尊重人才、各类人才脱颖而出的社会环境，加快建设人才强市。

二 深圳市人大内务司法监督的主要做法与经验

（一）坚持问题导向，注重监督选题的把握，增强监督工作的针对性

人大内务司法监督工作在选题上，要注重把握关系改革发展稳定大局和群众切身利益、社会普遍关注的重大问题。

关于监督选题的确定，监督法第八条、第九条、第二十二条作了规定，核心是要求各级人大常委会每年选择若干关系改革发展稳定大局和人民群众的切身利益、社会普遍关注的重大问题，有计划地安排听取审议"一府两院"专项工作报告、开展执法检查。这里的关键词有五个：关系、改革发展稳定、人民群众切身利益、社会普遍关注、重大问题。需要强调的是"重大问题"，不是一般性的问题。

习近平同志指出，问题是时代的声音。全面深化改革、全面推进依法治国都要坚持问题导向。人大的监督，也要坚持问题导向，抓重大问题，促进重大问题的解决，增强监督工作的针对性。深圳市人大内司委近年来在监督选题上坚持问题导向，作了一些研究把握。一些关系改革发展稳定大局和人民群众切身利益、社会普遍关注的重大问题，作为监督事项选题，如推进司法改革、解决法院执行难、检察诉讼监督、刑事民事审判、反贪污贿赂渎职侵权、治安防控体系建设、惩治食品安全犯罪、构建和谐劳动关系、交通秩序及交通安全等等，取得了好的成效，受到领导重视和社会欢迎。

深圳市人大常委会2006年至2015年在人大内务司法监督选题上，总体上都是注意把握关系改革发展稳定大局和社会普遍关注的重大问题，听取和审议"一府两院"专题工作报告，对重点法规的实施开始执法检查，督办市人大代表重点建议。

例如：2006年，深圳市人大常委会听取和审议市人民政府关于落实行

政责任制情况的报告、市中级人民法院关于民事执行工作情况的报告、市人民检察院关于诉讼监督工作情况的报告，督办"关于解决企业欠薪问题"的市人大代表重点建议。

2008年听取和审议市中级人民法院关于改革和完善审判工作监督机制促进公正司法情况的报告、市人民检察院关于改革和完善内部监督机制促进公正执法情况的报告。

2009年听取和审议市人民政府关于公安系统公务员专业化试点改革情况的报告、市人民政府关于加强人民调解工作情况的报告、市人民政府关于贯彻实施《深圳经济特区和谐劳动关系促进条例》情况的报告、市人民检察院关于反渎职侵权工作情况的报告。

2010年听取和审议市人民政府关于社会治安综合治理情况的报告，组织开展《深圳经济特区和谐劳动关系促进条例》执法检查，检查交通安全和交通秩序情况。

2011年听取和审议市人民政府关于加强社会建设情况的报告、市中级人民法院关于推进司法改革促进司法公正情况的报告，市人民检察院关于推进司法改革促进司法公正情况的报告，组织司法机关开展民生司法保护情况检查，组织开展《深圳市无障碍环境建设条例》实施情况检查，督办"关于加大道路交通安全执法力度，提高交通管理水平，改善交通秩序，缓解交通拥堵"的市人大代表重点建议（督办2年）。

2012年听取和审议市中级人民法院关于推进司法改革加强审判管理工作情况的报告、市人民检察院关于惩治和预防职务犯罪工作情况的报告，组织开展《深圳经济特区道路交通安全管理条例》和《深圳经济特区道路交通安全违法行为处罚条例》实施情况检查，督办"关于大力推动社会养老服务业发展　建立健全养老服务体系"的代表重点建议（督办2年）。

2013年听取和审议市人民政府关于社会治安立体防控体系建设情况的报告、市中级人民法院关于加强刑事审判工作维护司法公正情况的报告、市人民检察院关于加强刑事检察工作维护司法公正情况的报告，组织开展惩治危害食品安全犯罪加强民生司法保障情况检查，组织开展《深圳经济特区消防条例》实施情况检查。

2014年听取和审议市人民政府关于普法工作情况的报告、市中级人民法院关于全市法院系统司法体制机制改革工作情况的报告、市中级人民法院关于加强民事审判工作维护司法公正情况报告、市人民检察院关于加强民事检察工作维护司法公正情况报告、市人民政府关于人力资源和社会保障工作情况的报告,组织开展《深圳经济特区行业协会条例》实施情况检查。

2015年听取和审议市中级人民法院关于推进法官职业化改革和审判权运行机制改革情况的报告、市人民检察院关于推进检察官职业化改革和检察权运行机制改革情况的报告、市人民政府关于人才队伍建设工作情况的报告,组织开展《深圳经济特区居住证条例》实施情况检查。

从深圳市人大内务司法监督近十年的选题看,推进司法改革和司法公正这个选题有5年作了安排,推进交通安全和交通秩序有3年作了安排,推进构建和谐劳动关系有3年作了安排,推进社会治安防控体系建设有2年作了安排。这些都是关系改革发展稳定大局和社会普遍关注的重大问题。看准了的重大问题,连续抓几年,抓住不放,综合运用听取审议专项工作报告、专项工作报告满意度测评、执法检查等形式,力求抓出成效。这些内务司法监督选题的实施,对于服务深圳改革发展稳定大局,促进司法公正和依法行政,促进经济社会发展,发挥了积极作用。

总之,人大内务司法监督的选题,要抓大事,抓重点,抓重大问题,抓出成效,这样有利于提高人大监督的权威。

(二)将重大问题的监督工作同完善相关立法结合起来,提高监督的力度和效力,促进一些重大问题的解决

人大常委会在监督工作中发现的问题,既有工作层面的问题,也有法律法规层面的问题。对属于工作层面的问题,推动有关方面改进工作、解决问题;对属于法律法规层面的问题,及时修改或制定完善有关法律法规,为相关工作提供法律保障,为促进相关问题的解决提供法律依据。深圳的实践证明,将监督工作同相关立法工作结合起来,有利于增强人大监督工作的针对性，有利于提高人大监督的力度和效力，有利于推动改进工作、促进一些重大问题的解决。

监督推动法院执行难问题的解决。2006年5月，深圳市人大常委会将听取和审议市法院执行工作情况报告列入监督计划。市人大内司委到市、区法院就解决执行难问题进行调研时，法院领导和基层执行法官反映，关键是制度问题，即执行相关的立法比较滞后，因此希望市人大探索制定一个执行工作方面的地方法规。在这种背景下，深圳面临两种选择：要么消极等待国家有关法律出台和执行大环境的改善；要么解放思想，大胆创新，创造性地走出一条新路，为国家完善执行工作立法探索试验。深圳选择了后者。内司委报请常委会主任会议研究决定，根据中央精神和实际需要，就完善执行措施、加强执行协助、加强执行监督等若干问题，探索做出一些比较有力度、操作性强的规定，把完善执行立法与执法监督结合起来，促进执行难问题的解决。2007年3月，深圳市人大常委会审议通过了内司委调研起草的《深圳市人大常委会关于人民法院民事执行工作若干问题的决定》。这个法规性《决定》依据国家有关法律规定，从深圳市法院执行工作的实际需要出发，总结实践中的有益经验，借鉴国外先进立法成果。执行立法主要规定了执行工作的"三大机制"和"七项措施"，即执行威慑机制、执行协助机制和执行监督机制等三大机制，以及被执行人财产申报、执行信息录入信用征信系统、悬赏举报、限制出境、限制被执行人投标政府工程、限制高消费、被执行人信息媒体曝光限制等七项执行措施，力求在制度层面为解决执行难问题探索新路。《执行工作决定》颁布实施后，在社会上引起强烈反响，受到社会各界广泛关注，市人大内司委接到不少市民表示支持的电话，也受到全国人大法工委、内司委和最高法院肯定。这几年实施情况也证明，效果十分明显。全国人大修改民诉法时，吸收了其中4条。

监督推动劳动关系的改善。近些年来，劳资矛盾、劳动争议增多，劳动关系的处理成为社会关注的重大问题。深圳市人大常委会2006年对解决欠薪问题进行过执法检查监督，2007年听取过市政府专项工作报告。2008年上半年劳动争议大幅上升（新劳动合同法实施），市人大内司委认识到，要从完善和谐劳动关系立法入手，从完善制度入手，把完善立法同执法监督结合起来，促进构建和发展和谐劳动关系。市人大内司委调研起草了《深圳经济特区和谐劳动关系促进条例》，并于 2008 年 9 月通过。当时主要是两类劳动争议：一是企业未为员工办理社保，员工要求解除劳动合同并予补偿。深圳特区和谐劳动关系促进条例对劳动合同法作了适当变通，规定员工可以要求企业补缴，一个月未补缴的，可以申请仲裁或向法院起诉。一个月缓冲期使大量的劳动争议在企业内部得到化解。二是加班工资基数因各企业计算基数标准不一，引发大量的劳动争议。深圳特区和谐劳动关系促进条例在广泛听取意见基础上，将加班工资基数定为劳动合同约定的正常工作时间的劳动报酬。标准明确了，此类劳动争议大幅度下降。条例受到全国人大常委会、人力资源和社会保障部、全国总工会肯定，受到企业和员工欢迎，实践中发挥了积极作用。

监督推动交通秩序和交通安全的改善。交通秩序和交通安全也是社会关注的重大问题。深圳市人大内司委在组织交通安全执法检查及建议常委会听取审议市政府关于交通秩序整治报告的过程中感到，需要根据深圳的具体情况和实际需要，完善交通管理和处罚立法。市公安局也提出需要制定和完善特区交通安全管理和处罚立法。内司委会同市交警部门一起着手调研起草了《深圳经济特区道路交通安全违法行为处罚条例》。2010 年 8 月 1 日该条例开始实施。《深圳经济特区道路交通安全违法行为处罚条例》借鉴国际上交通管理的通行规则，严管严罚，综合治理。行人冲红灯，最高可罚 100 元。无信号灯的路口，机动车不避让行人，罚款 500 元，记 3 分。除罚款外，记分、扣证、扣车、安全教育（记满 12 分，参加交通安全学习培训并站街执勤 1 小时）、社会服务、信用征信等多种手段，综合治理、源头治理，重点解决影响交通安全的一些突出问题，受到市民的拥护。其中社会服务，主要借鉴境外经验，是处罚措施，也是教育手段，教育自己，也教育他人[①]。深

---

① 香港处理交通违法，也使用社会服务措施，谢霆锋因交通违法被判 240 小时社会服务。交通肇事，可安排到医院服务交通事故致伤致残者。意大利前总理贝卢斯科尼犯逃税罪，因年满 70 岁，2014 年 4 月 15 日被法院判决到老年人社区中心服务一年，每周至少 4 小时。

圳市人大还根据解决交通问题的实际需要，制定了《深圳经济特区道路交通安全管理条例》。规定了交通影响评价、路边停车收费、新驾驶人驾照管理、限制电动自行车通行、调控机动车增量等措施，综合治理交通拥堵，为治理交通拥堵提供法律依据。

深圳市中级人民法院、市人力资源和社会保障局、市公安局等部门都感谢人大既监督他们的工作，又帮助他们完善法律武器，促进解决问题，效果良好。2010年深圳评选"深圳经济特区建立30年十大法治事件"，解决执行难立法、和谐劳动关系条例，因实施效果好，有重大影响，经群众投票、市委审定，被评选为"深圳经济特区建立30年十大法治事件"。

（三）重视专项工作报告、执法检查报告的审议及意见转办督办环节，重视人大工作机构对"一府两院"专项工作报告及研究处理报告征求意见阶段的研究工作，提出意见建议

监督法对专项工作报告及执法检查报告的审议、审议意见转办、"一府两院"研究处理等，有原则规定，但实践中存在对这几个环节重视不够的情况。一是审议一般化；二是整理的审议意见分量不够，甚至有的忘记整理意见；三是"一府两院"研究处理报告报人大不按时或办理质量不高等问题，影响了听取专项报告和执法检查的实际效果。为提高听取专项报告、执法检查的实效，一是要组织好人大常委会会议的审议，提高审议质量，审议意见角度要高，要有分量。二是审议意见整理要认真，形成几条比较有分量、有水平、利于办理的意见，不宜太原则。三是转办后要跟踪督办，不能一转了之。对"一府两院"工作机构送来的研究处理报告（征求意见稿），人大工作机构要认真研究，提出意见和建议。深圳市人大常委会2013年开始实行专项工作报告满意度测评，取得较好效果，受到"一府两院"重视，对工作有促进。近年来深圳市人大内司委对人大审议市法院执行工作报告、市政府交通秩序整治报告、市政府公安专业化改革意见转办后的研究处理报告征求意见稿，均认真研究，提出意见，反复交换意见。今后还可以尝试将

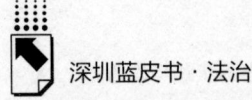

"一府两院"对人大审议意见的研究处理报告,列入议程,向人大常委会会议做报告,由人大常委会会议审议。

(四)坚持依法监督,在监督中支持有关机关的工作,有利于形成良好的工作关系,有利于监督工作有效开展

深圳市人大内司委在工作中不讳言监督,坚持依法监督,有为才有位。同时,在监督中支持,同内务司法机关形成良好的、和谐的工作关系,"和而不同"。比如根据法院要求,提请常委会就执行工作做出《执行工作决定》,完善执行立法,法院上下感谢人大的支持。执行协助比较困难,人大督促协调建立执行协助机制,并将常委会审议中要求有关政府部门协助法院执行工作、解决法院执行装备等意见,转市政府办理,市政府专门召开会议协调,公安、工商、国土房产等部门采取了有效的协助执行措施,财政等部门安排资金解决了市法院执行局的车辆装备等问题。对法院法官职业化改革,人大多次呼吁,积极支持。法院在审判劳动争议案件过程中遇到棘手问题,分管副院长带队专程到内司委请求支持帮助,内司委依据和谐劳动关系促进条例条文,对法院遇到的问题给予协调,支持法院工作。人大在监督市公安局整治交通秩序时,要求有关部门关心交警身体健康,解决值勤交警防污染补贴问题,市政府专门组织了调研,根据人大意见做出决定,每月给执勤交警一定数额的防污染补贴。居住证立法,涉及面广,服务管理涉及政府多个部门,市公安局长带队,2014年三次到人大汇报,反映协调起草存在困难,时间拖得长,希望人大内司委牵头,最后由人大牵头起草工作。《深圳经济特区居住证条例》已于2014年10月通过,2015年6月1日实施,对非户籍人口服务管理将发挥积极作用。

三 地方人大内务司法监督工作存在的不足与展望

深圳人大在司法监督工作中虽然取得很多成绩,但与全国其他地方一样也存在一些问题。一是监督方式的选择比较单一,一般是专项报告、执法检查，运用质询、特定问题调查、撤职等方式，及时回应社会关切不够；二是监督力度不够；三是监督实效有待增强。

完善人大内务司法监督，可以借鉴境外议会监督的一些做法。关于议会监督问题，各国因国情而制度不同。英国议会下院，质询是常规的监督方式，每周三是相对固定的下院质询政府时间，首相有时也要到会接受质询。香港立法会对社会关注的问题，也及时组织质询。美国国会任命司法部长、最高法院法官，这些重要任命一般要两三次听证；2013年10月，美国国会因政府预算分歧，临时拨款通不过，美国一些政府部门关门16天；1995年12月，克林顿执政时期，也曾因预算分歧，美国政府部分部门关门一个月，但外交、国防部门不关门。

中国正在全面深化改革，全面推进依法治国，总目标是完善中国特色社会主义制度，推进国家治理体系和治理能力现代化，建设社会主义法治国家。无论是完善制度，还是推进国家治理体系现代化，无论是民主政治建设，还是建设法治中国，都离不开人民代表大会制度这个根本政治制度的完善。所以中央提出要借鉴境外法治有益经验，推进人民代表大会制度与时俱进。人大工作只会加强，不会削弱。人大的监督工作只能加强，不能削弱。地方人大内务司法监督工作在监督方式上，要根据实际情况，对一些重大问题，适当采用质询、询问、特定问题调查等监督形式，增强监督效力，加大监督力度，回应社会关切；对关系改革发展稳定大局和社会普遍关注的重大问题，要以对人民负责的精神，进一步坚持运用多种监督形式，一抓到底，抓出成效，更好地服务改革发展大局，维护人民群众的利益。

B.19
2010~2015年深圳市法治建设回顾
——中共深圳五届市委加强法治化建设纪略

黄瑞栋*

摘　要： 中共深圳五届市委全面加强法治化建设，明确提出加快建设"一流法治城市"的号召，把建设一流法治作为深圳全面深化改革"突破口"，充分利用特区立法权，加强和改进立法工作，通过了一批法规、条例。深入推进法治政府建设，全面提升依法行政水平，依法加快政府职能转变。深化司法体制改革，在"审判长负责"、法官职业化、执行权运行机制等改革上做出了积极探索，走在了全国前列。打造前海社会主义法治示范区，设立前海合作区人民法院。加强普法教育，形成自觉学法、守法、用法的良好氛围，推动全民法治素养和城市法治环境实现了新的提升。维护了深圳法治有序的良好局面，深圳一流法治城市建设取得了突破。

关键词： 深圳　法治化

2010年5月至2015年5月，中国共产党深圳市第五届委员会站在深圳经济特区建立30年历史起点上，按照市第五次党代会的决策部署，总揽全局、协调各方，推动各项事业取得了显著成绩①。其中加强法治化建设作为

---

* 黄瑞栋，深圳市史志办公室法学硕士。
① 《解放思想　真抓实干　勇当"四个全面"排头兵　努力建成现代化国际化创新型城市——在中国共产党深圳市第六次代表大会上的报告》，参考马兴瑞，《深圳特区报》2015年5月16日，第A3版。

市委工作的重要内容,始终被摆在重要战略位置。五年来,深圳深入发展法治经济、打造"法治政府"、建设法治社会、培育法治文明,一流法治城市建设取得了突破,维护了深圳法治有序的良好局面。本文收集、整理中共深圳五届市委法治建设有关决策、部署和实施等方面资料,以求为深圳下一步率先落实全面依法治国各项任务、加快建成公平公正安定有序的一流法治城市起到资政作用。

一 建设"一流法治城市"战略决策的提出

深圳作为经济特区和改革开放前沿城市,对法治建设始终高度重视。中共深圳市五次党代会以来,市委把法治建设放在事关深圳发展全局和践行特区使命的战略位置,在党代会及多次全会上明确提出加快建设"一流法治城市"的号召。

2010年5月23日,中共深圳市第五次代表大会上,王荣同志代表中共深圳市第四届委员会做了《努力当好科学发展排头兵加快建设现代化国际化先进城市》的报告。报告展望了深圳发展成为"文明法治更加完善并具有较强辐射引领作用的先进城市"的美好未来,将"民主法治建设持续加强"作为未来五年工作的目标,要求加大力度推进各项举措的实施,以实现"大力加强城市软环境建设,加快民主法治和城市文明水平的战略性提升"。会议还从城市吸引力、竞争力方面阐述了加强法治建设的战略意义,认为"良好的法治和文明环境日益成为决定城市吸引力、竞争力的核心要素",提出"深圳要以国际先进城市为标杆,不断提升民主法治和城市文明水平,努力使人民民主权利得到更好保障,城市法规制度更加完善,文化事业和产业更加繁荣,市民文明素质明显提高,充分彰显中国特色社会主义示范市的生机与魅力",明确了"加强法治城市建设,营造一流法治环境"的目标任务。并就如何加强法治城市建设,从立法、执法、法治政府建设、司法、法治文化等方面做了具体部署。

2013年12月3日,深圳召开了全市加快建设一流法治城市工作会议。

会议提出把加强法治作为全局性、战略性任务，深圳全面深化改革的"突破口"在于建设一流法治，进而开创经济特区改革开放新局面。时任市委书记王荣在会上阐述了加强法治化建设的意义，他认为建设一流法治城市是深圳承担新时期改革开放重任的重要突破口，是深圳在新形势下增创改革开放新优势的战略选择，是深圳顺应人民群众新期待、加快建设和谐社会的重要举措。他还强调"建设一流法治城市"必须作为战略性、全局性任务。《深圳市加快建设一流法治城市工作实施方案》同时下发。根据方案，深圳力争到 2015 年底，在一流法治城市建设上取得阶段性成果。12 月 3 日，《深圳特区报》刊发市委书记王荣《深入贯彻三中全会精神加快建成一流法治城市》的署名文章，号召全市人民共同努力，率先建成社会主义法治模范城市，以一流法治增创特区发展的新优势，奋力开创特区事业发展的新局面。

2013 年 12 月 26 日，深圳市委五届十八次全会召开。会议提出，在全面深化改革的新时期，深圳要以实施市场化、法治化、国际化、前海开发开放（即"三化一平台"）为重点，攻坚克难，以此来牵引和带动全局改革。要不断增创、充分发挥深圳"法治化"环境方面的新优势。会议认为，在日益多元的社会环境中，法治化是最大"公约数"，也是全面深化改革的突破口，要落实好"一流法治城市"建设工作《实施方案》。会议从推进立法机制创新、加大执法监督力度、加快推进法治政府建设、深化司法体制机制改革等方面对"建设一流法治城市"进行了部署。要求努力形成"安全有序可预期"的发展环境，使"一流法治"成为深圳经济特区新时期最为显著、最为核心的竞争优势。

2014 年 1 月 21 日，深圳市委出台《中共深圳市委贯彻落实〈中共中央关于全面深化改革若干重大问题的决定〉的实施意见》，强调加强民主法治建设，加快建设一流法治城市的改革任务，要求"让一流法治成为深圳经济特区新时期更为显著的特质，成为城市最具竞争力的创新创业环境和建设现代化国际化先进城市的坚强保障"。

2014 年 10 月 30 日，深圳市委五届十九全会第一次全体会议召开，会议主要任务是深入学习领会党的十八届四中全会精神,研究部署深圳贯彻落实举措和改革发展等重点工作。会议要求认真学习、准确把握党的十八届四中全会审议通过的《中共中央关于全面推依法治国若干重大问题的决定》,会议专门下发贯彻落实党的十八届四中全会精神、加快建设一流法治城市的《重点工作方案》及有关实施方案,提出"立法质量提升专项工作""法治政府建设专项工作""司法体制改革专项工作""全民普法守法专项工作""法治工作队伍建设专项工作""反腐倡廉专项工作"六项专项工作,要求力争通过一项一项地抓,推动深圳法治建设取得更大突破,将"一流法治城市"打造成特区新时期最为显著、最为核心的竞争优势。会议还强调,抓好"六项专项工作"、推进一流法治城市建设,不仅仅是人大、政府、公检法司等部门的工作,而是所有党委(党组)的共同责任。

2015年2月2日,深圳市委、市政府深发〔2015〕1号文件《贯彻落实习近平总书记重要批示精神努力在"四个全面"中创造新业绩的决定》,要求深圳当全面依法治国的尖兵,按照中央依法治国、依法执政、依法行政共同推进以及法治国家、法治政府、法治社会一体建设的要求,加快推进一流法治城市建设。

二 立法工作的加强和改进

中共深圳市五次代表大会提出"充分利用特区立法权,加快建立与国际通行规划相衔接、体现中国特色的特区法规体系"。

2011年1月14日,市委五届六次全体(扩大)会议上的报告对2011年工作做了部署,要求"要支持人大充分发挥立法机关职能作用,推进科学立法、民主立法,抓紧制定有利于科学发展的各类法规;依法行使监督权,推动影响科学发展的突出矛盾和问题得到切实解决。"

2013年1月10日,市委五届十三次全会第一次会议在部署2013年重点工作安排时也要求加强立法工作组织协调,加强对"一府两院"的监督。充分发挥特区立法优势,加快重点领域创新性立法,以高质量立法促改革、

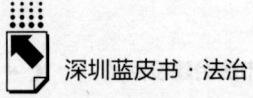

促发展、促稳定。

2013年9月,市政府召开的"一流法治城市专题议政会"上,市委书记王荣强调,深圳要进一步推动立法创新,最大限度创造"制度红利",要充分利用特区立法权,加快立法步伐,完善关于市场经济体系、规范政府行为、保障和改善民生、推进社会管理创新、生态文明建设等领域的法规,创造更好的制度环境。

5年来,深圳率先探索人大主导立法新机制,制定实施了一批法规规章,在全国起到了示范性、引领性作用。2014年,深圳市委出台《中共深圳市委关于进一步发挥人大及其常委会在立法工作中主导作用的意见》,这是全国首部关于人大主导立法的专门文件,推动建立"人大主导、多方参与"的特区立法新机制。通过进一步做强人大立法职能,实行法规集中起草、议案公开审议、建立"专家库"等举措,改变了过去政府部门草拟法规草案的做法,使立法机关、执行机关"各归其位、各负其责",为提升立法质量提供了制度保障。同时,在立法方式上,更加注重扩大公众有序参与,让立法过程成为集中民智、整合民力、凝聚共识的过程。市人大常委会党组还专门制定了《意见》的实施办法。在重大改革上采取"先立法、后改革"的模式,注重从法律制度上进行顶层设计,充分发挥立法引领、推动和保障改革的作用让改革于法有据。比如,在市委做出推进商事登记制度改革决策后,人大随即研究制定商事登记《若干规定》,以地方立法的方式率先破解原有工商登记制度的弊端。

制定实施《深圳市加快建设一流法治城市工作实施方案》。2013年12月3日,深圳市委、市政府出台《深圳市加快建设一流法治城市工作实施方案》。2014年11月6日,深圳市委出台《贯彻落实党的十八届四中全会精神,加快建设一流法治城市的重点工作方案》和《立法质量提升工作实施方案》《法治政府建设工作实施方案》《司法体制改革工作实施方案》《全民普法守法工作实施方案》《法治工作队伍建设工作实施方案》及《反腐倡廉工作实施方案》等6个实施方案(简称"1+6方案"),对重点抓好立法质量提升、法治政府建设、司法体制改革、全民普法守法、法治工作队伍建设、反腐倡廉六大专项工作做出了部署。按照"1+6"方案的要求，深圳在立法方面将重点抓好立法质量提升工作，充分发挥市人大及其常委会在立法工作中的主导作用，进一步优化立法体制机制，明确工作分工，落实职责要求，使全市立法质量显著提高、立法格局更加完善、立法实效全面提升、法治权威明显增强，为全面深化改革提供有力法治保障。

5年来，在深圳市委的统揽和协调下，深圳人大通过了一批法规、条例。2010年，深圳市人大常委会共审议法规15项，表决通过13项，包括《深圳经济特区加快经济发展方式转变促进条例》《深圳经济特区中小企业发展促进条例》等；2011年，审议通过或修订《深圳经济特区前海深港现代服务业合作区条例》《深圳经济特区政府采购条例》《深圳经济特区社会建设促进条例》《深圳经济特区道路交通安全管理条例》《深圳经济特区信访条例》《深圳市实施〈中华人民共和国人民调解法〉办法》《深圳经济特区心理卫生条例》《深圳市制定法规条例》《深圳经济特区河道管理条例》《深圳经济特区环境噪声管理条例》《深圳经济特区产品质量管理条例》《深圳经济特区市容和环境卫生条例》《深圳经济特区道路交通安全违法行为处罚条例》等；2012年，深圳市五届人大常委会共审议法规及有关法规问题的决定32件，包括《深圳经济特区文明行为促进条例》《深圳经济特区性别平等促进条例》《深圳经济特区人口与计划生育条例》《深圳经济特区社会养老保险条例》《深圳经济特区失业保险条例》《深圳经济特区商事登记若干规定》《深圳经济特区碳排放管理若干规定》《深圳经济特区合同格式条款条例》；2013年，深圳市人大常委会审议制定和修订《行业协会条例》《救助人权益保护规定》《控制吸烟条例》《居住证条例草案稿》《全民健身条例》和《集体协商条例》《技术转移条例》《特种设备安全条例》《城市管理综合执法条例》《房地产登记条例》《规划土地监察条例》《科技创新等条例》等；2014年，深圳市人大常委会加大监督力度，推动重大决策部署和法律法规的贯彻落实，《深圳经济特区全民健身条例》《深圳经济特区无偿献血条例》《深圳经济特区政府投资项目管理条例》《深圳经济特区居

住证条例》《深圳经济特区审计监督条例》《深圳市学校安全管理条例》《深圳经济特区道路交通安全违法行为处罚条例》等。

三 法治政府建设

中共深圳市五次代表大会提出"要全面推进法治政府建设，推进政府部门职责、机构编制法定化。"

王荣同志在2011年1月14日市委五届六次全体（扩大）会议上的报告对2011年工作做了部署，要求"深入推进依法行政，落实法治政府建设指标体系。"

2013年1月10日，市委五届十三次全会第一次会议在部署2013年重点工作安排时也要求"深入推进法治政府建设，增强以法治思维、法治手段管理经济社会事务的能力"。

2013年9月，深圳市委书记王荣强调，要加快法治政府建设，构建法治化国际化的营商环境，以法律来明确政府边界，进一步处理好政府与市场、与社会的关系。

2013年11月15日，市委五届十七次全会就贯彻落实党的十八届三中会精神提出"要认真总结深圳市综合行政执法体制改革经验，以探索建立公安城管执法协同机制、改革土地监察体制等为突破口，继续深化行政执法体制改革，率先建立权责统一、权威高效的行政执法体制，为全国相关领域改革提供有益借鉴。"

2014年10月30日，深圳市委五届十九次全体会议审议通过的决议要求，抓好"法治政府建设专项工作"，进一步把行政权力运行纳入法治化轨道。进一步依法加快转变政府职能，选择若干政府部门作为试点，尽快建立"权力清单""责任清单""负面清单"。深入推进行政执法体制改革，以城管执法为"突破口"，进一步整合执法主体，在全国率先建立权责统一、权威高效的依法行政体制。大力推进依法决策、政务公开、强化行政权力监督等工作，努力把深圳打造成为全国"行政透明度最高、行政审批事项最少、行政服务最优"的城市。

2014年10月30日,市委副书记、市长许勤《在市委五届十九次全会上关于经济工作的讲话》中有关部署完成2014年各项目标任务时要求"坚持依法行政,加快建设一流法治政府"。他强调:良好的法治是深圳未来竞争力所在。建设一流法治政府,是贯彻落实十八届四中全会《决定》的重要内容。全面落实即将出台的法治城市和法治政府建设行动方案,加快建设一流法治政府,使经济社会发展和政府各项工作都纳入法制轨道。一是全面提升依法行政水平。按照四中全会提出的建设法治政府的要求,将"职能科学、权责法定、执法严明、公开公正、廉洁高效、守法诚信"作为目标,加快完善和健全法治政府指标体系,进一步找准法治政府建设的着力点。要不断深化行政执法体制改革,着力解决权责交叉、多头执法问题,提升深圳行政执法水平。要全面推进政务公开,切实提高政府工作的透明度和公信力。二是要依法加快政府职能转变。加快推行政府权力清单、责任清单和负面清单,加大简政放权力度,推进机构、职能、权限、程序、责任法定化,做到"法无授权不可为、法定职责必须为",减少行政权力寻租的空间,以法治规范行政权力运行。三是要不断增强法治意识。各级领导干部要带头遵守宪法法律,切实提高运用法治思维和方式推动改革发展的能力和本领,善于运用法律手段处理经济社会事务,协调各种社会矛盾和利益关系,做到重大行政决策、行政审批等程序正当、依法依规。

2014年11月6日,深圳市委出台了贯彻落实党的十八届四中全会精神、加快建设一流法治城市的《重点工作方案》和《法治政府建设工作实施方案》。该方案明确,建设法治政府要加强和改进政府立法和规范性文件制定工作,推进政府机构职能法定化,健全依法决策机制,加强和改进行政执法,深化行政执法体制改革,加大重点领域执法力度,强化对行政权力的制约和监督,全面推进政务公开,推进政府法律顾问制度建设,建设职能科学、权责法定、执法严明、公开公正、廉洁高效、守法诚信的一流法治政府。方案确定了加强法治政府建设六项工作,即加强党对法治政府建设工作的领导、提高法治思维和依法办事能力、完善和提升法治政府建设指标体

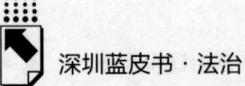

系、切实加强法治政府建设考评力度、提升政府法制机构的作用和影响、建设高素质政府法治人才队伍。

2015年2月2日出台的《中共深圳市委深圳市人民政府贯彻落实习近平总书记重要批示精神努力在"四个全面"中创造新业绩的决定》,要求争当全面依法治国的尖兵,大力推进依法行政,按照"职能科学、权责法定、执法严明、公开公正、廉洁高效、守法诚信"的要求,率先建成法治政府。

2012年、2014年,深圳两次获得"中国法治政府奖"。

四 司法体制改革

中共深圳市五次代表大会提出要"深化司法体制和工作机制改革,优化司法职权配置,规范司法行为,率先探索建立公正高效权威的社会主义司法制度"。

2011年1月14日,市委五届六次全体(扩大)会议在"关于2011年工作"也要求"继续推进司法体制和工作机制改革,加强司法队伍建设,着力保障司法公正、提高司法效率。"

2013年1月10日,市委五届十三次全会第一次会议在总结过去一年的工作时认为,2012年深圳市委加大"法治城市"建设力度,支持审判机关、检察机关依法行使职权,深化司法改革,维护法律权威,提高司法效率,维护公平正义。在部署2013年重点工作安排时也要求,"深化司法体制改革,强化司法权威,落实司法为民,不断提升司法公信力,努力让群众感受到法治的公平正义"。

2013年11月15日,市委五届十七次全会上,市委书记王荣就学习贯彻落实党的十八届三中全会精神,全面深化改革时谈到,"在司法体制改革方面,要主动配合中央和省做好司法管理体制改革,确保此项改革在深圳率先得到推进落实"。

2014年1月21日,出台《中共深圳市委贯彻落实〈中共中央关于全面深化改革若干重大问题的决定〉的实施意见》,明确提出要"深化司法体制改革"，要求"积极探索切实保障审判权、检察权依法独立公正行使的有效机制，进一步推进公正廉洁高效司法。重点部署了司法公开、审判管理体制、审判公开、法权力运行、法官职业化改革、人权司法保障、错案责任追究机制、法官遴选机制、人财物管理、违法犯罪行为的惩治和矫正等方面的改革任务。

2014年10月30日，市委五届十九次全会第一次全体会议上王荣同志在讲话中强调要抓好"司法体制改革专项工作，在提升司法公信力上见到更大成效。"会议认为司法改革是当前法治建设的重中之重，近年来，深圳在"审判长负责、法官职业化、执行权运行机制等改革上做出了积极探索，走在了全国前列。"并要求，深圳接下来要按照全会对司法改革工作的最新部署，对深圳市司法改革进行全面梳理。对前期已经启动的审判权运行机制等改革项目，要提升完善、加快推进；对轻微刑事案件速裁制度改革等方案成熟、具备实施条件的项目，要尽快启动；对全会提出的设置巡回法院等新任务要纳入改革总盘子、抓紧制订实施方案，形成"完成一批、启动一批、储备一批"的良好推进态势。这里要强调的是，司法体制改革涉及面非常广，既需要理顺司法机关与外部的关系，也要理顺司法权力内部运行机制，必须进一步加强顶层设计和统筹协调，更加科学地确定改革内容，更加合理地安排改革次序，确保形成改革的整体合力，加快建设公正高效权威的社会主义司法制度，努力在深圳率先实现"让人民群众在每一个司法案件中都感受到公平正义"的目标。

深圳在法官、检察官职业化改革方面走在全面前列，取得显著成效。2014年2月21日，深圳出台《深圳市法院工作人员分类管理和法官职业化改革方案》。方案明确将法院工作人员划分为三类——法官、审判辅助人员和司法行政人员并明确了法官和审判辅助人员的管理体制。审判辅助人员中，司法警察按职务序列进行管理，法官助理、书记员按照综合管理类公务员的相关规定进行管理。方案规定了法官员额，市中级人民法院法官员额最多不超过本单位政法专项编制的60%，各区人民法院法官员额最多不超过本单位政法专项编制的65%。方案明确了法官职级，在法官选任上面做了

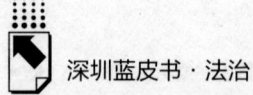

一些新的探索。2014年7月1日起,法官执行新的薪级工资标准,1072名法官正式按法官单独职务序列管理,深圳法官职业化改革取得实质进展。

深圳是广东省检察改革首批试点单位。2014年7月,深圳市委成立检察改革工作领导小组,快速推进检察人员分类管理和检察官职业化改革、检察权运行机制和检察官办案责任制改革工作,并最终形成《深圳市检察机关工作人员分类管理和检察官职业化改革方案》《深圳市改革检察权运行机制完善检察官办案责任制实施方案》《深圳市法检系统司法警察分类管理改革实施方案》,12月17日,上述改革方案获市委常委会通过。该改革方案,将检察人员分为三类——检察官、检察辅助人员、司法行政人员。凡进入检察官序列的,将免去行政职务,以检察官等级为基础,实行单独的检察官职务序列管理,在拓宽上升通道的同时,获得相应的职业保障。在突出检察官主体地位的同时,检察机关强化监督制约,构建完备的监督体系。

五 前海中国特色社会主义法治示范区建设

2014年10月30日,王荣同志在市委五届十九次全会第二次全体会议上的讲话中强调,前海深港现代服务业合作区是国家新时期深化改革开放的重大战略平台,也是国家唯一批复的社会主义法治建设示范区。习近平总书记对前海先行先试寄予了厚望。在推动"六项专项工作"时,必须充分利用好前海平台,在现代警务改革、建立国际律师学院、探索跨区域设置法院等领域大胆探索、率先突破,努力在前海率先形成法治化、国际化的营商环境,为全面推进依法治国更好地发挥特区的作用。

2014年1月21日,《中共深圳市委贯彻落实〈中共中央关于全面深化改革若干重大问题的决定〉的实施意见》,提出推进前海体制机制创新。主要内容有:深化前海管理局法定机构管理制度创新,学习借鉴香港法律体系,在深港两地律师事务所合营试点、法律查明等方面积极创新等。

2014年,最高人民法院《关于同意设立前海合作区法院的批复》(法

[2014] 303号），批复同意设立前海合作区人民法院。2015年1月28日，深圳市前海合作区人民法院正式成立。

六 法治社会环境的形成

中共深圳市五次代表大会要求"加强法治文化建设，推进全民普法教育，树立法治理念，塑造现代法治公民"。

2011年1月1日，《中共深圳市委深圳市人民政府关于加强社会建设的决定》将提升市民素质作为推进社会建设的重要内容，要求"加强普法教育，倡导文明诚信守法理念"。

2013年1月10日，王荣同志在市委五届十三次全会第一次会议上对2012年全年工作进行了总结，认为2012年全市"全面推进'六五'普法，大力实施建设法治化国际化营商环境《五年行动计划》，推动全民法治素养和城市法治环境实现新的提升。"要求2013年"大力开展全民普法，培育和发展法治文化，在全社会树立法治意识、培育法治精神，形成自觉学法、守法、用法的良好氛围。"

2013年12月3日，深圳市委、市政府出台《深圳市加快建设一流法治城市工作实施方案》，2014年11月6日，深圳市委出台《贯彻落实党的十八届四中全会精神，加快建设一流法治城市的重点工作方案》和《全民普法守法工作实施方案》，就构建社会普法教育机制，推动领导干部带头学法、模范守法，提升市民法治素养，深入开展典型案例法治宣传教育，积极运用现代传媒开展法治宣传教育，建设社会主义法治文化，大力推进基层依法治理等七方面进行了部署。

2014年10月30日，王荣同志在市委五届十九次全会第一次全体会议上的讲话中，要求抓好"全民普法守法专项工作"，使法治真正成为全社会的核心价值追求。会议认为：推进全民普法守法，是依法治国的一项长期性、基础性工作，必须坚持不懈抓实抓好。四中全会首次站在推进法治社会建设的高度，来部署推动全民普法守法工作。我们要准确把握、积极顺应这

一变化,转变普法思维、改进普法方式,继续推广媒体以案说法、发布法律公益广告、制作法治影视作品等有效手段,大力推进全社会学法用法制度化、常态化,努力使法治文化成为特区的主流文化,使法治精神成为特区精神的坚强内核。这次全会把每年的12月4日定为国家宪法日。我们要以此为契机,精心组织若干形式新颖、内容丰富、特色鲜明的普法活动,让广大市民近距离地接受法治文化的洗礼,更好地认识宪法、了解宪法,在全社会形成崇尚宪法、遵守宪法、维护宪法的良好风尚。更重要的是,要大力开展形式多样的具体法治实践,通过推进多层次多领域依法治理,更多运用法治手段有效治理"酒驾""舌尖上的安全""信访不信法"等社会管理难题,让老百姓切实感受到法治的力量;通过建立健全依法维权和化解纠纷机制,完善法律援助和司法救助等法律服务体系,让群众实实在在体会到,法律不仅是必须遵照执行的"紧箍咒",更是保障自身合法权益的"守护神"。

七 加强深圳法治化建设的展望

加强法治化建设是深圳市第六次党代会报告的重要内容,该报告明确了"率先落实全面依法治国各项任务,加快建成公平公正安定有序的一流法治城市"任务,并就加强和改进深圳立法工作、全面推进依法行政、全面完成国家和广东省赋予深圳的司法体制改革各项试点任务、着力打造前海中国特色社会主义法治示范区、推进法治社会建设等作了具体部署。根据党代会明确的任务、要求和部署,就进一步加强深圳法治化建设建议如下:

(一)加强对法治化建设的领导,充分发挥党委在法治化建设过程中的统揽和协调作用

一方面要健全机构。市委办公厅增设法律法规处,负责统筹规划全市推进法治化建设工作,调查研究法治化建设中出现的新情况、新问题,指导党委规范性文件管理,进行规范性文件合法性、合乎党内规范性文件审查,及统筹协调人大、政府立法工作,实现党委决策法治化。进一步理顺市委政法

委、市委社工委的职能关系，加强两部门的协调，形成工作合力。

另一方面要加强组织领导。进一步完善市委对政府、司法机关及其他法治建设部门的领导，对有关部门领导等人员，按照《党政领导干部选拔任用工作条例》和相关法规文件规定的干部管理权限进行管理。完善确保依法独立公正行使审判权和检察权的制度，建立健全司法人员履行法定职责保护机制，确保司法机关依法独立公正行使职权。增加有法治实践经验的专职常委比例。

（二）创新立法机制，充分发挥人大立法主导作用

要重视创新的强大动力，坚持先行先试。发挥特区立法"先行性、试验性"特点，发挥前海改革平台和中国特色社会主义法治示范区的政策优势，借鉴香港、面向国际，积极探索与国际惯例接轨的体制机制，制定一批具有开创性、引领性的高质量法规规章。

在立法方面，既要完善党委对立法重大问题的决策机制、着力加强人大立法能力建设，又要扩大社会公众在立法中的有序参与。对于前者，其一要完善决策程序，规范党对立法工作中重大问题的决策，对立法工作中的重大问题定期研究、及时决策、协调推进、督促落实；其二要建立健全人大相关机构，配强立法工作力量，加快培养能适应新形势新要求的高素质立法人才队伍。而对于后者，要丰富公众参与立法的途径，充分听取民意，使立法最大限度体现最大多数人的意志和利益。

（三）全面推进依法行政，率先建成法治政府

有权必有责。首先应当明确党政机关领导加强法治政府建设责任。建立政府定期向同级党委、人大常委会和上一级政府报告法治政府建设情况的制度。党政主要负责人作为推进法治建设第一责任人，要严格履行职责，将建设法治政府摆在工作全局的重要位置，建设法治建设责任追究制度。

其次要加强各级政府及其部门法制力量建设。不断完善法治政府建设指标体系，不断完善法治政府建设考评工作，强化考评结果应用，更好发挥考

评工作对法治政府建设的"指挥棒"作用。

再次要以制度规范、制约权力。强化行政合法性审查制度，全面实行政府法律顾问参与重大决策合法性审查制度，把合法性审查作为政府决策的必经程序；建立行政执法新机制。进一步厘清市、区两级管理权限和责任，推进执法重心和执法力量下移至区和街道，推进综合执法，减少执法队伍种类。健全行政执法和刑事司法衔接机制，理顺行政强制执行体制。

最后要强化对行政权力的制约和监督。建立和推行行政执法公开制度，积极打造"阳光政府"，打通部门之间的"信息壁垒"。

（四）深化司法改革，强化社会参与，推进法治社会建设

在司法机关层面，进一步深化司法改革，完善审判权检察权运行机制，积极推动开展审判权和执行权相分离改革试点，率先建立行政诉讼管辖范围与行政管理区域相分离的新机制。健全司法权公正行使保障和监督机制，完善检察院、法院人财物由市级统一管理制度。深入推进司法规范化建设、全面加强司法活动监督。完善检察机关新型诉讼监督模式，增强诉讼监督的刚性约束。在社会层面，健全立体化社会化的普法格局。积极推动全社会参与法治实践。充分发挥律师在法治社会建设中的作用。

（参考文献：2010年5月至2015年5月中共深圳市委历次全会材料及市委、市委办公厅文件。）

附　录
Appendix

B.20
2015年深圳法治大事记

王庆恩　李朝星*

1. 深圳"环境执法年"严惩环境违法

2015年1月1日，国家新《环保法》正式实施。为落实新《环保法》各项措施，深圳市人居环境委确定2015年为"环境执法年"，并出台了《深圳市开展"环境执法年"活动实施方案》，与公安机关联动执法，滚动开展了多项专项执法行动。还结合深圳实际，率先探索"随机抽查"执法模式，稳步推行"办案执法"与"日常管理"相分离的环境监管执法新模式，并组织开展"点菜式"环保执法体验日活动。截至2015年11月底，深圳市环保部门对1055宗环境违法行为实施了行政处罚，其中移送行政拘留案件13宗，移送涉嫌环境污染犯罪案件49宗，执法力度居全省之首。

2. 深圳前海合作区人民法院挂牌

2015年1月28日，深圳前海合作区人民法院正式挂牌。前海法院实行

---

* 王庆恩，就职于深圳市方志馆；李朝星，就职于深圳市社会科学院。

法官选任制，全部法官通过选任产生。实行立案登记制，做到有案必立、有诉必理。取消案件审批制，主审法官独任审判的，由其自行签发审判文书，独立承担办案责任；合议庭审判的裁判文书由合议庭成员依次签署，审判长签发。建立审判监督权行使的全程留痕制度，落实办案质量终身负责制和错案责任倒查问责制。

深圳前海合作区人民法院除管辖前海辖区一审民商事案件、行政案件和执行案件外，还集中管辖原由深圳市辖区其他基层人民法院管辖的一审涉外、涉港澳台商事案件，率先实行跨行政区管辖案件。法院还实行审执分离，同时率先试行港籍陪审员制度，选聘港籍调解员进行商事调解。

3. 深圳拿掉检察官官帽

2015年1月，深圳市检察体制改革全面推进，在检察机构内部机构设置和检察官职业化改革方面采取大动作，撤销了15个业务部门，各区检察院撤销了10个业务部门，机构数量减少了50%以上。原有的业务部门被撤销后，位不在，官也就难再有。全市检察机关业务部门的200多名处、科长就地免职。撤掉官位后，检察官不再根据行政级别享受相应待遇，而按照检察官等级领取工资。这项改革彻底改变检察机构原有的行政化层级管理，打破官本位，建起单独的检察官职业序列。

4. 深圳查处3·19特大冻肉走私案

2015年3月19日，深圳市市场稽察局于龙岗区平湖街道的深圳嘉铭仓储有限公司查获走私的问题冻肉，货值约为3.45亿元人民币，该案是我国目前案值最大的走私冻肉案件之一。该批涉案冻肉包括市面上常见的牛肉、猪肉、鸡肉等冻肉种类，主要产地为美国、巴西、芬兰、德国等国。经过执法人员15天的清点，共清点出涉嫌问题冻品共计6117吨（364677箱），其中进口过期冻肉30000箱约450吨。

5. 深圳成立市人大制度理论研究会

2015年3月20日，深圳市人民代表大会制度理论研究会在深圳大学挂牌成立。成立大会上，深圳市人大常委会与深圳大学合办的深圳大学经济特区立法研究中心同时挂牌。依托深圳大学法学院的研究力量，人大制度理论研究会与特区立法研究中心共用一个研究平台，共同成立一个学术委员会，这种全新的合作模式是体制内外的互补，学术研究与工作实践的融合，更好地培育和凝聚专业人才，加强人民代表大会制度理论研究和特区立法研究，提高立法质量。

6. 大鹏新区全国首推领导干部任期生态审计制

2015年4月，大鹏新区出台了《大鹏新区区管领导干部任期生态审计实施细则》，这是继2014年11月深圳大鹏新区在全国率先出台领导干部任期生态审计制度后，进一步细化了大鹏新区领导干部任期生态审计工作的操作规范和评价标准，并已开展试点工作，这标志着该项改革已经从制度设计进入具体实践层面。根据实施细则的规定，审计内容包括自然资源资产负债表、法规政策制定和执行、重大决策、管理责任履行、相关资金项目管理和使用等五方面。同时实施细则还结合最新的审计法规，对审计计划、审计实施、审计报告、审计评价和责任界定等进行了细化，进一步明确了审计内容，规范了审计程序，完善了审计评价和责任界定要求，更方便审计人员操作使用，确保辖区领导干部生态审计工作有效开展。探索建立领导干部任期生态审计制度，有利于促使领导干部树立科学的政绩观，推动生态文明建设。

7. 深圳市公安局建成电子证据管理系统

2015年4月22日，深圳市龙岗公安分局正式启用电子证据管理系统。通过该管理系统，将所有现场执法执勤的视频、音频、图像电子证据资料进行统一存储和管理，实现案件办理流程的电子化可回放功能，最终将执法工作的视频资料及其他电子证据资料纳入法制监督范畴。该系统的容量能够满足全市全部警务工作标准动作均纳入系统进行管控，且保存时间长达一年以上，有效防止执法执勤电子证据的丢失。同时，一旦出现相关涉警涉法投诉，相关部门可以随时调取视频资料，还原整个执法执勤过程，既保障民警依法履行职责，又能维护当事人的合法权益。仅两个多月，该系统就显露实效。截至2015年6月底，深圳市公安局全局就成功上传电子证据媒体数计11418条，深圳市公安局有关执法办案方面的信访投诉同比、环比均下降

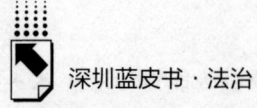

10%以上。

8. 深圳市人大常委会在市律师协会设立立法调研基地

2015年4月24日,深圳市人大常委会立法调研基地在深圳市律师协会正式成立。6月16日,34位律师收到了首批立法调研基地法律专家的任用证书。成立该调研基地是推动市人大立法"精细化"的又一创新举措,意味着深圳律师不只是运用专业知识"打官司"、提供法律服务,更有了一个有序参与到深圳立法工作中担负起调研、顾问等职责、为地方立法贡献力量的新平台。

9. 深圳法院全面推行立案登记制

改革法院案件受理制度、变立案审查制为立案登记制,是新一轮司法体制改革的重要内容。2015年2月2日,深圳前海合作区人民法院率先试行立案登记制。深圳市中级人民法院在总结前海试点经验的基础上,制定出台《深圳市中级人民法院立案登记工作细则》。5月1日,深圳市两级法院和全国同步正式全面实行立案登记制,做到有案必立、有诉必理,截至12月31日,全市登记立案9万余件,当场登记立案率97%,立案难成为历史。

10. 深圳社会组织管理局发出深圳社会组织立法建议"英雄帖"

2015年5月14日,一篇名为《深圳市社会组织立法研究英雄帖》的文章出现在深圳市民政局官网。在该"英雄帖"中,深圳市民政局发布《深圳社会组织立法建议征集方案》,向社会征集《深圳经济特区社会组织条例(草案)》(含起草说明)及相关立法框架、思路、建议,经专家论证会评议遴选进入前3名的优秀草案文本将给予奖励人民币5万元,进入前3名的立法建议(含框架、思路)将给予奖励人民币5000元。以英雄帖方式,抛出真金白银奖励具体法规立法研究,进一步激活了社会各界为立法建言献策的积极性,开创了开门立法新形式。

11. 罗湖实行社会组织登记负面清单制度

2015年5月27日,罗湖区正式对外公布社会组织改革方案。方案提出进一步降低社会组织登记准入门槛,扩大社会组织直接登记范围,实行负面清单制度,除民办学校、福利机构、博物馆、心理咨询机构等法律法规规定需要前置审批的以及政治类、宗教类、法律类等社会组织以外,其他社会组织成立均由民政部门直接登记。方案还取消3万元以上的开办(注册)社会组织的资金限制,降低社会团体会员数量要求,降低注册登记降低场所要求等,从而松绑社会组织,推进社会组织发展壮大。

12. 坪山、福田建立公共法律服务中心

2015年6月16日,坪山新区公共法律服务中心挂牌成立。作为深圳市司法局确定的构建公共法律服务体系工作试点区之一,坪山新区公共法律服务工作在全市率先实现了社区、办事处、新区三级全覆盖。该法律服务平台,整合法制宣传、法律援助、人民调解、安置帮教、社区矫正等各项法律服务,面向群众提供不同功能和程度的"一站式"服务。

10月28日,福田区公共法律服务中心正式启用,为民众提供包括法律咨询、法律援助、律师管理、司法公证、司法考试、司法鉴定五类法律领域的公共法律服务。

13. 深圳率先开展业主大会社团法人登记探索

2015年6月,深圳市罗湖区物业管理改革正式启动,以此为社区治理建设的重要推手。万科天景花园、雍翠豪园和广岭家园等三个小区被确定为业主大会法人化试点。业主大会社团法人登记,将改变目前业主大会因法人地位的缺失而不能与物业管理公司对等协商对话,起诉应诉和维权困难,物业管理各方当事人关系混乱的状况,有利促进社会和谐。

14. 深圳法院实施行政案件集中管辖

继2015年1月深圳确定由前海人民法院集中管辖原由深圳市辖区其他基层人民法院管辖的一审涉外、涉港澳台商事案件后,深圳又率先实行跨行政区管辖案件。6月30日,深圳法院又正式实施行政案件集中管辖,全市基层人民法院管辖的以区属行政机关为被告的行政诉讼案件,统一由盐田区法院集中管辖,并确定自2016年1月1日起,全市基层人民法院管辖的全部行政诉讼案件及行政非诉审查案件,统一由盐田区法院管辖。深圳推进案件集中管辖改革,对于探索和完善我国司法管辖制度,提升深圳市审判专业化水平,保障当事人合法权益等都具有非常重要的意义,也必将对全国审判制度改革产生重大的借鉴意义和示范效应。

15. 深圳首发"一照一码"营业执照

2015年7月1日,深圳发放的国内首张"一照一码"营业执照,涵盖了营业执照、组织机构代码证、税务登记证、社会保险登记证、印章刻制许可证等多种证照的所有功能。这意味着全国首个按照统一社会信用代码赋予的纳税人识别号同时诞生。推行"一照一码"后,对于纳税人而言,在政府部门办事成本大幅降低,以往需要花费至少4个工作日办理的证件,将实现1个地点、2个窗口、1个小时办理,不再需要重复提交证件资料,同时也避免了审批部门的重复劳动。

16. 深圳市实施企业名称自主申报登记制度改革

2015年7月1日,经国家工商总局授权同意,深圳市企业名称自主申报登记制度改革正式实施。改革取消预先核准环节,将企业名称纳入设立或变更登记流程一并申报,企业名称能否使用由申请人根据系统提示即时决定,彻底免除了网上排队轮候时间,大大提高了登记效率。截至11月,通过名称自主申报系统申报的企业名称共20万余个,申报成功15万余个,成功率超过72%。其中正式提交登记申请的12万余个,较改革前增长34%。

17. 深圳列入首批公益诉讼试点城市

2015年7月1日,全国人大常委会授权最高人民检察院开展公益诉讼试点,试点地区确定北京、广东、安徽等13个省、自治区、直辖市。2015年7月31日,广东省人民检察院通过《广东省检察机关提起公益诉讼试点工作实施方案》,正式决定深圳两级检察机关作为公益诉讼的试点单位。早于2005年,深圳检察机关就开启了公益诉讼模式,在过去的10年时间里,更是抓住民生热点案件探索多种公益诉讼模式,办理了一系列效果良好、有影响的公益诉讼案件。2006年,深圳市人大常委会以地方立法的形式在全国率先确认了检察机关对民事环境公益诉讼的法律监督职权。2007年以来,深圳检察机关民行检察部门大胆探索公益诉讼模式,采取直接起诉、支持起诉、检察建议督促起诉等多种方式,不断推进了深圳检察机关参与民事公益诉讼进程,为探索建立全市乃至全国公益诉讼机制积累了有益的司法实践经验。

18. 深圳律师进驻最高人民法院第一巡回法庭担任志愿者

最高人民法院第一巡回法庭成立以来，来访群众和各类案件持续攀升。为有效化解社会矛盾，减少群众诉累、节约司法成本，2015年7月27日最高人民法院第一巡回法庭与深圳市律师协会签署了《关于建立良性互动工作机制的备忘录》，在最高人民法院第一巡回法庭设置律师志愿服务工作室，由深圳市律师协会选派律师值班。志愿律师以其专业的法律知识无偿指导有需要的当事人进行诉讼活动，并利用第三方的身份参与诉讼调解，帮助化解矛盾纠纷、减少群众诉累、节约司法成本。同时，深圳市律师协会制定严格管理办法，明确志愿律师不得代理来访案件。截至2015年12月31日，深圳市律师协会已经有147名律师参与志愿服务。

19. 国家级法律查明"一中心两基地"落户深圳前海

2015年9月20日，"中国港澳台和外国法律查明研究中心""最高人民法院港澳台和外国法律查明研究基地"和"最高人民法院港澳台和外国法律查明基地"落户深圳前海。"研究中心"由最高人民法院、中国法学会和国家司法文明协同创新中心共同支持设立，中心承担法律查明工作的公共服务建设、推动建立"一带一路"沿线国家和地区法律库、整理完善域外法适用的案例库、建立法律查明网络信息平台等任务。与此同时，最高人民法院还在蓝海现代法律服务发展中心设立"最高人民法院港澳台和外国法律查明基地"，负责依托域内外法律专家资源优势，积极查明港澳台和外国法律；在前海法院建立了最高人民法院港澳台和外国法律查明研究基地，负责加强法院系统内部的涉外审判业务交流，开展港澳台法律查明和适用研究和完善涉外审判案例库。

20. 深圳推行"拉链式"交替通行方式

2015年10月12日，深圳实施"拉链式"交替通行细则。深圳交警在学习借鉴国内外交替通行成功经验的基础上，提出"先右后左""拉链式"交替通行规则，在全市40个路口进行试点。交替通行提高了车辆通行效率，规范了车辆合流时的行车秩序，在短时间内即取得了良好效果。据监测统计,到12月上旬已实施路口车辆交替通行率由发布前的35%提高至93%,相关路段事故警情下降57%。在总结试点经验和完善细则后,该措施于12月15日推行至全市所有路口、路段、经营性停车场。

21. 深圳检察机关行贿犯罪档案查询网上申请平台正式上线

2015年10月15日,深圳市检察机关行贿犯罪档案查询网上申请平台正式上线运行,面向社会提供网上申请受理服务,实现了申请无纸化和办公自动化。网上申请后,申请人可在第3个工作日到受理的检察机关领取查询结果,只需一趟即可完成查询,改变了过去申请需要提供纸质材料、往返跑两三趟的状况,大大提高了办事效率。

22. 深圳重特大疾病补充医疗保险落地实施

2015年4月,深圳市人力资源和社会保障局印发《深圳市重特大疾病补充医疗保险试行办法》。该办法在立法建制、筹资模式、经办机制等方面进行大胆创新。11月1日,在制定完善相关配套文件之后,深圳市重特大疾病补充医疗保险正式实施,深圳市所有社会医疗保险参保人不分户籍、不分年龄,无论是否已经患病,均可自愿参保。这标志着深圳市成功构建基本医疗保险、地方补充医疗保险、重疾补充医疗保险的三层次医疗保障体系,将有效减轻罹患大病所致的高额医疗费用负担,缓解因病致贫、返贫问题。

23. 《深圳市法治政府建设指标体系》修订实施

2015年12月2日,修订后的《深圳市法治政府建设指标体系》正式发布实施。该指标体系自2008年在全国率先施行以来,取得了重大成效,有力推进了深圳市法治政府建设。2012年,深圳市因此获得了第二届"中国法治政府奖"。但经过几年实施,也发现指标体系存在一些不适应新形势的问题。深圳市法治办于2014年启动《指标体系》的修订工作,结合深圳市法治政府建设工作经验,按照高质量、有特色、可操作、易考核的标准调整指标设置。修订后的《指标体系》指标设置更科学、合理;增加了对科学立法、民主立法、权责清单、法律顾问制度、执法全过程记录制度、重大执法决定法制审核、执法信息共享等指标内容,体现了法治政府建设的最新要求。

24. 深圳"法治地图"率先全国上线

2015年12月4日,深圳市司法局与腾讯公司协作推广"互联网+法律服务"项目,率先全国上线"法治地图"。该"法治地图"借助大数据技术,整合公共法律服务资源,建立了信息查询和业务办理平台,为市民寻求以法治思维和法治方式解决问题提供服务。目前市民可以通过"法治地图"查询全市在册的601家律师服务、法律援助、司法鉴定、公证机构,1060个社区法律顾问点、政法机关以及执业人员基本信息,在线享受地图查询、法律咨询、网上申请、业务办理等"一站式"法律服务。

25. 宝安区建立全国首家"24小时自助法院"

2015年12月7日,宝安区推出全国首家"24小时自助法院",全天候为市民提供自助立案、自助缴费、自助预约、自助查询等各类诉讼服务。"24小时自助法院"上线两周,即完成自助立案4件、自助缴费3笔共6万余元,提供案件信息查询、公开文书查询及其他司法公开服务960余次,有效解决了群众8小时之外立案等难题,满足了当事人任意时间段的诉求。宝安区人民法院运用"互联网"思维,借助大数据、云计算等技术手段,借鉴银行医院提供的24小时自助服务、各类自助终端设备的设计理念,为当事人提供全天候、全方位、便捷高效的诉讼服务,在全国法院系统尚属首创。

26. 深圳市中级人民法院被评为"2015年度法治人物"

2015年12月11日,由《中国新闻周刊》主办的"影响中国2015年度人物"颁奖盛典在北京举行,在全国率先开展了法官职业化改革的深圳市中级人民法院获评"影响中国——2015年度法治人物"称号。深圳中级人民法院作为2015年法律界唯一获奖的单位,也是唯一一家获得"年度法治人物"奖的单位,充分体现了社会各界对深圳司法改革工作的充分肯定与高度认可。

27. 深圳在全国100个大中城市法治政府评估中名列第一

2015年12月14日,中国政法大学法治政府研究院编写的《法治政府评估报告2015》和《法治政府蓝皮书2015》于北京发布,深圳在国内100

个城市法治政府建设评比中排名第一,这是对深圳近年来建设"一流法治城市"的战略和实践的充分肯定。

28. "一社区一法律顾问"助力基层法治建设

2015年在深圳市司法局统筹下,"一社区一法律顾问"推广到全市。各区司法局(街道)与律师事务所以行政合同的方式购买法律服务,向社区派驻律师,免费为市民、企业提供最基本的法律服务,协助基层政府参与决策、信访、调解和化解民间纠纷。深圳市643个社区实现了法律顾问全覆盖,2015年度全市社区法律顾问的服务人数(对象)达24399个,提供咨询18014次,出具法律意见书548份,调解纠纷3823件,参与法律援助231个,法制宣传1095场。

29. 深圳建立第三方对法院执行工作评估制度

深圳市律师协会与中国社会科学院受深圳市中级人民法院委托,作为独立第三方对深圳市中级人民法院执行工作进行评估。经过科学、周密、详尽的调查和评估,于2015年底形成第三方评估报告——《基本解决执行难评估报告——以深圳市中级人民法院为样本》。该报告2016年1月6日在北京发布,并被纳入国家智库。由律师协会以第三方身份参与法院执行工作的评估,这在全国开创了律师对法院工作建立评价制度的先河,开辟了律师参与司法体制改革的新渠道,开辟了法律职业共同体构建的新平台。

B.21
2015年深圳新法规规章

王庆恩*

一 2015年深圳新制定或修改的法规

1. 修改《深圳经济特区道路交通安全管理条例》

2015年4月29日深圳市第五届人民代表大会常务委员会第三十九次会议通过《关于修改〈深圳经济特区道路交通安全管理条例〉的决定》。该条例2011年10月31日深圳市第五届人民代表大会常务委员会第十一次会议通过，2012年12月第一次修正，此次为第二次修正。此次修改涉及条款达到23条，增加了重型载货汽车、半挂牵引车、危险货物运输车辆等八种车辆安装符合国家标准的电子标识的强制性规定，强化了运输单位及其驾驶人管理，明确了道路交通安全督导员协助交警执行公务的程序、职责。

2. 废止《深圳经济特区房屋租赁条例》

2015年8月28日深圳市第六届人民代表大会常务委员会第二次会议通过《关于废止〈深圳经济特区房屋租赁条例〉的决定》，自2015年8月31日起生效。《深圳经济特区房屋租赁条例》1992年12月26日由深圳市第一届人民代表大会常务委员会第十三次会议通过，之后于1997年、2002年、2004年、2013年经过四次修正。《深圳经济特区房屋租赁条例》的废止意味着深圳实行了二十三年的房屋租赁合同强制登记备案制度的正式终止。

3. 修改《深圳经济特区失业保险若干规定》

2015年10月29日深圳市第六届人民代表大会常务委员会第三次会议

---

* 王庆恩，就职于深圳市方志馆。

通过《关于修改〈深圳经济特区失业保险若干规定〉的决定》，自2015年10月29日起生效。此次修改主要针对缴费比例的相关规定，确定了失业保险费的缴费标准上限，建立费率动态调整机制，从而减轻企业和个人缴费负担。

4.《深圳经济特区全民阅读促进条例》

2015年12月24日深圳市第六届人民代表大会常务委员会第四次会议通过，自2016年4月1日起施行。这是国内阅读推广领域第一部运用经济特区立法权制定的法规。该条例将深圳市的传统阅读活动"深圳读书月"法定化，并将每年的"4·23"世界读书日同时确定为"深圳未成年人读书日"。

5. 修改《深圳经济特区人口与计划生育条例》

2015年12月24日深圳市第六届人民代表大会常务委员会第四次会议通过《深圳市人民代表大会常务委员会关于修改〈深圳经济特区人口与计划生育条例〉的决定》，自2015年12月24日起施行。此次修改系落实党的十八届五中全会关于实施普遍二孩的政策精神和全国人大常委会于2015年12月修改的《人口与计划生育法》，取消了办理新生儿户口登记必须提交计划生育证明的规定。

6. 关于《深圳经济特区和谐劳动关系促进条例》第五十八条的解释

2015年12月24日深圳市第六届人民代表大会常务委员会第四次会议通过《关于〈深圳经济特区和谐劳动关系促进条例〉第五十八条的解释》。该解释主要是进一步明确劳动者主张由用人单位承担律师代理费提出的时间及最高金额。通过释法，化解执法者在法律适用中的理解分歧，确保法规的统一实施。

二 2015年深圳新制定或修改的政府规章

1. 废止《深圳市城镇集体所有制企业管理规定》及《深圳市行政事业性收费管理若干规定》

2015年1月28日深圳市政府五届一百二十五次常务会议审议通过，

2015年2月6日发布，自2015年2月6日起废止《深圳市城镇集体所有制企业管理规定》（1999年12月21日深圳市人民政府令第91号发布）及《深圳市行政事业性收费管理若干规定》（2002年7月1日深圳市人民政府令第116号发布）。

2.《深圳市气象灾害预警信号发布规定》

2015年4月21日深圳市政府五届一百三十次常务会议审议通过，2015年5月11日发布，自2015年8月1日起施行。新修订的《深圳市气象灾害预警信号发布规定》细化了气象灾害预警信号名称、图标、含义、防御措施和发布。《规定》对气象灾害预警信号进行了修改，增加了图标的汉字和英文说明；扩大了气象灾害预警信号的范围，新增了地质灾害预警信号的内容；细化灰霾预警信号，分为黄色、橙色和红色三种；明确了灰霾出现时的防御措施；针对台风的防御措施中，增加了用人单位安排工作人员推迟上班、提前下班或者停工的相关规定；根据影响区域、程度等情况，气象灾害预警信号发布和解除行为精细化到区、街道一级行政区域。

3.《深圳市机关事务管理办法》

2015年4月21日深圳市政府五届一百三十次常务会议审议通过，2015年5月13日发布，自2015年7月1日起施行。《办法》对机关有关经费运用、资产使用、资源配置、基本建设以及服务性事项的组织安排、监督管理等事务做了全面具体的规定，该办法的制定实施，有助加强机关自身建设，规范机关事务管理工作，保障机关正常运行，降低机关运行成本，全面规范机关事务管理工作。

4.《深圳市生活垃圾分类和减量管理办法》

2015年5月28日深圳市政府五届一百三十六次常务会议审议通过，2015年6月23日发布，自2015年8月1日起施行。该办法建立了政府主导、属地管理、公众参与、市场运作、社会监督原则下的生活垃圾分类和减量管理工作制度，对生活垃圾实行分类投放、分类收集、分类运输和分类处理做了具体规定，从制度上保障生活垃圾分类和减量工作。

5.《深圳市城市轨道交通运营管理办法》

2015年5月27日深圳市政府五届一百三十五次常务会议审议通过,2015年7月4日发布,自2015年9月1日起施行。《办法》对地铁运营的各种服务及乘客的行为规范有了具体详细的要求,在备受关注的失物处理、饮食、服务等方面,作了很多突破。

6.《深圳市人民政府关于在罗湖区开展城市更新工作改革试点的决定》

2015年8月25日深圳市人民政府六届六次常务会议审议通过,2015年8月29日发布,自2015年8月29日起施行。根据决定,原由市规划和国土资源委员会及其派出机构行使的涉及罗湖区城市更新项目的部分职权调整至罗湖区行使。

7.《深圳市燃气管道安全保护办法》

2015年8月3日深圳市人民政府六届三次常务会议审议通过,2015年9月2日公布,自2015年11月1日起施行。该办法对燃气管道的规划建设、运营安全、工程建设中的燃气管道保护以及相关法律责任做出详细规定。办法明确了燃气管道安全管理机构,规定保护范围内禁止机械挖掘等作业,野蛮施工将受重罚。

8.《深圳市政府投资项目稽察办法》

2015年8月31日深圳市人民政府六届七次常务会议审议通过,2015年10月13日发布,自2015年12月1日起施行。该办法依据《深圳经济特区政府投资项目管理条例》制定,旨在强化深圳市政府投资项目的稽察,加强项目管理、规范项目建设、保障实施效果,防范廉政风险,提升政府资金使用效率和政府投资项目的质量、标准和安全水平。

9.《深圳市残疾人特殊困难救助办法》

2015年8月5日深圳市人民政府六届四次常务会议审议通过,2015年12月4日发布,自2016年1月1日起施行。办法新增救助内容有:设立护理补助项目、设立生活补助项目、大幅提高残疾人就读高等院校的学杂费补助、设立残疾人住房困难补助等,全面提高残疾人特殊困难救济补助标准,扩大补助对象范围,进一步提高了深圳残疾人社会保障水平。

10.《深圳市城市建设档案管理规定》

2015年10月28日，市政府六届十三次常务会议审议通过，自2016年2月1日起施行，1994年出台的《深圳经济特区城市建设档案管理规定》同时废止。新修订重新颁布的规定细化了城建档案管理相关单位的职责分工、建设工程档案专项验收及备案核查的具体要求，规范城建档案的开放利用工作。《规定》进一步明确城建档案管理体制，建立一个多方共享网络的协调平台对接市民需求，提高城建档案的利用，满足城市规划、建设、管理、维护、抢险的要求。

社会科学文献出版社　　　　　　　　　　　　　　皮书系列

✤ 皮书起源 ✤

"皮书"起源于十七、十八世纪的英国，主要指官方或社会组织正式发表的重要文件或报告，多以"白皮书"命名。在中国，"皮书"这一概念被社会广泛接受，并被成功运作、发展成为一种全新的出版形态，则源于中国社会科学院社会科学文献出版社。

✤ 皮书定义 ✤

皮书是对中国与世界发展状况和热点问题进行年度监测，以专业的角度、专家的视野和实证研究方法，针对某一领域或区域现状与发展态势展开分析和预测，具备原创性、实证性、专业性、连续性、前沿性、时效性等特点的公开出版物，由一系列权威研究报告组成。

✤ 皮书作者 ✤

皮书系列的作者以中国社会科学院、著名高校、地方社会科学院的研究人员为主，多为国内一流研究机构的权威专家学者，他们的看法和观点代表了学界对中国与世界的现实和未来最高水平的解读与分析。

✤ 皮书荣誉 ✤

皮书系列已成为社会科学文献出版社的著名图书品牌和中国社会科学院的知名学术品牌。2011年，皮书系列正式列入"十二五"国家重点出版规划项目；2012~2015年，重点皮书列入中国社会科学院承担的国家哲学社会科学创新工程项目；2016年，46种院外皮书使用"中国社会科学院创新工程学术出版项目"标识。

中国皮书网
www.pishu.cn

发布皮书研创资讯，传播皮书精彩内容
引领皮书出版潮流，打造皮书服务平台

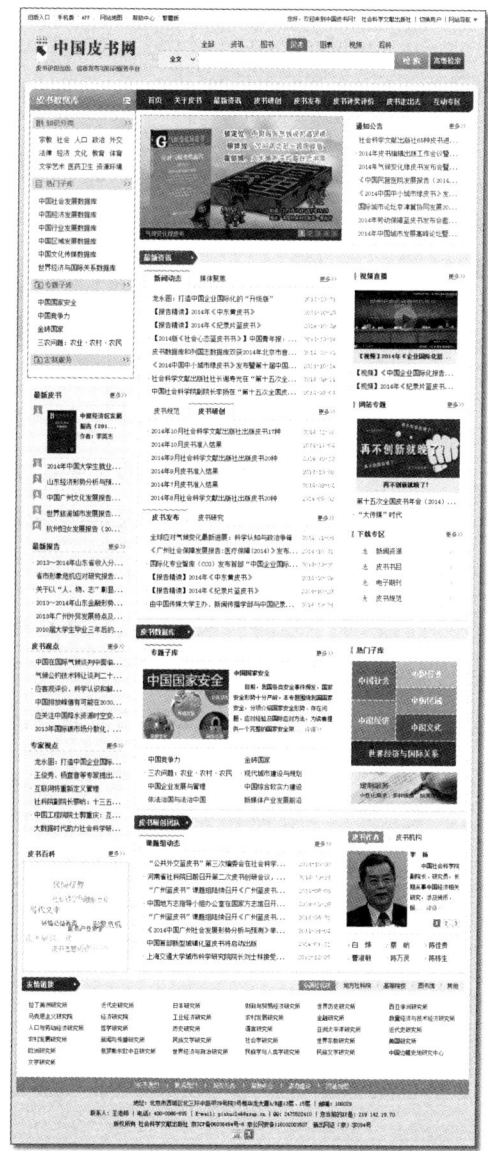

栏目设置：

- 资讯：皮书动态、皮书观点、皮书数据、皮书报道、皮书发布、电子期刊
- 标准：皮书评价、皮书研究、皮书规范
- 服务：最新皮书、皮书书目、重点推荐、在线购书
- 链接：皮书数据库、皮书博客、皮书微博、在线书城
- 搜索：资讯、图书、研究动态、皮书专家、研创团队

中国皮书网依托皮书系列"权威、前沿、原创"的优质内容资源，通过文字、图片、音频、视频等多种元素，在皮书研创者、使用者之间搭建了一个成果展示、资源共享的互动平台。

自 2005 年 12 月正式上线以来，中国皮书网的 IP 访问量、PV 浏览量与日俱增，受到海内外研究者、公务人员、商务人士以及专业读者的广泛关注。

2008 年、2011 年中国皮书网均在全国新闻出版业网站荣誉评选中获得"最具商业价值网站"称号；2012 年，获得"出版业网站百强"称号。

2014 年，中国皮书网与皮书数据库实现资源共享，端口合一，将提供更丰富的内容，更全面的服务。

法律声明

"皮书系列"（含蓝皮书、绿皮书、黄皮书）之品牌由社会科学文献出版社最早使用并持续至今，现已被中国图书市场所熟知。"皮书系列"的LOGO（ ）与"经济蓝皮书""社会蓝皮书"均已在中华人民共和国国家工商行政管理总局商标局登记注册。"皮书系列"图书的注册商标专用权及封面设计、版式设计的著作权均为社会科学文献出版社所有。未经社会科学文献出版社书面授权许可，任何使用与"皮书系列"图书注册商标、封面设计、版式设计相同或者近似的文字、图形或其组合的行为均系侵权行为。

经作者授权，本书的专有出版权及信息网络传播权为社会科学文献出版社享有。未经社会科学文献出版社书面授权许可，任何就本书内容的复制、发行或以数字形式进行网络传播的行为均系侵权行为。

社会科学文献出版社将通过法律途径追究上述侵权行为的法律责任，维护自身合法权益。

欢迎社会各界人士对侵犯社会科学文献出版社上述权利的侵权行为进行举报。电话：010-59367121，电子邮箱：fawubu@ssap.cn。

社会科学文献出版社